INHALT/CONTENT

DEUTSCHER DESIGNER CLUB

Der Deutsche Designer Club (DDC) ist eine Initiative, die die Botschaft ausgezeichneter Gestaltung in Deutschland und über die Grenzen hinweg verbreitet.

Der Club ist eine Plattform für interdisziplinäre Gestalter. Die Qualität der Vernetzung über alle Gestaltungsdisziplinen und Medien hinweg wird gepflegt und aktiv gefördert.

Die gegenseitige Akzeptanz, die Kommunikation der Gestalter untereinander und der Dialog mit unseren Kunden wird mit Hilfe unterschiedlicher Kommunikationsplattformen, Kooperationen und Veranstaltungen gefördert. Die Integration und Förderung des Nachwuchs ist dabei ein fester Bestandteil.

Der Deutsche Designer Club (DDC) ist der Club der interdisziplinären Gestalter.

The German Designer Club (DDC) is an initiative that wants to spread the message of design excellence in Germany and beyond.

The Club is a platform for interdisciplinary designers. The quality of networked communication is promoted actively throughout all design disciplines and media.

We want to improve mutual acceptance, communication among designers, and the dialogue with our clients with the aid of various communication platforms, cooperations and campaigns. The integration and promotion of young talents is a steady feature.

The German Designer Club (DDC) is a Club of interdisciplinary designers.

Das Vorstandsteam des Deutschen Designer Club (DDC) von links – **Oliver Scherdel**, Schatzmeister – **Peter Zizka**, zuständig für Plattformen und Veranstaltungsformate – **Christian Daul**, Kontaktausbau zu Förderern und Unterstützern – **Michael Eibes**, Sprecher des Vorstands – **Niko Gültig**, organisiert die Wettbewerbe des DDC – **Wolf Udo Wagner**, internationale Vernetzungen – **Gregor Ade**, Regionen und Mitglieder.
The Board Members of the Deutscher Designer Club (DDC) from left – **Oliver Scherdel**, Treasurer – **Peter Zizka**, responsible for platforms and event formats – **Christian Daul**, contact expansion to sponsors and patrons – **Michael Eibes**, Chairman of the Board – **Niko Gültig**, organizer of the competitions of the DDC – **Wolf Udo Wagner**, international networking – **Gregor Ade**, regions and members.

Der Wettbewerb gehört zum Geschäft – Wettbewerbe auch. Sie bilden den Markt ab, natürlich nicht mit dem Anspruch auf Vollständigkeit. Denn dazu müssten auch alle Kreativen bei allen Wettbewerben einreichen. Damit wäre dann bestimmt auch jeder potenzielle Auftraggeber von jedem potenziellen Auftragnehmer erreicht. Ein schöner Traum, einmal wirklich 100% Reichweite zu erzielen.

Erreicht werden können 100% in der Bewertung durch eine Jury im DDC Wettbewerb „Gute Gestaltung" – an der Sache orientiert, nach klaren Regeln juriert. Am Ende steht eine Auswahl an Arbeiten, die durch das hohe Niveau der Kreativen und der Jury entsteht. Seite für Seite erschließt sich mit diesem Buch das Potenzial hoch motivierter Kreativität. Sie werden Lösungen für Aufgabenstellungen sehen, die aus ungewöhnlichen, durchdachten, formal gelungenen, typografisch ausgefeilten, hochwertig illustrativen, intelligenten fotografischen Ansätzen systematisch entwickelt sind. Kompliziert?

Der Entstehungsprozess von kreativen Lösungen ist in der Regel komplex, nicht kompliziert. Die auf den folgenden Seiten beschriebenen und abgebildeten Arbeiten zeigen, was entstehen kann, wenn sich ausgezeichnete Gestalter in die Welten ihrer Auftraggeber versetzen und mit emotionaler Intelligenz deren Aufgabenstellungen in konkrete Kommunikation umsetzen.

Michael Eibes
Sprecher des Vorstands
Deutscher Designer Club (DDC)

Competition is part of the business – and contests are as well. They depict the market, of course with no claim to be complete. This would only be possible if all designers would always submit into all contests. Hence every potential contractor would then certainly reach every potential customer. A beautiful dream, to actually reach a 100% range.

100% can be achieved in the DDC contest "Good Design" through the evaluation by a jury – oriented towards the matter, judged with clear rules. The potential for highly motivated creativity becomes accessible page by page through this book. You will encounter solutions for tasks that were developed systematically through unusual, elaborate, formally successful, typographically sophisticated, highly illustrative, intelligent photographical approaches. Complicated?

The development process of creative solutions usually is complex, not complicated. The works discussed and presented on the following pages show what can come into being when exceptional designers see the world from their customer's perspective and translate their tasks with emotional intelligence into precise communication.

Michael Eibes
Chairman of the Board
German Designer Club (DDC)

GUTE IDEEN SETZEN SICH DURCH. AUCH BEI WETTBEWERBEN.
GOOD IDEAS PREVAIL. ALSO IN COMPETITIONS.

Niko Gültig Vorstand Wettbewerb und Vorsitzender der Gesamtjury / Board Member Competition and Chairman of the Jury

Als der Deutsche Designer Club DDC 1989 gegründet wurde ahnte noch niemand, was daraus entstehen könnte. Es war anfangs – wie meist im Bereich der Gestaltung – einfach eine neue Idee. Eine Initiative von Gestaltern zur Förderung der guten Gestaltung.

Heute ist der DDC ein angesehener Club. Mit angesehenen Wettbewerben. Immer mehr Gestalter stimmen dem zu, indem sie ihre Arbeiten beim DDC einschicken. Danke.

Dabei steht der inhaltliche und qualitative Anspruch der Designideen immer vor der Menge. Eine kompetente 40-köpfige Jury und klare Richtlinien garantieren eine gewissenhafte und respektvolle Beurteilung aller Werke.

Alle Gewinner werden auf der jährlichen Preisverleihung in einem feierlichen Rahmen beglückwünscht. Ihre Arbeiten finden in einem kompakten zweisprachigen DDC Jahrbuch die Anerkennung der Leser.

Gestalter im DDC wissen aus ihrer täglichen Arbeit, wie sehr eine gute Gestaltung den Wert von Produkten und Dienstleistungen erhöhen kann: Für Unternehmer ist gutes Design oft der entscheidende Faktor des wirtschaftlichen Erfolgs. Für den Nutzer machen gute Ideen den Alltag angenehmer und das Leben etwas schöner.

Haben wir nicht eine hervorragende Aufgabe? Also zeigen wir unsere Ideen auch mit dem Stolz, den sie verdienen!

Niko Gültig
Vorstand Wettbewerb
Vorsitzender der Gesamtjury
Deutscher Designer Club (DDC)

When the German Designer Club DDC was founded in 1989 no one anticipated what would become of it. In the beginning – as is often in the realm of design – it was simply a new idea. An initiative by designers to support good design.

Today the DDC is a prestigious club. With prestigious competitions. More and more designers agree with this by submitting their works to the DDC. Thank you.

At the same time the claim to content and quality of the design ideas always are more important than the amount. A qualified jury of 40 and clear guidelines guarantee a diligent and respectful evaluation of all works.

All winners will be complimented during the annual award presentation ceremony. Their works will find recognition by the readers of a compact bilingual DDC yearbook.

Designers in the DDC know from their daily work how much good design can increase the value of products and services: for entrepreneurs good design often is the determining factor of economical success. For the user good ideas turn everyday life more pleasant and life itself more beautiful.

Do we not have an outstanding assignment? Therefore we present our ideas with the pride they deserve!

Niko Gültig
Board Member Competition
Chairman of the Jury
German Designer Club (DDC)

Dieter Rams Schirmherr des DDC Wettbewerbs „Gute Gestaltung 11“ • Patron of the DDC competition “Good Design 11”
Fotografie/Photography **David Vintiner** © Vitsoe

Zehn Thesen für Gutes Design

In den frühen 1980er Jahren sorgte sich Dieter Rams zunehmend um den Zustand der Welt um ihn herum, in der „eine undurchschaubare Konfusion von Formen, Farben und Geräuschen" herrschte. Er war sich dessen bewusst, dass er einen wesentlichen Beitrag zu dieser Welt leistete, und stellte sich selbst eine wichtige Frage: Ist mein Design gutes Design? Da gutes Design nicht quantitativ messbar ist, hat er sich daran gemacht, die zehn wichtigsten Thesen für das aufzustellen, was er als gutes Design betrachtete. (Manchmal werden sie auch als die „Zehn Gebote" bezeichnet.)

Und hier sind sie ⟶

Ten Principles for Good Design

Back in the early 1980's, Dieter Rams became increasingly concerned about the state of the world around him – "an impenetrable confusion of forms, colors and noises." Aware that he was a significant contributor to that world, he asked himself an important question: is my design good design? As good design cannot be measured in a finite way he set about expressing the ten most important principles for what he considered was good design. (Sometimes they are referred to as the "Ten Commandments.")

Here they are ⟶

1 Gutes Design ist innovativ

Die Möglichkeiten für Innovation sind noch längst nicht ausgeschöpft. Die technologische Entwicklung bietet immer wieder neue Ausgangspunkte für innovative Gestaltungskonzepte, die den Gebrauchswert eines Produktes optimieren. Innovatives Design entsteht aber stets im Zusammenhang mit innovativer Technik und ist niemals Selbstzweck. • **Good design is innovative** The possibilities for innovation are not by any means exhausted. Technological development is always offering new opportunities for innovative design. But innovative design always develops in tandem with innovative technology, and can never be an end in itself.

2 Gutes Design macht ein Produkt brauchbar

Man kauft ein Produkt, um es zu benutzen. Es soll bestimmte Funktionen erfüllen – Primärfunktionen ebenso wie ergänzende psychologische und ästhetische Funktionen. Gutes Design optimiert die Brauchbarkeit und lässt alles unberücksichtigt, was nicht diesem Ziel dient oder ihm gar entgegensteht. • **Good design makes a product useful** A product is bought to be used. It has to satisfy certain criteria, not only functional, but also psychological and aesthetic. Good design emphasises the usefulness of a product whilst disregarding anything that could possibly detract from it.

3 Gutes Design ist ästhetisch

Die ästhetische Qualität eines Produktes ist integraler Aspekt seiner Brauchbarkeit. Denn Geräte, die man täglich benutzt, prägen das persönliche Umfeld und beeinflussen das Wohlbefinden. Schön sein kann aber nur, was gut gemacht ist. • **Good design is aesthetic** The aesthetic quality of a product is integral to its usefulness because products we use every day affect our person and our well-being. But only well-executed objects can be beautiful.

4 Gutes Design macht ein Produkt verständlich

Es verdeutlicht auf einleuchtende Weise die Struktur des Produkts. Mehr noch: Es kann das Produkt zum Sprechen bringen. Im besten Fall erklärt es sich dann selbst. • **Good design makes a product understandable** It clarifies the product's structure. Better still, it can make the product talk. At best, it is self-explanatory.

5 Gutes Design ist unaufdringlich

Produkte, die einen Zweck erfüllen, haben Werkzeugcharakter. Sie sind weder dekorative Objekte noch Kunstwerke. Ihr Design sollte deshalb neutral sein, die Geräte zurücktreten lassen und dem Menschen Raum zur Selbstverwirklichung geben. • **Good design is unobtrusive** Products fulfilling a purpose are like tools. They are neither decorative objects nor works of art. Their design should therefore be both neutral and restrained, to leave room for the user's self-expression.

6 Gutes Design ist ehrlich

Es lässt ein Produkt nicht innovativer, leistungsfähiger, wertvoller erscheinen, als es in Wirklichkeit ist. Es versucht nicht, den Verbraucher durch Versprechen zu manipulieren, die es dann nicht halten kann. • **Good design is honest** It does not make a product more innovative, powerful or valuable than it really is. It does not attempt to manipulate the consumer with promises that cannot be kept.

7 Gutes Design ist langlebig

Es vermeidet modisch zu sein und wirkt deshalb nie antiquiert. Im deutlichen Gegensatz zu kurzlebigem Mode-Design überdauert es auch in der heutigen Wegwerfgesellschaft lange Jahre. • **Good design is long-lasting** It avoids being fashionable and therefore never appears antiquated. Unlike fashionable design it lasts many years – even in today's throwaway society.

8 Gutes Design ist konsequent bis ins letzte Detail

Nichts darf der Willkür oder dem Zufall überlassen werden. Gründlichkeit und Genauigkeit der Gestaltung sind letztlich Ausdruck des Respekts dem Verbraucher gegenüber. • **Good design is thorough, down to the last detail** Nothing must be arbitrary or left to chance. Care and accuracy in the design process show respect towards the consumer.

9 Gutes Design ist umweltfreundlich

Design leistet einen wichtigen Beitrag zur Erhaltung der Umwelt. Es bezieht die Schonung der Ressourcen ebenso wie die Minimierung von physischer und visueller Verschmutzung in die Produktgestaltung ein. • **Good design is environmentally friendly** Design makes an important contribution to the preservation of the environment. It conserves resources and minimizes physical and visual pollution throughout the lifecycle of the product.

10 Gutes Design ist so wenig Design wie möglich

Weniger Design ist mehr, konzentriert es sich doch auf das Wesentliche, statt die Produkte mit Überflüssigem zu befrachten. Zurück zum Puren, zum Einfachen! • **Good design is as little design as possible** Less, but better – because it concentrates on the essential aspects, and the products are not burdened with non-essentials. Back to purity, back to simplicity!

Quelle/Source http://www.vitsoe.com

Grand Prix für **VITRA**

VITRA GRAND PRIX GEWINNER GUTE GESTALTUNG 11/GRAND PRIX AWARD GOOD DESIGN 11 Interview Michael Eibes

Eckart Maise Chief Design Officer (CDO) – Vitra GmbH, Weil am Rhein

Warum bekommt Vitra den Grand Prix des Deutschen Designer Clubs?

Vitra hat eine Vorbildfunktion, die kaum zu schlagen ist. Corporate Architektur, Corporate Identity, Corporate Design, Produktdesign, Unternehmenskommunikation, Designmanagement – alle Disziplinen sind miteinander vernetzt und korrespondieren in einem Umfang und einer Tiefe, die ungewöhnlich sind. Eckart Maise, mein Gesprächspartner, ist der Chief Design Officer. Abgeleitet von der amerikanischen Diktion des CEO, COO oder CFO, zeichnet der CDO verantwortlich für die Designstrategie von Vitra. Design nimmt damit bei Vitra einen gleichwertigen Stellenwert und die Bedeutung ein, wie z.B. das Ressort Finanzen. Design ist damit fest verankert im Führungsteam des Unternehmens.

Why is Vitra being awarded the Grand Prix of the German Designer Club?

Vitra is considered a role model that is practically unbeatable. Corporate architecture, corporate identity, corporate design, product design, business communication, design management – all disciplines are linked together and correspond with each other to such an extent and depth that are unusual. Eckart Maise, my dialogue partner, is the Chief Design Officer. Derived from the American diction of CEO, COO or CFO, the CDO is responsible for the design strategies of Vitra. Thus, design at Vitra is of the equivalent importance and has the same significance as for example the finance department. Design therefore is deeply embedded into the management team of the company.

Herr Maise, wie sieht Ihre Tätigkeit aus und was beinhaltet der Bereich, den Sie zu verantworten haben?
Als Chief Design Officer bin ich in der Vitra-Gruppe für das Design Management verantwortlich. Wir verstehen darunter ein breites Spektrum an Bereichen: die Produktentwicklung, das Produktmanagement, Marketingkommunikation und Public Relations. Wir haben diese Struktur Anfang 2010 neu eingeführt, sie erklärt sich aus der Geschichte des Unternehmens. Vitra ist ein Familienunternehmen mit seinem äußerst prägenden Inhaber Rolf Fehlbaum, der als Aufsichtsratsvorsitzender weiterhin eine sehr aktive Rolle im Unternehmen hat. Er hatte und hat gerade im Design Management einen Schwerpunkt gesetzt. Die operativen Aufgaben in diesem Bereich wurden jetzt stärker an mich übertragen. So entspricht die jetzige Struktur einfach dem genetischen Code von Vitra.

Diese Bündelung ist mit einer großen Verantwortung verbunden. Fordert sie nicht ein sehr großes Wissen über Vitra, die Firmengeschichte und Design im Allgemeinen?
Ja, das ist richtig. Ich war zuvor, in enger Zusammenarbeit mit Rolf Fehlbaum, bereits verantwortlich für die Produktentwicklung von Vitra. Davor habe ich die Home Collection aufgebaut. Das war eine Division, die eigenverantwortlich Marketing, Kommunikation und Design für den privaten Endkunden gestaltet hat. Außerdem war ich neun Jahre im Vitra Design Museum tätig. Das sind insgesamt 15 Jahre Lernen, Erfahren und Gestalten bei Vitra. Eine schöne Zeit. Nicht ungewöhnlich in unserem Unternehmen.

Mr. Maise, what does your job description look like and what is included in your responsibilities?
As Chief Design Officer of the Vitra Group I am responsible for the design management. In our understanding this encompasses a broad array: the product development, the product management, marketing communication, and public relations. This new management structure was introduced in the beginning of 2010, developed out of the company's history. Vitra is a family business with its highly influential owner Rolf Fehlbaum who, as chairman of the board, continues to have a very active part in the company. He had and still has set a strong emphasis on design management. The operative tasks in this field have been more and more transferred into my hands. This way the management structure matches the genetic code of Vitra.

This concentration comes with a high responsibility. Is it not necessary to have an in-depth knowledge of Vitra, the company's history, and design in general?
Yes, that is correct. Before this I was already responsible for the product development of Vitra, in close cooperation with Rolf Fehlbaum. Earlier, I had built up the Home Collection. That was a division directly responsible for marketing, communication and design for the private end customer. Additionally, I was working for nine years for the Vitra Design Museum. This accumulates to 15 years of learning, experiencing and designing at Vitra. A beautiful time. Not unusual in our company.

VITRA GRAND PRIX GEWINNER GUTE GESTALTUNG 11/GRAND PRIX AWARD GOOD DESIGN 11 Interview Michael Eibes

LINKS OBEN – **HAL Wood** Design **Jasper Morrison** Fotografie/Photography **Marc Eggimann** © Vitra **RECHTS OBEN** – Fotografie/Photography **Isabel Truniger** © Vitra **LINKS UNTEN** – **Wire Cone Chair** Design **Verner Panton** Fotografie/Photography **Isabel Truniger** © Vitra **RECHTS UNTEN** – Fotografie/Photography **Nicole Bachmann** © Vitra

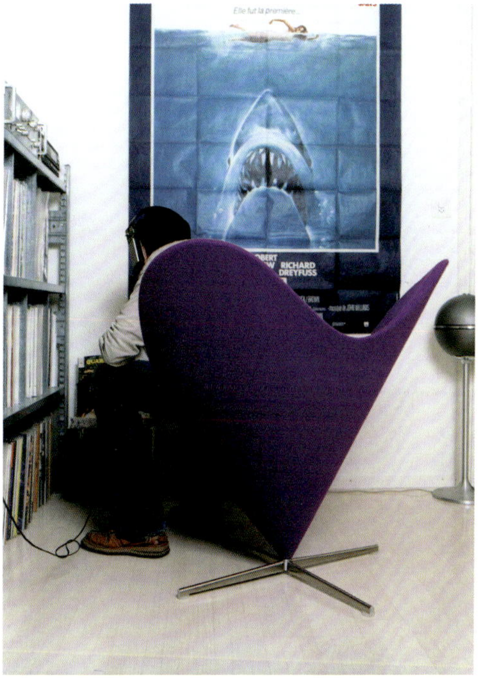

LINKS OBEN – Fotografie/Photography **Isabel Truniger** © Vitra **RECHTS OBEN** – **Polder Sofa** – Design **Hella Jongerius**, **Metal Side Table** – Design **R. & E.Bouroullec**, Fotografie/Photography **Lena Amuat**, © Vitra **LINKS UNTEN** – Fotografie/Photography **Isabel Truniger** © Vitra **RECHTS UNTEN** – © Vitra

Ist Nachhaltigkeit ein Thema in der Personalpolitik?
Diese Woche feiern wir gemeinsam mit einem Mitarbeiter aus unserem Team sein 45-jähriges Jubiläum bei Vitra. Er hat hier sein Arbeitsleben begonnen, da war ich gerade mal zwei Monate alt. Für ein Familienunternehmen wie Vitra ist es eher normal, dass jemand sehr lange dabei ist, denn den meisten gefällt ihre Arbeit und die Gemeinschaft so gut, dass sie nicht wechseln wollen. Ich bin als „Vitra-Interner" mit einem „Vitra Curriculum" typisch, weil es um beide Aspekte des „Projekt Vitra" geht.

Was steckt hinter dem „Projekt Vitra"?
Kommerzielle und kulturelle Aspekte sind in diesem Projekt vereint. Das heißt, wenn wir im kommerziellen Bereich der Produktentwicklung arbeiten, gehen wir immer mit einem kuratorischen Auge an die Dinge heran. Die kulturelle Seite, mit dem Vitra Design Museum, den Workshops, mit Publikationen und Veranstaltungen, soll einen inhaltlichen Beitrag leisten aber auch Zuschauer finden und sich refinanzieren. In beiden Bereichen muss es sich kommerziell und kulturell tragen. Die Tatsache, dass ich in beiden Bereichen aktiv war und bin, ist für das Projekt Vitra typisch: Die Arbeitsweise, die Vorgehensweise, das konzeptionelle Denken ist vernetzt. Die Themenwahl im kulturellen Bereich ist dabei übrigens völlig unabhängig. Ein Ausstellungsprojekt im Vitra Design Museum ist nicht mit Marketingthemen verbunden, die wir bei Vitra bearbeiten.

Is sustainability an issue in personnel policies?
This week we are celebrating the 45th anniversary at Vitra of one of our team members. He has begun his professional life here when I was only two months old. For a family business like Vitra it is rather normal that someone stays so long because most of the people enjoy their work and the companionship is so amicable that they do not want to change work places. As a "Vitra Internal" with a "Vitra Resume" I am typical because both aspects are part of the "Project Vitra."

What is meant by the "Project Vitra"?
Commercial and cultural aspects are combined in this project. This implies that when working on the commercial aspect of the product development we always approach everything from a curatorial perspective. The cultural aspect, with the Vitra Design Museum, the workshops, publications, and events, is supposed to contribute to this content-wise as well as by finding visitors, and by refinancing itself. In both aspects the project must stand by itself, commercially as well as culturally. The fact that I have been active in both parts of the project is typical for the Vitra project: the mode of operation, the strategy, the conceptual way of thinking are intertwined. Incidentally, the choice of subject in the cultural aspect is totally unrelated. An exhibition project in the Vitra Design Museum is not connected to the marketing subjects that are being worked on at Vitra.

Aber dennoch im Designkontext?
Ja, natürlich hat so eine Ausstellung einen Einfluss auf unser Design Management. Wenn wir mit Designern an aktuellen Projekten arbeiten beziehen wir uns oft auch auf historische Designobjekte – übrigens war das auch der Ausgangspunkt für Rolf Fehlbaums Sammlung. In den 70er Jahren hat er angefangen zu sammeln, um einfach mal Objekte von großen Konstrukteuren der Vergangenheit aus der Nähe zu sehen. Um den Arbeiten wirklich mal auf den Grund zu gehen und in der Lage zu sein so ein Möbel auch mal umzudrehen, genau anzuschauen, im Detail zu bewerten.

So hat er mit dieser Sammlung begonnen und sie ist auch heute im Designprozess immer wieder ein sehr wichtiger Referenzpunkt für uns: Sie ist lebendige Designgeschichte. Sie sprachen vorhin das Thema Nachhaltigkeit an. Sie lässt sich in erster Linie über die Langlebigkeit eines Produkts manifestieren. Ein Aspekt der Nachhaltigkeit ist eine lange Nutzungsdauer und zwar nicht nur funktional und materiell. Nicht nur dass es hält und funktioniert, sondern eine Ästhetik bietet, die Bestand hat.

Das ist im Nachhinein betrachtet nicht immer bei jedem Produkt in gleicher Weise gegeben. Unsere Grundhaltung ist aber, dass wir durch die Fragen, die wir uns im Designprozess stellen, und durch Rückblicke auf die Designgeschichte ein möglichst langlebiges Produkt schaffen. Dies bedeutet, dass die Entwicklungszeit etwas länger dauert, dann aber hoffentlich auch mit einem Produkt abschließt, das gute Erfolgschancen im Markt hat. Jedes Produkt ist natürlich auch ein Kind seiner Zeit. Aber wir versuchen den Dingen etwas mit auf den Weg zu geben, mit dem sie sich auch über längere Zeit bewähren können.

But nevertheless in the design context?
Yes, of course an exhibition has some influence on our design management. When working with designers on the latest projects we often put them into a historical context – this was after all the starting point for Rolf Fehlbaum's collection. He began collecting in the seventies just to see objects from great constructors from the past up close. To be able to study works in depth and to have the chance to turn some furniture around, to see them meticulously, to evaluate them in detail.

This is how he started with this collection and during the design process it remains an important point of reference for us: it is design history come alive. You addressed the topic sustainability earlier. It manifests itself primarily over the longevity of a product. One aspect of sustainability is a long lasting usage, functionally and physically. Not only should it last and function but it should also provide aesthetics that endure.

In retrospect this is not always a given with every product. It is our basic attitude, though, that through the questions we pose to ourselves during the design process and with reviews of the design history to create a product as durable as possible. This implies that the developmental period lasts somewhat longer but hopefully concludes with a product that has great chances for success on the market. Every product is of course also a child of its time. But we try to give all objects something on the way with which they can prove themselves over a longer period of time.

Wie sehen Vitras Pläne für die Zukunft aus?
Mit der Wiederaufnahme der Home Collection haben wir eine neue Phase im Unternehmen eingeleitet: Wir haben eine neue Form der Zusammenarbeit mit unseren Handelspartnern definiert, neue Auftritte gestaltet wie beispielsweise auf der Möbelmesse in Mailand, auf der wir früher nie vertreten waren. Mit dem VitraHaus als neuem Zentrum, als Schnittstelle für Vitra zum Endkunden, wird diese neue Ausrichtung manifestiert. Es wird zunächst keine grundsätzlich neuen Ausrichtungen in der Zukunft geben – aber wir bauen unsere Stärken weiter aus – im Projektgeschäft wie im Homebereich. Dort weiter zu arbeiten, zu expandieren und Vitra eine Rolle zu geben, ist unsere Zielsetzung für die nächsten Jahre.

Wie wird das VitraHaus angenommen? Sind Sie mit den Besucherzahlen zufrieden?
Das VitraHaus ist für uns eine positive Überraschung. Immer, wenn so ein Projekt durchgeführt wird, egal in welcher Größenordnung, stellt sich natürlich die Frage nach dem Erfolg. Ein solcher Neubau auf dem Vitra Campus entsteht nicht jedes Jahr. Der letzte Neubau liegt 17 Jahre zurück, das ist dann auf eine gewisse Art jedes Mal auch epochal und trifft dann auch auf großes Interesse. Im Vergleich zur Lancierung eines neuen Produkts hat so ein Projekt eine völlig andere Dimension – gerade auch bei der Pressekonferenz. Die Anzahl von internationalen Journalisten, die hierher nach Weil am Rhein kamen, war enorm und die Resonanz in der Presse natürlich dementsprechend. Das Resultat war ein überwältigendes Interesse in der Öffentlichkeit. Wir konnten bereits acht Monate nach der Eröffnung den 300.000sten Besucher begrüßen, doppelt so viele wie wir erwartet haben und es entspricht einer Verdreifachung der Besucherzahl auf dem Vitra Campus. Ein fantastisches Ergebnis.

What do Vitra's plans for the future look like?
With the resumption of the Home Collection we have initiated a new phase in the company: we have defined a new form of cooperation with our trade partners, have designed new appearances as for example at the furniture trade fair in Milan, where we never had been represented before. With the VitraHaus (Vitra house) as the new center, as interface between Vitra and the end customer, this new orientation is manifested. In the near future there basically will be no new orientations – but we will continue to expand our strengths – in the project business as well as in the home sector. To continue work there, to expand and to give Vitra a part in it is our focus for the next years.

How is the VitraHaus being accepted? Are you content with the visitor figures?
The VitraHaus is a positive surprise. Always, when such a project is implemented, no matter what the dimensions, there is the question of success. Not every year is such a new building constructed on the Vitra Campus. The last new construction dates back 17 years. This then is in a certain way epochal and attracts major interest. In comparison to the launching of a new product this kind of a project has a completely different dimension – especially at a press conference. The number of international journalists coming here to Weil on the Rhine was enormous, the resonance in the media accordingly. The result was an overwhelming interest by the public. Already eight months after the opening we could welcome the 300.000th visitor, twice as many as we had expected, and this corresponds to a tripling of the visitor figures on the Vitra Campus.

Vitra GmbH, Weil am Rhein – Fotografie/Photography **Michael Eibes**

Vitra GmbH, Weil am Rhein – Fotografie/Photography **Michael Eibes**

VitraHaus – Architektur/Architecture **Herzog & de Meuron** Fotografie/Photography **Iwan Baan** © Vitra

VitraHaus – Architektur/Architecture **Herzog & de Meuron** Fotografie/Photography **Iwan Baan** © Vitra

Das Konzept geht damit – wie beim Vitra Design Museum – zu 100% auf?
Das Vitra Design Museum ist ein Museum ohne Schwellenangst. Es ist ja kein klassischer Museumstempel, bei dem Sie erst einmal 20 Stufen hinaufsteigen müssen, bis Sie zum Eingang kommen, um dann von einer Eingangshalle beeindruckt zu werden. Sondern man macht die Tür auf, geht hinein und ist mitten in der Ausstellung.

Das VitraHaus will eigentlich auf eine ähnliche Art und Weise auch ein Ort sein, der einlädt sich mit verschiedenen Themen wie Möbeldesign, Einrichten, Atmosphären usw. zu beschäftigen, ohne dass es in irgendeiner Form etwas voraussetzt. Es sind Gäste aus der Region hier, die immer wiederkommen und einfach nur einen Kaffee trinken oder ihren Verwandten und Freunden, die zu Besuch kommen, hier vom obersten Stockwerk aus die Landschaft zeigen. Diese Besucher sind uns genauso willkommen wie der Architekt, der Innenarchitekt oder direkt Kaufinteressierte, die sich hier beraten oder inspirieren lassen. Es soll ein Ort sein, der die Aspekte von Vitra insgesamt, des Wohnens, der Einrichtung von Arbeitswelten und kulturelle Hintergründe vermittelt. Bisher gab es auf dem Vitra Campus vornehmlich den kulturellen Teil des „Projekt Vitra" in Form des Vitra Design Museums oder durch Architekturführungen zu erleben. Plus einem Blick über den Zaun in die Fabrik. Jetzt ist Vitra als Projekt zum ersten Mal im öffentlichen Bereich des Campus erlebbar geworden.

Wird hier auf dem Gelände alles produziert?
Wir sind als Unternehmen sehr breit aufgestellt. Wenn Sie sich das Sortiment anschauen erkennen Sie sehr viele verschiedene Materialien, Verarbeitungstechniken und Produktionsweisen.

Therefore the concept is a 100% success – just as the Vitra Design Museum?
The Vitra Design Museum is a museum that invokes no fear of entry. It is not your classical museum temple where you have to mount 20 steps before reaching the entrance to then find yourself awed by the entrance hall. But rather you open the door, step in and are in the middle of the exhibit.

The VitraHaus actually wants to be in a similar way a place that invites you to engage yourself with different topics such as furniture design, furnishing, different atmospheres etc. without any presuppositions. There are guests from the region here who continue to come back to have a coffee or show their visiting friends and family the landscape from the top floor. These visitors are as welcome to us as the architect, the interior designer or the immediate buyer who come here to be advised or get inspiration. It should be a place that procures all aspects of Vitra, living, furnishing of the work environment, and cultural backgrounds. Until now you could primarily experience the cultural part of the "Project Vitra" on the Vitra campus in the form of the Vitra Design Museum or through architectural guided tours. Plus casting an eye into the factory. Now for the first time the project Vitra can be experienced in the public space of the campus.

Is everything being produced here on the grounds?
We as a company are very broad based. When you look at our product range you can distinguish many different materials, processing technologies and manufacturing methods. Vitra, like many other companies, had to distance itself from the notion of being able to produce everything itself. We work with a close network of supplier partners but continue to produce a

Vitra hat sich daher wie viele andere Unternehmen auch schon sehr früh davon verabschiedet, dass man alles selbst machen muss. Wir arbeiten mit einem engen Netz von Partner-Zulieferern, fertigen aber nach wie vor sehr viel hier vor Ort. Das gilt für industrielle Prozesse, deren Qualität wir nur selbst sichern können, wie zum Beispiel Aluminium-Galvanik, bis zu Fertigungsstufen, bei denen Montage oder logistische Konzepte im Vordergrund stehen und letztendlich über die Qualität und damit Kundenzufriedenheit entscheiden. Das Netzwerk von Zulieferern befindet sich im Wesentlichen in Europa, in Ländern wie Ungarn, Polen, Deutschland, der Schweiz und einem Schwerpunkt in Italien. Wir haben aber auch für den asiatischen Markt ein kleines Werk in China und seit neuestem in Japan, dort wird im Wesentlichen montiert. In den USA haben wir seit fast 25 Jahren an der Ostküste ein kleineres Werk. Hier stehen Flexibilität in der Produktion und kurze Lieferzeiten im Vordergrund.

Asien ist für uns auch ein Einkaufsmarkt für bestimmte Teile. Leider gibt es manche Dinge in Europa schon gar nicht mehr in der von uns benötigten Qualität. Wenn Sie z.B. einen sehr guten Aluminiumschleifer suchen wird es sehr schwer sein ihn in Europa zu finden. Die Herstellung polierter Aluminiumteile hat sich weitestgehend nach Asien verlagert.

Asien ist doch bestimmt für Vitra auch ein Absatzmarkt mit großem Potenzial?
Ja, für uns ist z.B. Japan schon immer ein sehr interessanter Markt, weil dort ein sehr hohes Qualitätsbewusstsein besteht und eine Industrie-Design-Kultur, die im Vergleich zu anderen Märkten eine lange Tradition hat. China entwickelt sich positiv, es ist ein Markt der wächst, aber nicht dominiert wie z.B. in der Automobilindustrie.

lot on-site. This applies to industrial processes whose quality only we can ensure, for example aluminum electroplating, up to production stages where the assembly or logistical contexts are paramount, and that finally determine quality and therewith customer satisfaction.
The network of suppliers is mainly located in Europe, in countries such as Hungary, Poland, Germany, Switzerland, and as a focal point in Italy. Also, for the Asian market we do have a small factory in China and as of late one in Japan. These plants are mainly for assembling. Since almost 25 years we have a smaller plant located on the east coast of the USA. Flexibility in the production and short delivery times have priority there.

For certain parts Asia is also a market for purchasing. Regrettably, some things are no longer available in Europe in the quality needed by us. For instance, if you are looking for an excellent aluminum polisher you will have a hard time finding one in Europe. The production of polished aluminum parts has shifted overwhelmingly to Asia.

Asia is certainly also a market for Vitra with a strong potential?
Certainly, for example for us Japan has always been a very interesting market since there exists a high degree of quality awareness and an industrial design culture that looks back on a long tradition compared to other markets. China is developing positively; it is a growing market, but not a dominating one as for example in the car industry.

Vitra GmbH, Weil am Rhein – Fotografie/Photography **Michael Eibes**

Vitra GmbH, Weil am Rhein – Fotografie/Photography **Michael Eibes**

VITRA GRAND PRIX GEWINNER GUTE GESTALTUNG 11/GRAND PRIX AWARD GOOD DESIGN 11 Interview Michael Eibes

In wie vielen Ländern vertreibt Vitra seine Produkte?
Wir sind in nahezu allen Ländern weltweit vertreten. Entweder über 16 eigene Vertriebsgesellschaften oder über Importeure und Handelsnetze. Der wesentliche Markt für uns, den wir mit einer starken Fokussierung strategisch für die nächsten Jahre angehen, ist eindeutig Europa. Das ist unser stärkster Absatzmarkt. In Europa finden wir die aufnahmefähigsten und aufnahmewilligsten Märkte für unsere qualitativ hochwertigen Produkte.

Wie sieht es im Objektmarkt für Vitra aus?
Im Objektmarkt haben wir uns in den letzten Jahren sehr gut entwickelt, da wir viel direkter mit den Unternehmenskunden arbeiten. Es sind natürlich immer sehr interessante aber auch umkämpfte und hart kalkulierte Projekte. Der Büromarkt ist im Verhältnis zum Wohnen spannend, wenn nicht sogar spannender, weil sehr viel interdisziplinär gedacht werden muss. Es müssen viel mehr Aspekte einbezogen werden, ob es um Soziologie geht, Organisation, Psychologie, Ökonomie, Architektur oder Innenarchitektur. Im privaten Bereich sind die Entscheidungsfindungen, die Argumentation und die Dinge, die man berücksichtigen muss, einfacher. Der Privatkunde kommt schneller an einen Punkt an dem er sich entscheiden kann, es ist eben eine persönliche Entscheidung. Wenn ihm etwas nicht gefällt können sie ihn auch nur selten argumentativ überzeugen.

Im Büro gestaltet man die Dinge stärker für und im Unternehmen. Es geht um Produktivität, Zufriedenheit der Mitarbeiter, Innovationskraft eines Unternehmens oder Kreativität. Da können wir mit einer entsprechenden Arbeitsumgebung viel bewirken, ein sehr spannendes Feld. Die Unternehmen sind im Moment in einer Situation,

In how many countries does Vitra sell its products?
We are represented virtually in all countries globally. Either via 16 of our own distributorships or through importers or trade networks. For us the principal market, the one we will be mainly focusing on strategically in the next years, clearly is Europe. This is our strongest market. We can find the most receptive and buoyant markets for our high quality products in Europe.

What does the object market look like for Vitra?
Over the last years we have developed very well in the object market because we work more closely with the company clients. These projects are of course very interesting but also highly competitive and rigorously calculated.
In comparison with the home market the office market is fascinating, if not even more gripping because one has to think more interdisciplinary. Many different aspects must be included, these being sociology, organization, psychology, economy, architecture, or interior design.
In the private market decision-making, reasoning, and the things one needs to take into consideration, are simpler. The private client reaches the point of decision-making faster since it is a personal decision. If he or she does not like something hardly any argument can convince the private client.

In an office things are being designed more for and in the company. It is a matter of productivity, contentment of the employees, the company's power of innovation, or creativity. We can achieve so much with an appropriate work environment, a very exciting field of work.
At the moment companies are in a situation that is not easy. Why? Because they of course have to fight with the globalization, because very

die nicht einfach ist. Viele haben einen enormen Kostendruck. Warum? Natürlich weil sie sehr stark mit der Globalisierung zu kämpfen haben, weil es oft jemanden gibt, der billiger ist und das setzt alle unter Druck. Für den Objektbereich heißt das Fläche sparen, Energie sparen, Effizienz, Nachhaltigkeit,... Auf der anderen Seite steht der Konkurrenzdruck. Es müssen Kostenrahmen eingehalten werden, gleichzeitig aber darf an einem Standort wie Deutschland die Innovationskraft nicht verloren gehen. Unternehmen müssen nach vorne denken und Chancen schaffen. Neue Märkte durch neue Konzepte erschließen, für Mitarbeiter attraktiv bleiben, eine Arbeitsumgebung entwickeln, die Identität stiftend wirkt. Die Identität des Unternehmens muss greifbar im Jahrzehnt des so genannten „War for Talent" sein. Die Arbeitsumgebung auch im Sinne von Arbeitskultur positiv für Mitarbeiter und Unternehmen zu gestalten, ist eine große Herausforderung und bietet spannende Chancen.

Herr Maise, ich danke Ihnen für dieses Gespräch.

often there is someone out there who is cheaper and that puts pressure on everybody. For the object market this means economizing space, saving energy, efficiency, sustainability ... On the other hand you find the competitive pressure. Budgets must be observed but at the same time a location like Germany must not lose its innovative strength. Companies must think ahead and must create chances. New markets through new concepts need to be opened up, must remain attractive for employees, need to develop identity defining work environment. The identity of a company must be tangible in the so-called "War of Talent" decade. To design the work environment positively for the employees and the company, also in the sense of work culture, is a great challenge and provides exciting chances.

Mr. Maise, thank you for this interview.

GUTE IDEEN WOLLEN ZU UNS.

WWW.DDC.DE

Das neue Ehrenmitglied/The new honorary member **PROF. RIDO BUSSE**

PROFESSOR RIDO BUSSE DAS NEUE EHRENMITGLIED DES DDC/THE NEW HONORARY MEMBER OF THE DDC Laudatio/Laudation Tassilo von Grolman

Prof. Rido Busse Gründer Busse Design+Engineering (1959), Initiator des Negativpreises „Plagiarius" (1977)
Prof. Rido Busse: founder of Busse Design+Engineering (1959), initiator of the negative award "Plagiarius" (1977)

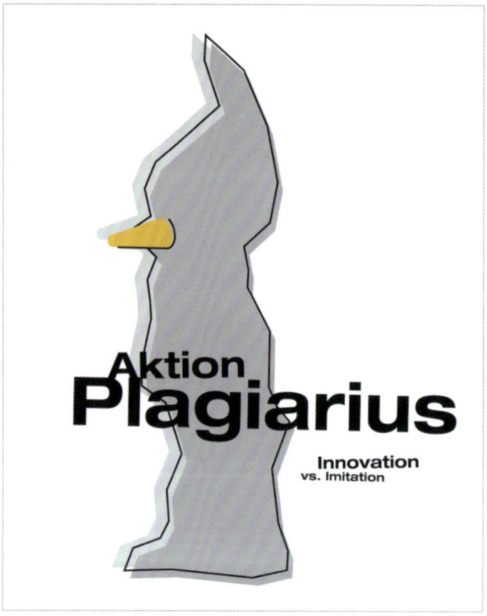

Das Motto des Negativpreises „Innovation vs. Imitation" – Plagiarius rückt dreisten Ideenklau ins öffentliche Licht.
The motto of Plagiarius: "Innovation vs. Imitation" – Plagiarius sheds public light on impudent theft of ideas.

Mein lieber Rido,

die Ehrenmitgliedschaft beim DDC erhältst Du nun 2 Tage früher als das Bundesverdienstkreuz. Mit dem Unterschied, dass die Ehrenmitgliedschaft beim DDC nur wenige verdiente Designer dieser Republik bekommen. Ich freue mich ganz besonders, dass Du nun mit den Kollegen Gerd A. Müller, Graf Goertz, Olaf Leu, Othmar Severin, Fritz Rau und Günther Kieser, Kurt Weidemann, Dieter Rams, Ben Oyne, Siggi Mayer, Peter Raacke, Claus A. Froh und Herbert Schultes in die Hall of Fame der Designer aufgenommen worden bist.

Auch Du hast ja schon vor weit mehr als 40 Jahren angefangen, den Begriff Design in seiner wahren Bedeutung unter das Volk zu bringen. Vergeblich! Nach wie vor versteht man darunter DAS SCHÖNE GEHÄUSE DRUMHERUM. Dass das nicht so ist, soll ja auch der jährliche Wettbewerb des DDC mit seinen Auszeichnungen beweisen. Ich hoffe, steter Tropfen höhlt den Stein und wird eines Tages der Wirtschaft zeigen, dass es nicht nur das schöne Gehäuse ist.

Rido ist eine Namensschöpfung, und zwar aus den Vornamen Deiner Eltern Richard und Dorothea. Dass Du auch Manfred und Hans Walter heißt, habe ich erst aus Deiner Biografie erfahren. Nach einer Lehre als Silberschmied hast Du ein Stipendium für die Hochschule für Gestaltung in Ulm bekommen, das Du erfolgreich 1959 abgeschlossen hattest, um Dich danach sofort selbständig zu machen.

Von der Produktidee bis zum fertigen Produkt hast Du die Entwicklung bei Deinen vielen Kunden begleitet. Du hast Busse Design in 50 Jahren erfolgreich aufgebaut. Das Unternehmen heißt heute Busse Design und Engineering. Und damit ist klar, dass Du die Konstruktion und das Engineering ebenfalls anbietest.

Dear Rido,

you are now receiving the honorary membership by the DDC two days prior to the Federal Cross of Merit. With the difference that only a few deserving designers of this republic are awarded the honorary membership of the DDC.
I am particularly pleased that you now have been included into the Hall of Fame of the Designers together with your colleagues Gerd A. Müller, Graf Goertz, Olaf Leu, Othmar Severin, Fritz Rau and Günther Kieser, Kurt Weidemann, Dieter Rams, Ben Oyne, Siggi Mayer, Peter Raacke, Claus A. Froh, and Herbert Schultes.

You also have begun more than 40 years ago to spread the true meaning of design among the people. To no avail! It is still being misunderstood as THE BEAUTIFUL SHELL. That this is not so is supposed to be also shown by the yearly contest of the DDC with the awards. I hope constant dripping wears away the stone and that one day it will be seen by the economy that design is not only the beautiful shell.

Rido Is a creation out of the first names of your parents, Richard and Dorothea. That you also carry the names Manfred and Hans Walter I only learned out of your biography. After vocational training as silversmith you received a scholarship for the College for Design in Ulm and successfully finished your studies there in 1959. You immediately started working self-employed.

From the product idea to the finished product, you have accompanied the development for many of your clients. You have successfully built up Busse Design over 50 years. The company now carries the name Busse Design and Engineering. Thus it becomes clear that you also provide the construction and engineering.

PROFESSOR RIDO BUSSE DAS NEUE EHRENMITGLIED DES DDC/THE NEW HONORARY MEMBER OF THE DDC Laudatio/Laudation Tassilo von Grolman

Das Museum Plagiarius in Solingen wurde im April 2007 eröffnet. Gezeigt werden mehr als 350 Produktpaare, jeweils Original und Plagiat im direkten Vergleich. Ergänzt wird die Sammlung von Fälschungen, die der Zoll beschlagnahmt hat.
• Inaugurated in April 2007, the Museum Plagiarius in Solingen shows more than 350 product units, each original and its plagiarism in direct comparison. The collection is completed by fakes that were seized by customs.

Die Plagiarius-Preisträger von 1977 bis heute zeigen eindrucksvoll die Bandbreite der von Plagiaten betroffenen Branchen: Im 21. Jahrhundert werden nicht nur Luxusartikel, sondern Produkte des täglichen Lebens sowie komplexe technische Produkte nachgemacht. • The Plagiarius-prizewinners from 1977 up to now imposingly reveal the scope of all sectors affected by plagiarism. In the 21st century not only luxury products but also day-to-day items and complex technical devices are being copied.

PROFESSOR RIDO BUSSE DAS NEUE EHRENMITGLIED DES DDC/THE NEW HONORARY MEMBER OF THE DDC Laudatio/Laudation Tassilo von Grolman

Als 1975 eine Waage, die Du für die Firma Söhnle gestaltet hattest, plötzlich als Kopie auftauchte, hattest Du die geniale Idee, einen Negativpreis gegen Produktpiraterie und Fälschungen ins Leben zu rufen. Der Plagiarius war geboren, der schwarze deutsche Gartenzwerg mit der goldenen Nase (die goldene Nase, die sich Plagiatoren verdienen).

Mit dem Plagiarius gelang es schnell, die Öffentlichkeit sowie den Gesetzgeber auf den Missstand der Fälschung aufmerksam zu machen und über die negativen volkswirtschaftlichen Auswirkungen von Plagiaten und Fälschungen aufzuklären.

When in 1975 a copy of a scale showed up that you had designed for the company Söhnle you had the ingenious idea of establishing a negative award against product piracy and forgery. The Plagiarius was born, the black German garden gnome with the golden nose (the golden nose, because the plagiarists make so much money).

With the Plagiarius it was possible to spread the word quickly under the public as well as with the lawmakers of the drawbacks of forgery and the negative impact of plagiarism and forgery on the economy.

Trophäe des Negativpreises ist ein schwarzer Zwerg mit goldener Nase, als Symbol für die immensen Gewinne, die die Produktpiraten auf Kosten innovativer Unternehmen erwirtschaften. • According to the German saying "to earn oneself a gold nose" (= to earn much money) the trophy is a black painted gnome with a gold nose to signify the huge and illicit earnings from product imitation.

PROFESSOR RIDO BUSSE DAS NEUE EHRENMITGLIED DES DDC/THE NEW HONORARY MEMBER OF THE DDC Laudatio/Laudation Tassilo von Grolman

Alle nachfolgenden Produktfotos zeigen jeweils links das Original und rechts das entsprechende Plagiat. Auch Sanitärprodukte wie Handbrausen oder Waschtischarmaturen werden häufig nachgeahmt. • On all of the following product photos the left shows the original and the right the plagiarism. Sanitary products such as hand showers or basin mixers are often imitated.

Im Fokus von Plagiarius stehen plumpe Kopien, bei denen 1:1 Design und/oder technische Lösungen erfolgreicher Produkte übernommen und als eigene kreative Leistung ausgegeben werden. Es geht nicht um sogenannte me-too Produkte, die für fairen, lebendigen Wettbewerb sorgen. • Plagiarius focuses on clumsy copies, where the design and/or technology of successful products are copied 1:1 and passed off as someone's own creative achievement. Plagiarius does not denounce so-called me-too products that foster fair and vivid competition.

Der „Plagiarius“ wird seit nunmehr über 3 Jahrzehnten jährlich auf der Ambiente im Rahmen einer Pressekonferenz an die dreistesten Plagiatoren verliehen. Denn Plagiatoren verfolgen nur ein Ziel: Profit auf Kosten anderer! Sie kopieren nur erfolgreiche Produkte, für die bereits Nachfrage besteht, und sparen somit die Kosten für Forschung und Entwicklung sowie fürs Marketing. Häufig verwenden sie billige Materialien, so dass die Qualität deutlich schlechter ausfällt und der Käufer nicht lange Freude am vermeintlichen Schnäppchen hat. Je nach Produkt kann die schlechte Qualität sogar lebensbedrohliche Auswirkungen haben.

The “Plagiarius” has now been awarded for over three decades to the boldest plagiarists at the Ambiente during a press conference. Because plagiarists pursue only one goal: profit at the expense of others! They only copy products that are already successful and for which there is a demand, thereby saving on costs for research and development as well as marketing. They mostly use cheap materials so that the quality is visibly poorer and the customer will not be pleased with his alleged bargain. Depending on the product the low quality could prove life threatening.

Das Plagiat des Multimediasessels wurde in Deutschland vertrieben. In der Tat schrecken auch manch deutsche Unternehmen nicht davor zurück, Plagiate herzustellen, einzukaufen oder in Auftrag zu geben. • The copy of the multimedia chair has been distributed in Germany. In fact, some German companies do not shrink back from manufacturing, purchasing or commissioning plagiarisms.

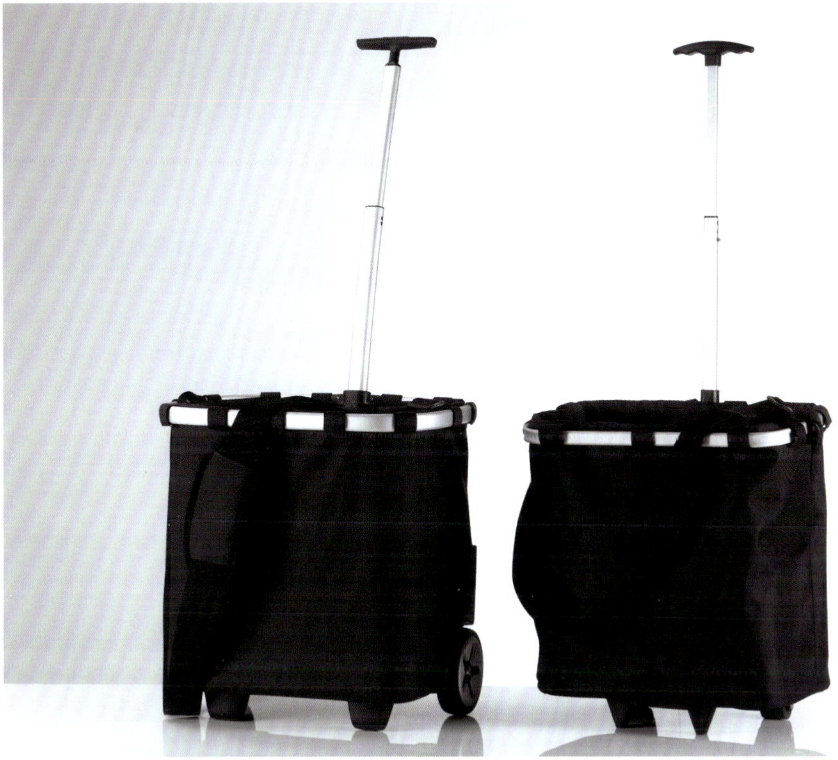

Material und Verarbeitung, aber auch Produktdetails wie Reißverschlüsse und Räder lassen schnell die Qualitätsunterschiede zwischen Original und Plagiat erkennen. • Material and workmanship, but also product details such as zip fasteners or wheels often disclose the quality differences between original and plagiarism.

Die folgenden Zahlen und Fakten zeigen, wie groß das Ausmaß des Problems ist und warum es so wichtig ist, zu handeln:

- **10% des Welthandels sind Fälschungen und Nachahmungen**

- **Weltweiter volkswirtschaftlicher Schaden pro Jahr: EUR 200–300 Milliarden (Deutschland: EUR 29 Milliarden)**

- **Weltweiter Verlust von Arbeitsplätzen pro Jahr: 200.000 (Deutschland: 70.000)**

Inzwischen hast Du, Rido, es geschafft: Spektakuläre Zerstörungen von volkswirtschaftlich schädlichen Fälschungen erzeugen seit Jahren große Aufmerksamkeit. Dazu ist es Dir gelungen, ein Museum für Plagiate einzurichten. Es steht in Solingen und braucht weiterhin auch die Unterstützung der Deutschen Industrie, da Kopien Arbeitsplätze und Umsätze in diesem Lande vernichten.

The following numbers and facts show how large the extent of the problem is and why it is so important to act:

- **10% of the world wide trade are forgeries and imitations**

- **Worldwide economical loss per year: EUR 200–300 billions (Germany: EUR 29 billions)**

- **Worldwide job losses per year: 200,000 (Germany: 70,000)**

In the meantime you have been successful, Rido: spectacular destructions of economically hurtful imitations have generated awareness over the last years. You also were able to found a Museum for Plagiarism. It is located in Solingen and needs continuing support by the German industry, because forgeries and imitations destroy jobs and sales in this country.

Manche Plagiatoren schrecken nicht davor zurück gleich ganze Produktserien, wie die Koziol Dekoelemente, abzukupfern. • Some of the imitators do not even flinch from copying whole product lines, such as the Koziol ornaments.

Der Original-Türbeschlag stammt von der Hoppe AG (Schweiz). Das griechische Plagiat kostet gerade mal ein Zehntel, minderwertige Qualität inklusive. • The original door handle was created by Hoppe AG (Switzerland). The Greek plagiarism costs only one tenth, inferior quality inclusive.

PROFESSOR RIDO BUSSE DAS NEUE EHRENMITGLIED DES DDC/THE NEW HONORARY MEMBER OF THE DDC Laudatio/Laudation Tassilo von Grolman

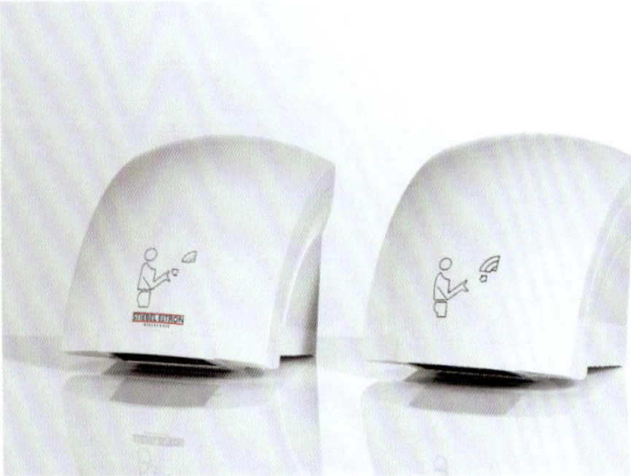

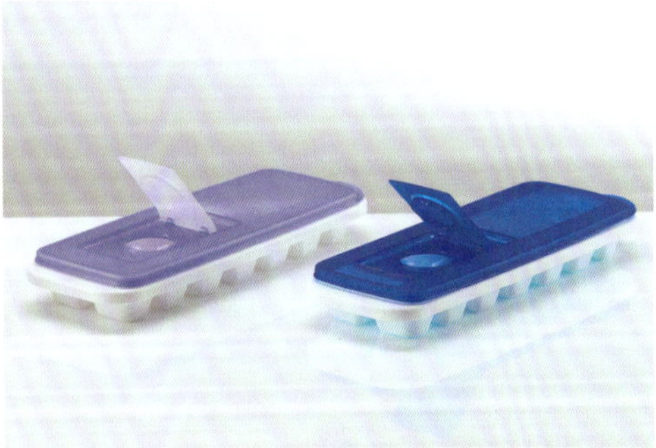

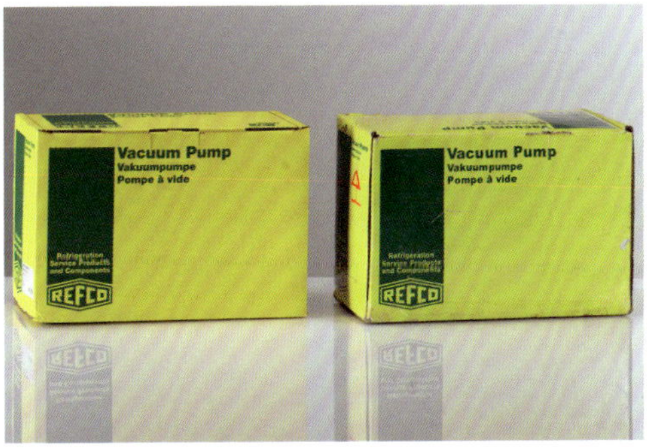

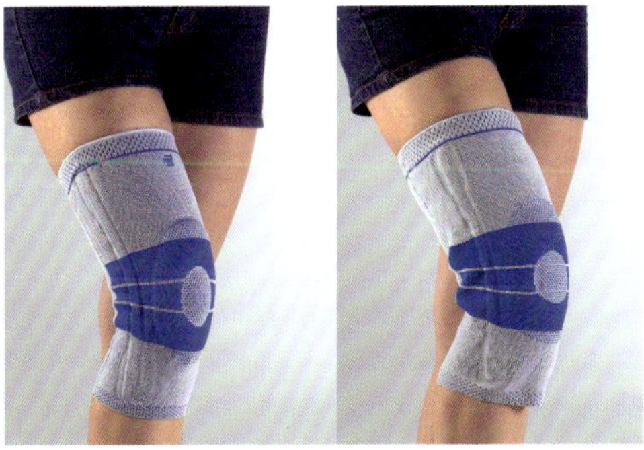

Nachgemacht wird alles, was Profit verspricht: Schneid- und Haushaltswaren, Kinderspielzeug, technische Geräte und Maschinen, medizinische Produkte, erotisches Spielzeug etc. Zur Profitoptimierung verzichten die Nachahmer oftmals auf Qualität, Funktionalität und Sicherheit und setzen billigend die Gesundheit der Konsumenten aufs Spiel. • Imitators copy everything that assures profit: household items and cutlery, toys, technical devices and machinery, medical products, erotic toys etc. In order to optimise their profits the imitators often neglect quality, functionality and safety, and thereby recklessly put at stake the health of the consumers.

Nachgemachtes Kinderspielzeug aus Kunststoff enthält häufig zu viel Weichmacher oder andere giftige Schadstoffe (z.B. Blei). • Fake plastic toys often contain too much plasticiser or other toxic and harmful substances (e.g. lead).

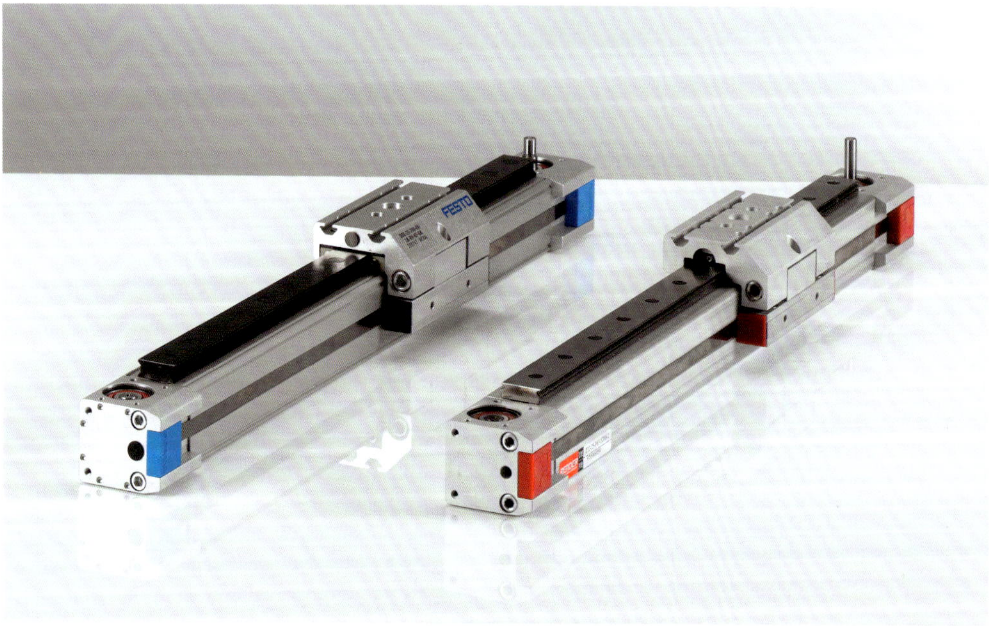

Der taiwanesische Plagiator hat sowohl Design als auch die Technik der elektrischen Zahnriemenachse „DGE“ von Festo zu 100% übernommen. • The imitator from Taiwan has copied the design and engineering of the electric toothed belt axes “DGE” of Festo 100%.

Wir sind stolz, dass es einer aus unseren Reihen war, der auf das Thema Fälschung hinwies – nicht die Politiker, nicht die Ministerien, nicht die zahlreichen Ämter.

Der Designer Rido Busse zeigte ihnen allen, wie man Kommunikation nutzt, um auf einen Missstand hinzuweisen und ihn abzubauen.

Wir ernennen dich hiermit zum DDC-Ehrenmitglied. Herzlich willkommen bei Freunden und Verehrern.

Tassilo von Grolman

We are proud that it was one of us who emphasized the subject forgeries and imitations – not the politicians, not the ministries, not any official.

The designer Rido Busse showed them all how to use communication to make people aware of abuse and to start rectifying this situation.

On this occasion we appoint you as one of our DDC members of honor. A heartfelt welcome by your friends and admirers.

Tassilo von Grolman

PROFESSOR RIDO BUSSE DAS NEUE EHRENMITGLIED DES DDC/THE NEW HONORARY MEMBER OF THE DDC Laudatio/Laudation Tassilo von Grolman

Zum Schutz der Unternehmen, aber auch der Verbraucher, werden illegale, teils minderwertige, Nachahmungen aus dem Verkehr gezogen und mit einer Walze vernichtet. • In order to protect entrepreneurs as well as consumers, illegal and partially inferior imitations are withdrawn from circulation and destroyed with a roller.

MARKENMEHRWERT DURCH DESIGN

www.german-design-council.de

Andrej Kupetz, Rat für Formgebung / German Designn Council

Kategorie/Category **PRODUKT**

VORSITZENDER DER JURY/CHAIRMAN OF THE JURY

Nils Holger Moormann Nils Holger Moormann GmbH

Na da staunt der Juror!

Galt es doch Produkte in einer Bandbreite vom Feuerlöschzug bis zum erotischen Hilfsmittel zu bewerten. Wie das gehen kann? Nach zwei Tagen genauem Hinsehen und der Auseinandersetzung mit kritischen Mitjuroren und den altbewährten Kriterien guter Gestaltung erfreulich eindeutig.

Wow, the juror is impressed!

Wide ranging products from fire trucks to erotic gimicks were to be rated. How can that come about? Pleasantly straightforward after two days of close inspection and examination with critically thinking jurors, and the tried and trusted criteria for good design.

Tassilo von Grolman Tassilo von Grolman Design GmbH

Kerstin Amend Standard Rad. Communication

Lutz Dietzold Rat für Formgebung

Marc-Jens Biegel BIEGEL Contemporary Jewelry Since 1964

GOLD

AUDI PYLON Auftraggeber/Client Audi AG Agentur/Agency MUTABOR Design GmbH

Aufgabe/Umsetzung Die Primärkennzeichnung im Handel ist Visitenkarte und Wegweiser der Marke Audi. Aluminium-Leichtbau ist ihre Kernkompetenz. Aluminium findet sich deshalb sowohl in der Fassade des Audi Terminals – des Architekturkonzepts für Händlerbetriebe – wie auch im neuen Audi Pylon wieder. Präzision und Perfektion in Verarbeitung und Formensprache sind eine Analogie zum Produkt und folgen konsequent dem Gestaltungsprinzip „Pure & Clean" als prägendem Element des neuen Erscheinungsbilds. Die visuelle Entsprechung von Dynamik und Progressivität der Marke Audi ist die asymmetrische Form des Pylonen, abgeleitet aus der Architektursprache. Ein besonderes Highlight des Entwurfs sind Ringe mit einer speziellen Folienbeschichtung, die das Chrom nachts transluzent und weiß erstrahlen lassen.

Assignment/Implementation The primary signage in the dealership is the business card and navigation system for the Audi brand. Aluminum lightweight design is a core competence of the Audi brand. For this reason, aluminum is used in both the facade of the Audi terminal – the architectural concept for dealerships – and the new Audi pylon. Precision and perfection in terms of workmanship and formal idiom offer an analogy to the product and consistently pursue the pure & clean design principle as the defining element of the new identity. The visual counterpart of the Audi brand's dynamism and progressiveness is the asymmetric design of the pylon. One particular highlight of the design consists of rings whose chrome, thanks to a special foil coating, shines resplendently in translucent and white form at night.

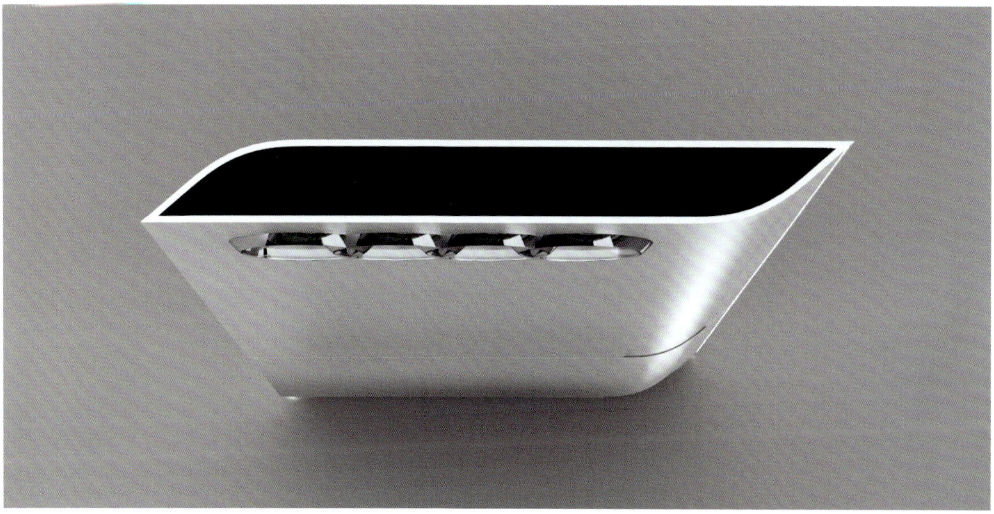

PROGRAMM 130 Auftraggeber/Client **Thonet GmbH**
Agentur/Agency **Thonet GmbH**

Aufgabe/Briefing Der japanische Designer Naoto Fukasawa hat für Thonet ein Esszimmer Programm aus Holz entworfen. Fukasawa hat bei Tisch und Stuhl vertraute Formen feinfühlig und leise so neu gestaltet, dass ein völlig in sich stimmiges Programm entstanden ist – gemäß seines Anspruchs, gute bestehende Dinge noch besser machen zu wollen.

Umsetzung Das Sitzmöbelprogramm 130 umfasst Stühle und Armlehnstühle aus Holz: Ungepolstert, mit Sitz-Spiegelpolster oder mit voll umpolstertem Sitz und Rücken. Alle Modelle gibt es in Buche oder Eiche. Es ist auch eine Variante für Sitz und Rücken in Strukturlack verfügbar.

Assignment/Briefing The Japanese designer Naoto Fukasawa has designed a new range of dining room products for Thonet. Fukasawa has created a totally harmonious series by reinterpreting familiar forms in a sensitive and subdued manner that stays true to his goal of wanting to make existing things even better.

Implementation The 130 chair series comprises solid-wood chairs and armchairs that are available either in plain wood, with padded seats, or with fully upholstered seats and backrests. All models are available in beech and oak. A further design features seats and backrests with a texture-varnish finish.

SILBER

DELIGHT CLICK 'N' CHARGE Auftraggeber/Client FUN FACTORY GmbH Agentur/Agency FUN FACTORY GmbH

Aufgabe/Briefing Der DeLight ist ein Aufsehen erregendes Luxus-Lovetoy mit einer revolutionär neuen Form, die eher einem stilvollen Designobjekt als einem klassischen Vibrator entspricht. Samtiges medizinisches Silikon trifft auf hochpolierten Kunststoff. Die „Royal Curl“ funktioniert als stylischer, ergonomischer Griff.

Umsetzung Dieses Toy ist mit der innovativen, magnetischen Aufladetechnik CLICK 'N' CHARGE der FUN FACTORY ausgestattet. Dank dieser neuen Technologie lässt sich der DeLight mühelos mit dem dazugehörigen „FUN Magnetic Plug“ wiederaufladen.

Assignment/Briefing The DeLight is a sensational luxury sex toy with a revolutionary new form, more reminiscent of a stylish design object than a classic vibrator. Velvety medical-standard silicone meets highly polished, smooth plastic. The “Royal Curl” functions as a stylish ergonomic grip.

Implementation This toy is equipped with the innovative, magnetic charging technology CLICK 'N' CHARGE from FUN FACTORY. Thanks to this new technology the DeLight can now be effortlessly recharged using the “FUN Magnetic Plug.”

FUN
FACTORY

INTERACTIVE WALL Auftraggeber/Client **Burkhardt Leitner, Stuttgart | Festo, Esslingen (Kooperation)** Design **Burkhardt Leitner, Stuttgart | Festo, Esslingen | Technische Universität Delft**

Aufgabe/Briefing Interactive Wall: Eye-Catcher bei Events, Messen oder im Eingangsbereich von Museen oder Unternehmen. Ob als akustisch-optische Trennwand im Bürobereich bis zu weithin sichtbaren Raumelementen – Corporate Design in Bewegung. Die Interactive Wall erreicht mit wenig Aufwand und Grundfläche eine große räumliche Ausdehnung und sinnliche Präsenz. Architektur, die sich bewegt, die mit dem Menschen interagiert. Sich auf ihn zu- oder wegbewegt. Auf seine Impulse reagiert.

Umsetzung Ein Expertenpool. Von Festo – Innovationsführer bionischer Automationsprozesse – stammt die Antriebs- und Steuerungstechnik. Von der Architekturgruppe „Hyperbody“ der Technischen Universität Delft unter Kas Oosterhuis die Hard- und Software für die Interaktivität. Burkhardt Leitner realisierte die architektonische Konstruktion.

Assignment/Briefing Interactive Wall: Eye-catcher at events, fairs or in the foyers of museums or organizations. Whether as an audiovisual office partition or widely visible spatial element – corporate design in motion. With little effort or floor space required, the Interactive Wall creates sensual, dynamic environments. Architecture that interacts with people through motion. It moves towards or away from you. It reacts to your behavior.

Implementation A pool of experts. The development process of the Interactive Wall is itself forward-looking – the interdisciplinary interplay of diverse expertise. Festo – leading innovator in bionic automation processes – delivered the drive and control technology. The architecture group “Hyperbody” from the technical University of Delft under Kas Oosterhuis came up with the hard- and software for the interactivity. Burkhardt Leitner realized the architectural design.

ROSENBAUER AT

Auftraggeber/Client **Rosenbauer AG**
Agentur/Agency **Spirit Design/Innovation and Branding**

Aufgabe/Briefing Gefragt war ein Fahrzeugdesign, das Funktion und visuelle Kommunikation verbindet sowie größtmögliche Effizienz und Sicherheit am Einsatzort bietet. Außerdem: Die Fortführung der Visual Product Language im Sinne der visuellen Kommunikation von Verlässlichkeit, Sicherheit, Kraft und Dynamik.

Umsetzung Das Design unterstützt die Einsatzkräfte durch hervorragende Bedienbarkeit aller Funktionselemente. Eine klare gestalterische Linie prägt das Design der AT-Modelle. Die Visual Product Language kommuniziert Kraft, Dynamik und Sicherheit, die Gestaltung verbindet Ästhetik und Funktion. Ein zweckorientiertes Lichtkonzept mit moderner LED-Technik sorgt für beste Sichtverhältnisse.

Assignment/Briefing The design had to combine function and visual communication as well as highest possible efficiency and security in case of emergency. Rosenbauer's Visual Product Language had to be continued, i.e. the visual communication of reliability, security, power and dynamics.

Implementation The product design meets the fire engine's high functional demands in case of emergency and at the same time represents a clear creative solution. As such, the design is a combination of aesthetics and function. By communicating strength, dynamic and safety, it continues Rosenbauer's Visual Product Language. A highly functional lighting concept based on modern LED-technology offers optimal visibility solutions.

TWINLINE 2 Auftraggeber/Client **Artweger GmbH & Co. KG**
Agentur/Agency **GP designpartners GmbH**

Aufgabe/Briefing Die Dusch-Badewannen-Kombination Twinline 2 ist eine Line Extension, um eine breitere Käuferschicht zu erreichen. Form und Abmessungen orientieren sich an üblichen Wannen, das heißt, dass eine bestehende Wanne problemlos durch die Twinline 2 ersetzt werden kann.

Umsetzung Badezimmer sind oft nur 4–6 qm groß. Konsumenten müssen daher wählen, ob sie in einem kleinen Bad Dusche oder Badewanne einbauen. Mit Twinline 2 geht beides: Vollwertiges Duschen und entspanntes Baden.

Assignment/Briefing The shower-bathtub-combination Twinline 2 is a line extension to reach a wider range of customers. Shape and dimensions are based on the size of common bathtubs which means that an existing tub can easily be replaced by a Twinline 2.

Implementation Bathrooms often have a size of just 4–6 square meters. So consumers have to choose, whether to install a shower or a tub in the small bathroom. With Twinline 2 they get both: a full-fledged shower and a relaxing bath.

HOMME (KOLLEKTION) Auftraggeber/Client **BREE Collection GmbH & Co. KG**
Design **Stefan Diez**

Aufgabe/Briefing HOMME ist eine Serie super leichter Herrentaschen für den Taschenspezialisten BREE. Sie entstand in mehrjähriger Zusammenarbeit nach dem Vorbild aktueller Fußballschuhe, bei denen sehr dünn geschnittenes Leder durch einen innen liegenden Textilrücken stabil gehalten wird.

Umsetzung Die Taschen bestehen aus Anilinleder, mit natürlicher Narbung und Struktur. Die beiden größeren Modelle haben einen dritten Griff, der zum Tragen der Tasche über der Schulter gedacht ist. Das Design und auch die Herstellung der Taschen ist „Made in Germany".

Assignment/Briefing HOMME is a series of ultra-light gent's bags for BREE, the bag specialists. They were developed in a cooperation lasting several years in the style of modern football shoes, where very thinly cut leather is kept stable by an inner textile lining.

Implementation The bags are made of aniline leather with a natural grain and structure. The two larger models have a third handle that can be used to wear the bags over the shoulder. The bags have not only been designed in Germany but are also "Made in Germany."

BRONZE

TAO Auftraggeber/Client **KAHLA/Thüringen Porzellan GmbH** Agentur/Agency **speziell®**

Aufgabe/Briefing Als Basis für die Gestaltung der Porzellanserie diente dem Designer-Trio speziell® aus Offenbach der Wunsch dem Konsumenten ein Gefühl von Entspannung zu schenken. Die drei Designer Sybille Fleckenstein, Jens Pohlmann und Thilo Schwer beschreiben die Kollektion formal als Fundstücke, wie man sie an einem sonnendurchfluteten Tag am Strand oder in einem plätschernden Bach findet.

Umsetzung Fließende Formen, wie von Wasser modelliert, kennzeichnen die Porzellan Serie TAO. Ihre sinnliche Formensprache wird zum Ausdruck für Ruhe und Harmonie. Inspiriert vom Welleneffekt, den Tropfen auf einer glatten Wasseroberfläche auslösen, fügen sich die Teller ineinander und scheinen dabei auf dem Tisch zu schweben. Die Henkel der Tassen fließen aus dem oberen Tassenrand heraus, ihre Anbindung am höchsten Punkt erleichtert das Anheben und die Daumenfläche hilft dabei, die Tasse gerade zu halten.

Assignment/Briefing The designer trio speziell® has designed a porcelain collection that creates a feeling of relaxation and well-being on the table. The three designers Sybille Fleckenstein, Jens Pohlmann and Thilo Schwer describe the collection's shape as reminiscent of items found on a beach. Especially the dip bowls, the small vase, the milk jug, as well as the salt and pepper shakers, are akin to gemstones that were washed up by the tides.

Implementation The porcelain range TAO is characterized by flowing shapes, as if they had been molded by water. The sensual design symbolizes peace and harmony. Inspired by the wave effect, generated by drops on a smooth surface of water, the plates intertwine with one another and seem to float on the table. The handles of the cups seem to flow from the top of the rim of the teacup; the fact that they are connected at the highest point makes lifting easier and the thumb helps keep the cup steady.

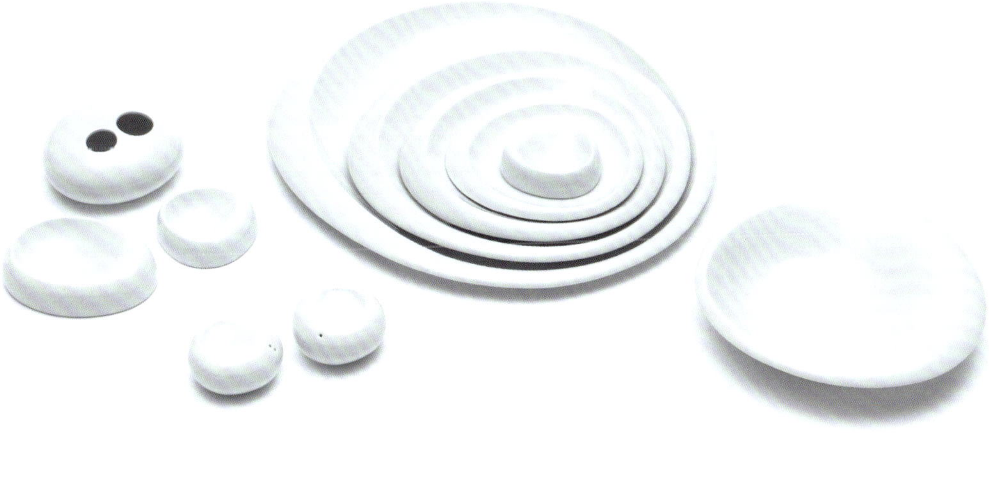

KURT Auftraggeber/Client **Seefelder Möbelwerkstätten GmbH**
Agentur/Agency **Jan Armgardt Design**

Aufgabe/Briefing Ein schnell verwandlungsfähiges, schönes und bequemes Sofa ohne aufwendige Beschlagstechnik. Ein Polstermöbel mit Multiple-Choice-Charakter: Sofa, Bank, Couch, Bett, Ablagefläche, Spielwiese, ... Platzsparend in der Wohnung, handlich beim Umzug.

Umsetzung Einfach Kurt: Wenn man den Sofarücken mit einem Griff nach vorne umklappt, entsteht ruckzuck ein flacher Quader. Dieser dient als Daybed, Sitzbank, Büroliege oder Gästebett. Sofa? Bett? Sofabett – Bettsofa! Und: Beim Umzug macht sich Kurt Dank des abklappbaren Rückens ganz flach.

Assignment/Briefing A sofa, simple and beau-tiful in its design, but also comfortable and multi-functional. Within seconds the sofa converts into a bench, couch, bed, games table or an extra surface for storage. A very space efficient piece for the apartment, it easily fits into a car for transport.

Implementation With just a flick Kurt can be folded into a rectangle for a daybed, bench, lounge chair or guest bed. Sofa? Bed? Sofabed – bedsofa! The collapsible backrest flattens nicely for easy moving.

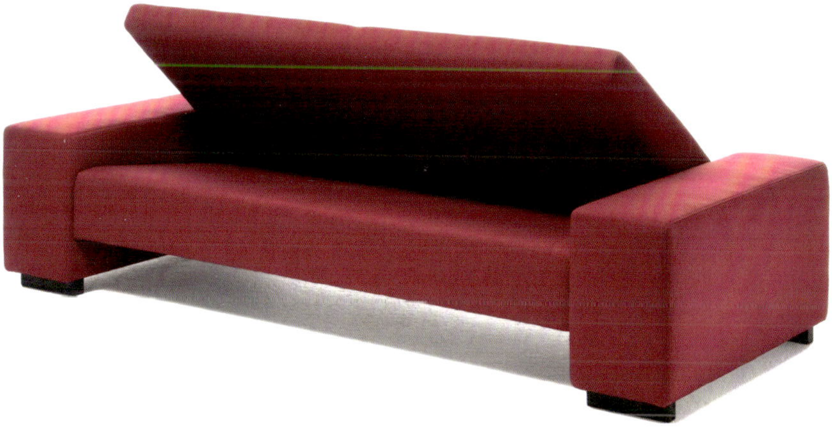

ADDCUBE – PRESENTATION INFORMATION STORE Auftraggeber/Client **ID4 MARKENAGENTUR/p&p Gmbh** Agentur/Agency **ID4 MARKENAGENTUR**

Aufgabe/Briefing Der Handel ist eine der wichtigsten Schnittstellen von Unternehmen zu ihren Kunden. Die Botschaft von Produkten und Dienstleistungen soll hier für Kunden erlebbar werden. Marken wollen unterscheidbar sein, Produkte müssen ihre Qualitäten darstellen, Kunden wünschen Angebote, die zu Ihnen passen.

Umsetzung addcube ist ein Präsentationssystem, das durch seine Modularität zur Bühne unterschiedlichster Produkte und Marken wird. Das zurückhaltende, hochwertige System bietet unterschiedliche Detaillösungen, die einen wirtschaftlichen Wechsel der Präsentation ermöglichen. So können durch eine patentierte Plakattasche mit einfachstem Handling Bilder ausgetauscht werden. Verbraucht wird hier nur Papier. Wirtschaftlich, nachhaltig – Made in Germany.

Assignment/Briefing The retail market is one of the most important areas where businesses and corporations intersect with their clients. The message that is conveyed by proffered goods and services should be made experienceable for the consumer. Brands want to differentiate, products need to show their qualities, consumers desire offers that are tailored to their wants and needs.

Implementation addcube is a modular presentation system, which acts as a stage for various products and brands. The low key but high quality system, offers detailed solutions that allow for cost efficient modificatons of presentations. The patented poster sleeve enables pictures and information to be swapped easily and intuitively. The only thing needed to create variety is paper. Economic, sustainable – Made in Germany.

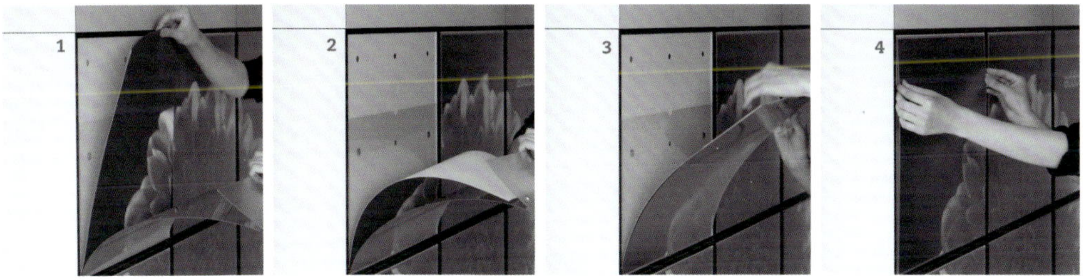
1
2
3
4

MERINO-STRICKJACKE MIT RAFFUNG Auftraggeber/Client **CALIDA**

Agentur/Agency **Kerstin B. Nägler Mode- und Textildesign**

Aufgabe/Briefing Für die Damen-Strickkollektion von CALIDA sollte entspannte Mode zum Wohlfühlen entworfen werden. Hochwertigkeit, Beständigkeit und Individualität stehen für die selbstbewusste, aktive, gebildete Kundin im Vordergrund.

Umsetzung Die Jacke aus Merino extrafein stellt ein Keypiece der Kollektion dar, das als perfekte Basic-Kombination, aber auch mit sehr viel Raffinesse individuell drapiert und gerafft getragen werden kann, und so als Lieblingsteil die Garderobe der Kundin bereichert.

Assignment/Briefing The challenge was to design relaxed fashion for the ladies knitwear collection of CALIDA to create a sense of well-being. First-rate quality, endurance and individuality are most important for the self-aware, active, sophisticated customer.

Implementation The cardigan made of flattering extrafine Merino yarn constitutes a keypiece of the collection that can be worn as a perfect basic combination, but can also be individually draped and gathered with subtlety, and, be worn as a comfortable showpiece, as an upgrade to the wardrobe of the customer.

AWARD

COBRA^LIBRE Auftraggeber/Client **FUN FACTORY GmbH**
Agentur/Agency **FUN FACTORY GmbH**

Aufgabe/Briefing Die „COBRA^libre" ist ein völlig neuartiges, vibrierendes, ästhetisches Männertoy, das ansprechend designt und dabei ergonomisch und funktional ist. Es ist der erste Stimulator mit Lifestyle-Charakter und hebt sich von den üblichen, auf dem Markt erhältlichen Toys für Männer deutlich ab.

Umsetzung Ziel war es Männer mit einer maskulinen Optik anzusprechen. Daher ist das Toy in der Designsprache angelehnt an einen Sportwagen. Zwei kraftvolle Motoren sorgen mit pulsierenden Vibrationen für punktgenaue Stimulation. Das innovative Touchpad ermöglicht eine Auswahl von zahlreichen Vibrationsmöglichkeiten.

Assignment/Briefing The "COBRA^libre" is a totally new kind of vibrating, aesthetic toy for men which is perfectly designed, ergonomic and functional. It is the first stimulator that can be characterized as a lifestyle accessory and clearly stands out from the other toys for men on the market.

Implementation The goal was to grab men's attention by using a masculine look, so the toy's design suggests a sports car. Two powerful motors deliver pulsing vibrations for exact on the spot stimulation. The innovative touch pad makes it possible to choose from a wide array of vibration possibilities.

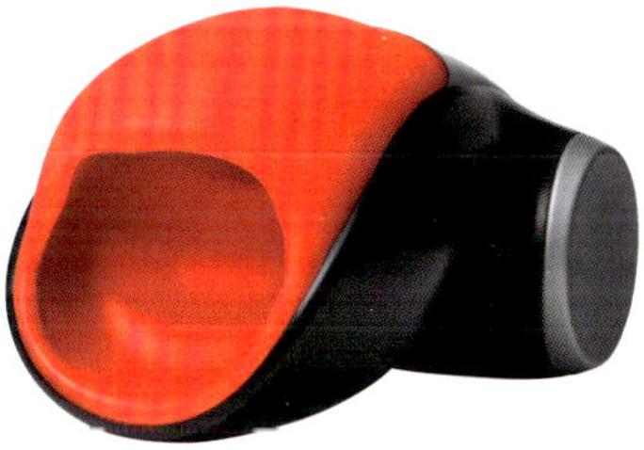

FUN
FACTORY

GEWÜRZKALENDER Auftraggeber/Client **Clormann Design GmbH**
Agentur/Agency **Clormann Design GmbH**

Aufgabe/Briefing Kreative, designaffine und hochwertig produzierte Weihnachtsüberraschung für Kunden und Neukunden. Intelligente Kombination von Tradition und Innovation. Hochwertiges Tool zur Kundenbindung bzw. -neugewinnung. Verbindung zur Unternehmensphilosophie von Clormann Design und den hochwertig gestalteten und produzierten Projekten.

Umsetzung Frei nach dem Motto „Kein Genuss ist vorübergehend, denn der Eindruck, den er hinterlässt ist bleibend" vereint der Adventskalender viele Ansprüche in einem Produkt. Das reduzierte, edle Design mit Heißfolienprägung überrascht zusätzlich mit raffinierten Gewürzen. Hinter jedem Türchen verbirgt sich ein Glas mit edlem Gewürz und einem Beipackzettel mit Informationen zu Herkunft und Einsatz des Gewürzes sowie einem passenden Rezeptvorschlag. Die Gläser sind nachfüllbar.

Assignment/Briefing Creative Christmas surprise for clients of Clormann Design. Intelligent combination of tradition and innovation. High-quality tool for customer retention. Link to the company philosophy of Clormann Design and quality produced print projects.

Implementation No indulgence is temporary, the impression it leaves is unforgettable. It's plain, distinctive arrangement and embossed premium paper fits in every stylish household. From December 1st to 24th, it delights you every day with various high quality herbs and spices and information regarding their origins and suggestions on how to use them in different accompanying recipes. The jars are refillable and a pleasure to use all year.

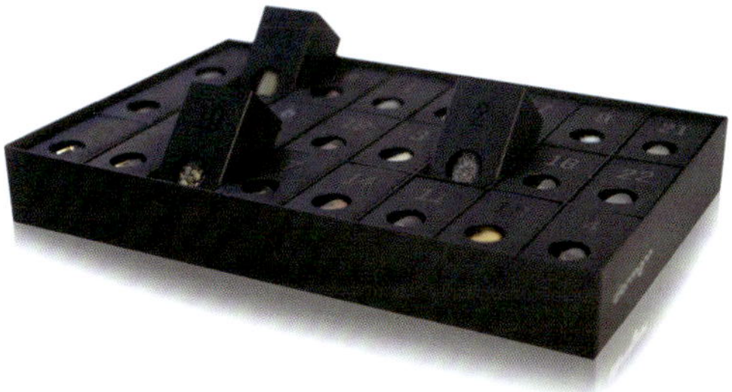

OPUS Auftraggeber/Client **Hirschmann Laborgeräte GmbH & Co.KG**
Agentur/Agency **Phoenix Design**

Aufgabe/Umsetzung Hirschmann Laborgeräte hat eine neue, moderne digitale Motorbürette opus entwickelt mit einem klaren integrativen Produktdesign als eine vielseitige Lösung für viele Probleme der täglichen Laborroutine. Die funktionellen Elemente sind logisch mit einander verknüpft. Das kompakte Design mit Touchscreen reduziert so die hohe technische Komplexität auf ein sympathisch einfaches, ergonomisches und bedienungssicheres Produkt. Durch das vom Grundgerät entkoppelte Bedienteil ist eine freie Positionierung möglich. Der Touchscreen ermöglicht eine intuitive Bedienung.

Assignment/Implementation Hirschmann Laborgeräte has developed the modern digital electronic burette opus with a clear and integrative product design as a versatile solution for many problems in the daily laboratory routine. Controls and operation elements are logically connected. The compact design with soft touch controls minimizes the technical complexity to a simple-to-operate product with excellent ergonomics. The touch screen controller is separated from the base unit and thus enables free positioning of the components. The touch screen facilitates the intuitive operation of the instrument.

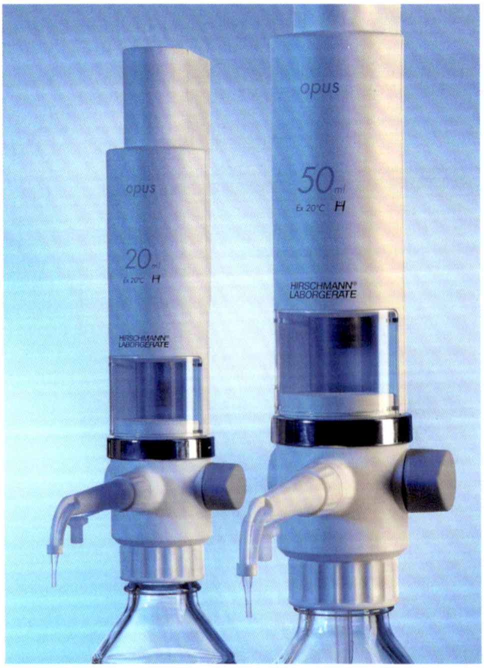

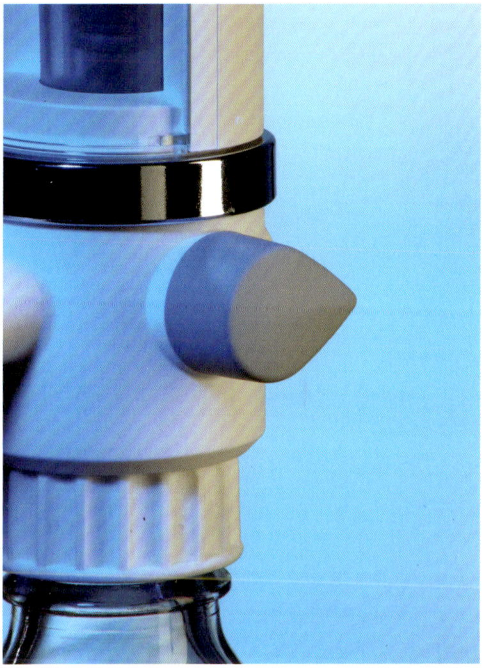

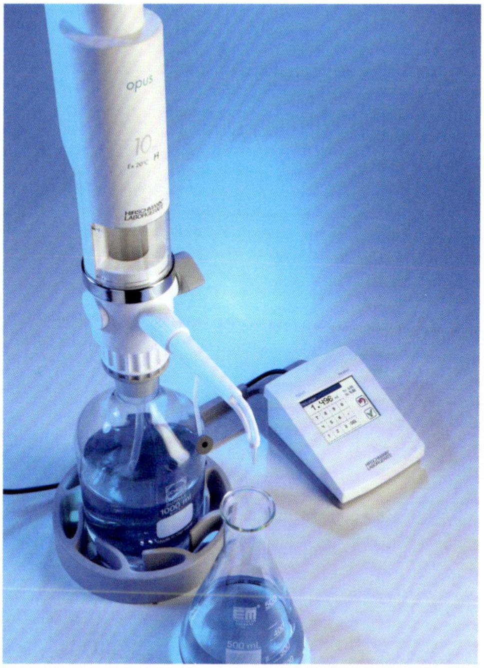
opus

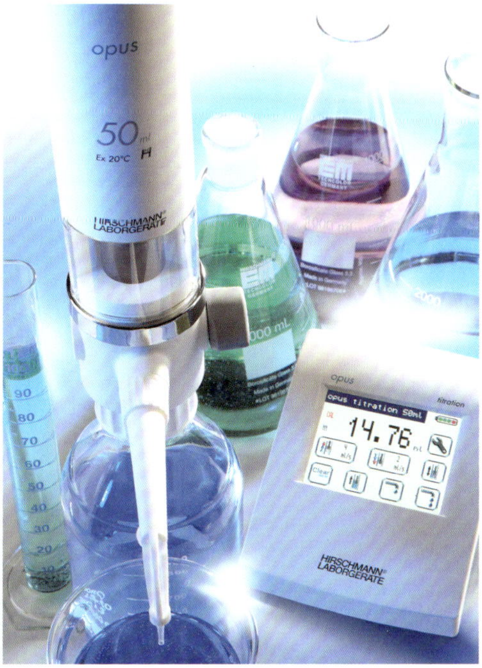
opus
50 ml
Ex 20°C H
HIRSCHMANN
LABORGERÄTE
opus
titration
opus titration 50ml
14.76 ml
HIRSCHMANN
LABORGERÄTE

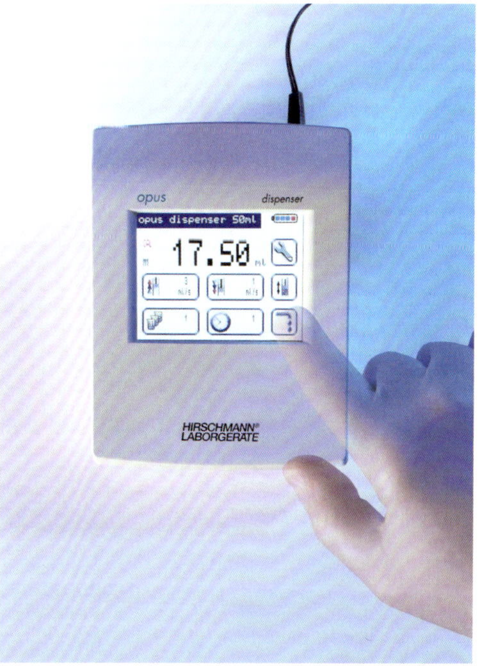
opus
dispenser
opus dispenser 50ml
17.50 ml
HIRSCHMANN®
LABORGERÄTE

MUNKEN CUBE Auftraggeber/Client **Arctic Paper**
Agentur/Agency **JUNO**

Aufgabe/Briefing Der Feinpapierhersteller Arctic Paper und die Premiummöbelmarke e15 wollen durch ungewöhnliche Kommunikationsmaßnahmen bekannter werden und ihr Image festigen.

Umsetzung Wir erfinden mit dem Munken Cube ein Designobjekt über das man spricht. Denn seine pure und radikale Machart aus Papier und Holz ist anders und bietet Freidenkern vielerlei Nutzungsmöglichkeiten: Als verformbare Skulptur, Arbeitsinstrument, Konzeptmöbel.

Assignment/Briefing Arctic Paper, the well-known producer of graphic fine paper and the high-end furniture brand e15 want to strengthen their image and become even better known by unusual communication.

Implementation JUNO invents the Munken Cube, a design object which is talked about. Because of its pure and radical paper and wood nature it is different and offers the open minded many ways to use it: as shapeable sculpture, work tool or concept furniture.

WIR KENNEN UNS VON DER TITELSEITE.

www.winter-company.de/DDC_Titel

Klaus Obert, WINTER&COMPANY, CREATIVE COVER MATERIALS

Kategorie/Category **DIGITAL MEDIA**

VORSITZENDER DER JURY/CHAIRMAN OF THE JURY

Marcus Wenig Die Firma GmbH

Heutzutage gilt es, Ästhetik mehr denn je durch Funktionalität zu unterfüttern. Gute digitale Kreationen fördern Interaktion und werden zu alltäglichen Helfern durch eine intuitive Bedienung, das Streaming von Ereignissen in Echtzeit und dem mobilen Zugriff. In Szene gesetzt durch die aktuellen Designtrends: Reduktion, Tiefenwirkung und großformatige Bilder/Videos.

Nowadays it appears more than ever necessary to underline aesthetics with functionality. Good digital creations support interaction and become daily helpers through intuitive operation, the streaming of events in real time and the mobile access. Staged by up-to-date design trends: reduction, depth effect, and large-format pictures/videos.

Holger Volland Marketing, Autor, Moderator

Martin Grothmaak Projekttriangle Design Studio

Gregor Ade Peter Schmidt Group

Prof. Daniela Hensel Hochschule für Technik und Wirtschaft Berlin

GOLD

CHANEL N°5 NACHTZUG

Auftraggeber/Client **Chanel Corporation**
Agentur/Agency **Syzygy Deutschland GmbH**

Aufgabe/Briefing Chanel N°5 revolutioniert die Werbung im Luxussegment: Erstmals wird eine Kampagne exklusiv im Internet präsentiert.

Umsetzung Besucher von Fashion- und Newsportalen erhaschten fünf Tage vor dem Launch erste Eindrücke, in Multimedia Bannern blitzte immer wieder die magische 5 auf. Dann schließlich enthüllten wir, begleitet von einer massiven Webpräsenz, Chanel N°5 und präsentierten die bezaubernde Audrey Tatou als neues Testimonial. Auf der neuen Website erlebten User den fabelhaften Kampagnenfilm mit vielen Backstage Informationen.

Assignment/Briefing Chanel N°5 revolutionizes luxury brand advertising: for the first time, a new campaign is exclusively presented online.

Implementation Five days before the launch visitors from fashion and news portals saw the magical number 5 appear in banners. Subsequently, Audrey Tatou was revealed to be the new face of Chanel N°5. She stars in the image film directed by Jean-Pierre Jeunet that, along with extensive background information, is featured on the campaign's website.

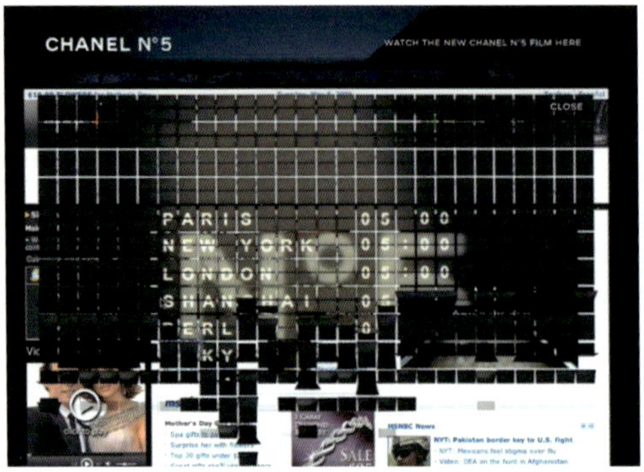

CHANEL N°5
BEHIND THE SCENES
NIGHT TRAIN
THE WORLD OF N°5
2'20" VERSION
60" VERSION
THE PHOTOS

CHANEL N°5
BEHIND THE SCENES
NIGHT TRAIN
THE WORLD OF N°5
2'20" VERSION
60" VERSION
THE PHOTOS

SILBER

AUDI GENF MEDIAWALL Auftraggeber/Client **Audi AG**
Agentur/Agency **MUTABOR Design GmbH**

Aufgabe/Briefing Auf dem Internationalen Automobil-Salon Genf 2010 präsentiert Audi sein neuestes Modell, den Audi A1, mit dem Claim: „Der nächste große Audi". Dieses kleine Auto groß und weithin sichtbar zu inszenieren, war die Aufgabe.

Umsetzung Zentrum des Standes ist eine komplexe kinetische und mediale Inszenierung. Verfahrbare LED-Segmente und integrierte, verschließbare Fahrzeugboxen erzeugen sich ständig verändernde, überraschende Welten und Perspektiven. In den unterschiedlichen Kapiteln wird der Besucher mit den einzelnen Themen vertraut gemacht.

Assignment/Briefing At the Geneva International Motorshow 2010, Audi presents and promotes its latest model, the Audi A1, with the claim "The next big Audi." The task was to present this compact car in a way that makes it big and visible from afar.

Implementation The centerpiece of the stand is a complex kinetic and media-based presentation. Maneuverable LED segments and integrated closable vehicle boxes create constantly changing and surprising worlds and perspectives. The visitor becomes acquainted with the individual topics covered in the different sections.

A1 e-tron
Weltpremiere: Der Audi A1 e-tron.
Emissionsfrei durch die City.

A1
A1
A1

SCENE UNGARN WEBSITE Auftraggeber/Client NRW KULTURsekretariat Wuppertal Agentur/Agency nodesign Schellnack & Partner

Aufgabe/Briefing Erstellung eines Internetauftritts für das Kulturfestival Scene Ungarn in NRW, mit integriertem Veranstaltungskalender.

Umsetzung Konzeption und Realisierung einer Site, die auf einen Blick die jeweils nächste Veranstaltung und den letzten Blogeintrag zeigt, sowie mit Photogalerie und einem nach Ort, Zeit, Sparte und Künstler filterbaren Kalender ausgestattet ist.

Assignment/Briefing Create an Internet identity for the Scene Ungarn (Scene Hungary) cultural festival in North Rhine Westphalia, including an integrated calendar of events.

Implementation Conception and realization of a site which at a single glance shows the respective next event and the latest blog entry plus a photo gallery and a calendar that offers filter settings by place, time, section, and artist.

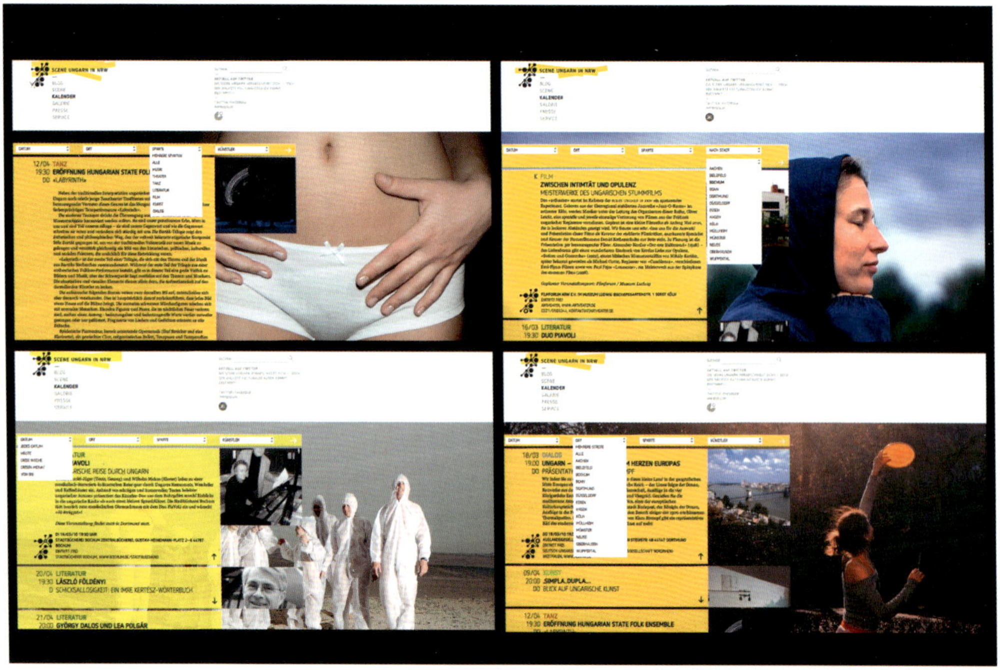

SCENE UNGARN IN NRW
SÁRI EMBER
FOTOGRAFIEN
ÁGNES ÉVA MOLNÁR
FOTOGRAFIEN
BÁLINT RÁDÓCZY
FOTOGRAFIEN

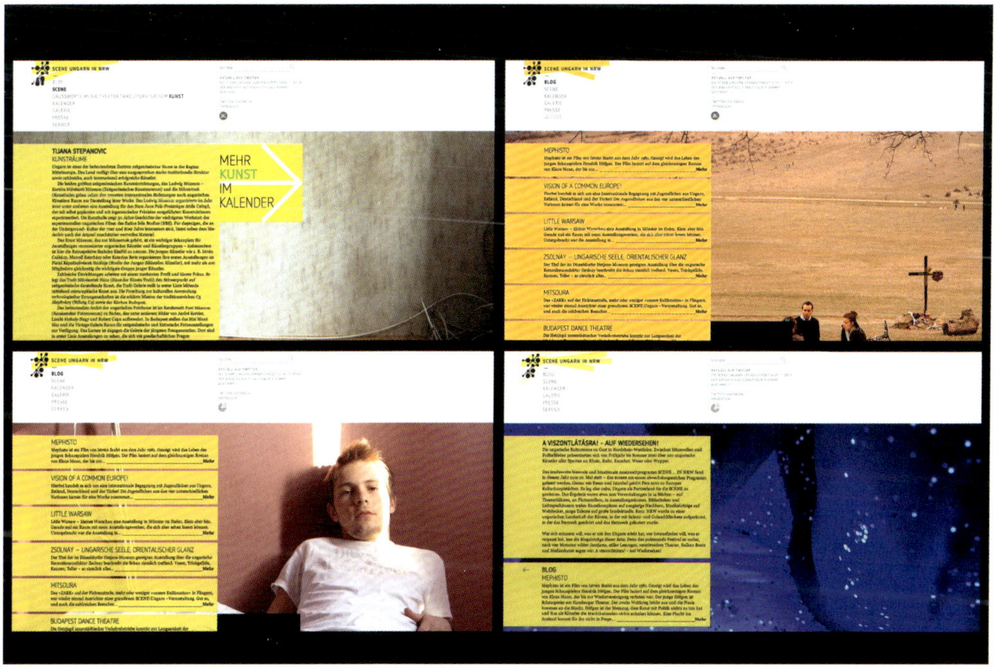
SCENE UNGARN IN NRW
TIJANA STEPANOVIC
KUNSTRÄUME
MEHR
KUNST
IM
KALENDER
MEPHISTO
VISION OF A COMMON EUROPE!
LITTLE WARSAW
ZSOLNAY – UNGARISCHE SEELE, ORIENTALISCHER GLANZ
MITSOURA
BUDAPEST DANCE THEATRE
A VISZONTLÁTÁSRA! – AUF WIEDERSEHEN!
BLOG

HEINE/LENZ/ZIZKA WEBSITE

Auftraggeber/Client **Heine/Lenz/Zizka Projekte GmbH**
Agentur/Agency **Heine/Lenz/Zizka Projekte GmbH**

Aufgabe/Briefing Die Website der Designagentur Heine/Lenz/Zizka soll sowohl die Vielfalt der kreativen Aufgaben als auch das breite Kundenspektrum auf den ersten Blick sichtbar machen. Vor allem aber soll sie zeigen, wie Heine/Lenz/Zizka denkt und arbeitet.

Umsetzung Die Homepage wird zur interaktiven Landkarte. Sie lässt sich verschieben, vergrößern, verkleinern und wächst immer weiter. Die Objekte sind maßstabsgerecht dargestellt. Jede Arbeit kann im Detail und im Kontext der verschiedensten Kundenprojekte betrachtet werden. Die Programmierung realisierte Zum Kuckuck, Würzburg.

Assignment/Briefing Design agency Heine/Lenz/Zizka's website should show the variety of its creative commissions as well as its broad customer base at first glance. Primarily, however, it should show how Heine/Lenz/Zizka thinks and works.

Implementation The homepage becomes an interactive map that can be moved, enlarged or reduced and keeps growing. Each work can be viewed in detail amid the context of an extremely wide range of client projects. The programming was realized by Zum Kuckuck, Würzburg.

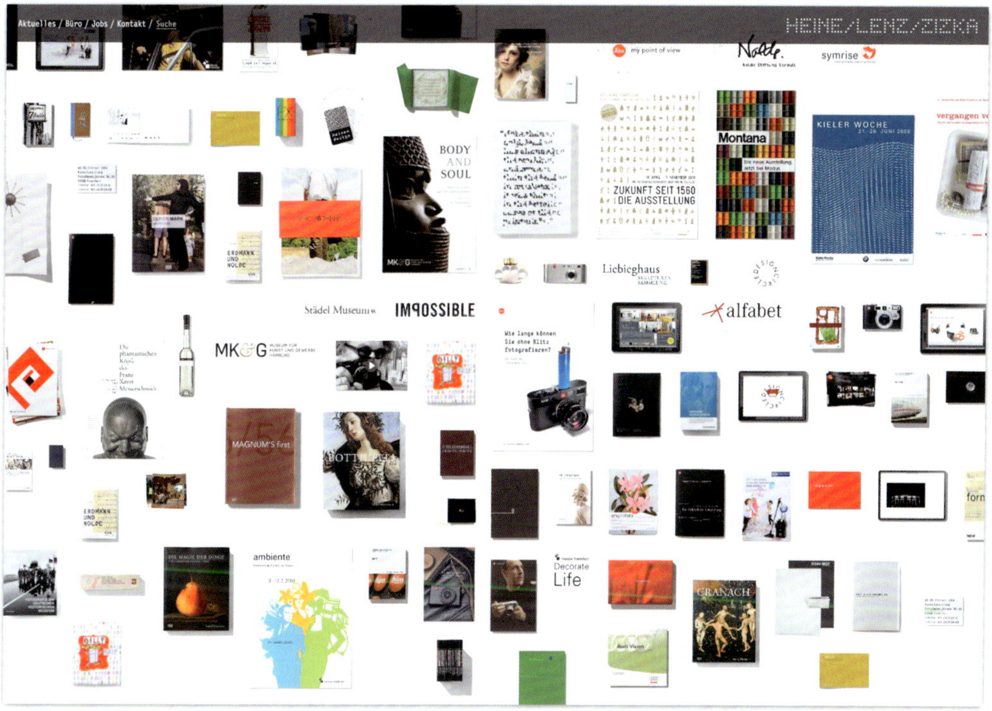
Aktuelles / Büro / Jobs / Kontakt / Suche
HEINE/LENZ/ZIZKA
Städel Museum
IMPOSSIBLE
alfabet
KIELER WOCHE
Montana
ZUKUNFT SEIT 1560
DIE AUSSTELLUNG
BODY AND SOUL
Liebieghaus
ambiente
Decorate Life
CRANACH
symrise

HEINE/LENZ/ZIZKA
MK&G MUSEUM FÜR KUNST UND GEWERBE HAMBURG

HEINE/LENZ/ZIZKA
MARTIN BUBER
POLITISCHE SCHRIFTEN

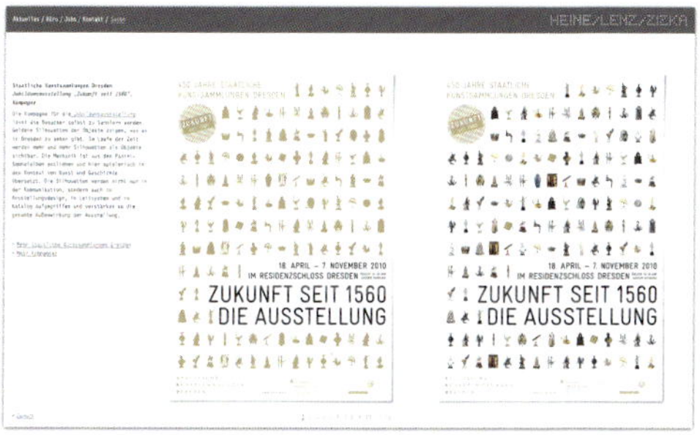
HEINE/LENZ/ZIZKA
ZUKUNFT SEIT 1560
DIE AUSSTELLUNG

HEINE/LENZ/ZIZKA
IMPOSSIBLE

BRONZE

PRITT PAPER GANG Auftraggeber/Client **Henkel AG & Co. KGaA**
Agentur/Agency **Syzygy Deutschland GmbH**

Aufgabe/Briefing Pritt kennt jedes Kind. Und jeder Erwachsene. Nur Teens nicht. Denn die sind meistens dort, wo Pritt nicht ist: Online. Um sie zu erreichen, war unsere Aufgabe: Die Vereinigung von Digital und Analog im Zeichen des Bastelns – und im Namen von Pritt.

Umsetzung Die Pritt Paper Gang hat das, was man braucht, um bei Digital Natives zu punkten: Web-Credibility. Ihre Social Profiles und eine Bannerkampagne promoteten den Stop-Motion-Contest starring The Paper Gang, bei dem die User zeigen konnten, was geht, wenn aus „selbstgebastelt" „usergen" wird.

Assignment/Briefing Every kid knows Pritt. So does every grown-up. But teens don't. Because they hang out, where Pritt doesn't: online. The assignment was to reach out to them: by unifying digital and analog in the spirit of crafting – and in the name of Pritt.

Implementation The Paper Gang has what you need to score with digital natives: web credibility. Their social profiles and banner campaign promoted the stop motion contest that starred the Gang and let users show what happens when "self-made" turns into "user-gen."

PAPER GANG
DIE CONNECTION FÜRS KLEBEN
WWW.PAPERGANG.DE
Paper Gang's Channel
Subscribe
Alle
Uploads
Favouriten
Playlist
Suchen
Hinzugefügt am | Meist gesehen | Beste Be

PAPR GANGSTR
FREUNDE WERDEN
CLAZE
RON
ADMIN
SCHULZE
WATCH & VOTE !
STOP MOTION
Mit ein paar Tricks lernt Deine Gang coole Moves.
SO GEHT DAS ...

RUNDERNEUERUNG DER ZDFMEDIATHEK Auftraggeber/Client **ZDF**

Agentur/Agency **Syzygy Deutschland GmbH**

Aufgabe/Briefing Das ZDF, einer der größten Fernsehsender Europas, bietet Nutzern in seinem Online-Videoportal Tausende von Filmen und Beiträgen aus dem TV-Programm, rund um die Uhr. Nun hat sich das ZDF entschieden, sein Online-Videoportal, die ZDFmediathek, überarbeiten zu lassen. Mit der Überarbeitung galt es, das Beste aus zwei Welten zusammenzuführen: Maximales TV-Erlebnis kombiniert mit allen Vorteilen einer Web-Applikation.

Umsetzung In der ZDFmediathek lassen sich dank vielfältiger Einstiegsoptionen und einem klaren Interface tausende Beiträge bequem finden und anschauen. Hat der User seinen Beitrag gefunden, taucht er ins TV-Erlebnis ab. Dazu muss er keinen Videoplayer auswählen, das Projekt ist vollständig in Flash und Flex realisiert. Alle Filme werden im hochwertigen Format H.264 ausgeliefert. Um wirklich großes Kino zu erleben, lässt sich die Mediathek in den Vollbildmodus schalten und dabei weiterhin komfortabel bedienen.

Assignment/Briefing ZDF, one of the largest TV stations in Europe, offers its viewers thousands of movies and other broadcast shows, free of charge and at any time, via its online video portal. ZDF decided to update this portal, known as the ZDFmediathek. The new version should present the best of two worlds and create a new benchmark: the ultimate in TV viewing combined with all the advantages of a web application.

Implementation ZDFmediathek offers its users various entry points and a structured interface that makes accessing and watching the extensive collection simple. As we implemented the project in Flash and Flex, users need not take that extra step of choosing a video player. All programming is delivered in high quality H.264 format that can be viewed in full screen mode – a great option for moviegoers. Even when a program is playing, the user can browse to see what else is "on."

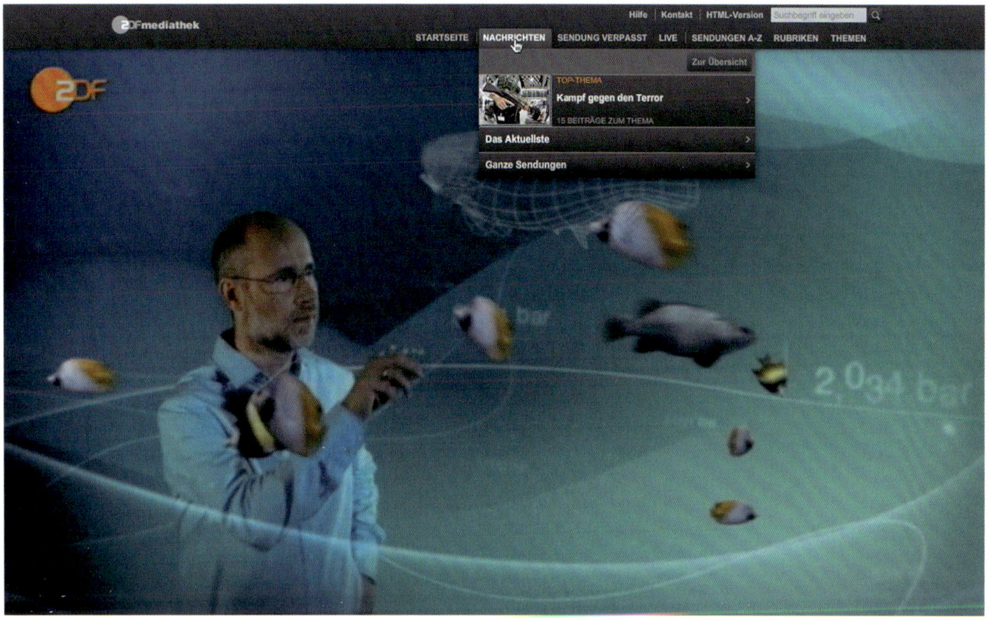
ZDFmediathek
Hilfe
Kontakt
HTML-Version
Suchbegriff eingeben
STARTSEITE
NACHRICHTEN
SENDUNG VERPASST
LIVE
SENDUNGEN A-Z
RUBRIKEN
THEMEN
Zur Übersicht
TOP-THEMA
Kampf gegen den Terror
15 BEITRÄGE ZUM THEMA
Das Aktuellste
Ganze Sendungen
2,034 bar

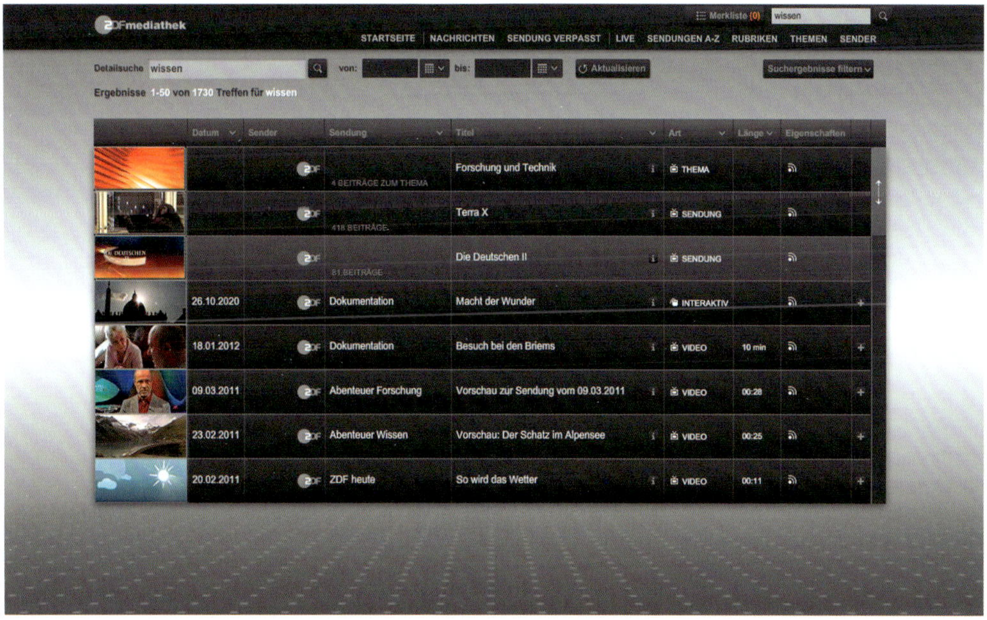
ZDFmediathek
Merkliste (0)
wissen
STARTSEITE
NACHRICHTEN
SENDUNG VERPASST
LIVE
SENDUNGEN A-Z
RUBRIKEN
THEMEN
SENDER
Detailsuche
wissen
von:
bis:
Aktualisieren
Suchergebnisse filtern
Ergebnisse 1-50 von 1730 Treffen für wissen
Datum
Sender
Sendung
Titel
Art
Länge
Eigenschaften
Forschung und Technik
4 BEITRÄGE ZUM THEMA
THEMA
Terra X
418 BEITRÄGE
SENDUNG
Die Deutschen II
81 BEITRÄGE
SENDUNG
26.10.2020
Dokumentation
Macht der Wunder
INTERAKTIV
18.01.2012
Dokumentation
Besuch bei den Briems
VIDEO
10 min
09.03.2011
Abenteuer Forschung
Vorschau zur Sendung vom 09.03.2011
VIDEO
00:28
23.02.2011
Abenteuer Wissen
Vorschau: Der Schatz im Alpensee
VIDEO
00:25
20.02.2011
ZDF heute
So wird das Wetter
VIDEO
00:11

RUNDERNEUERUNG DER ZDFMEDIATHEK Auftraggeber/Client ZDF
Agentur/Agency **Syzygy Deutschland GmbH**

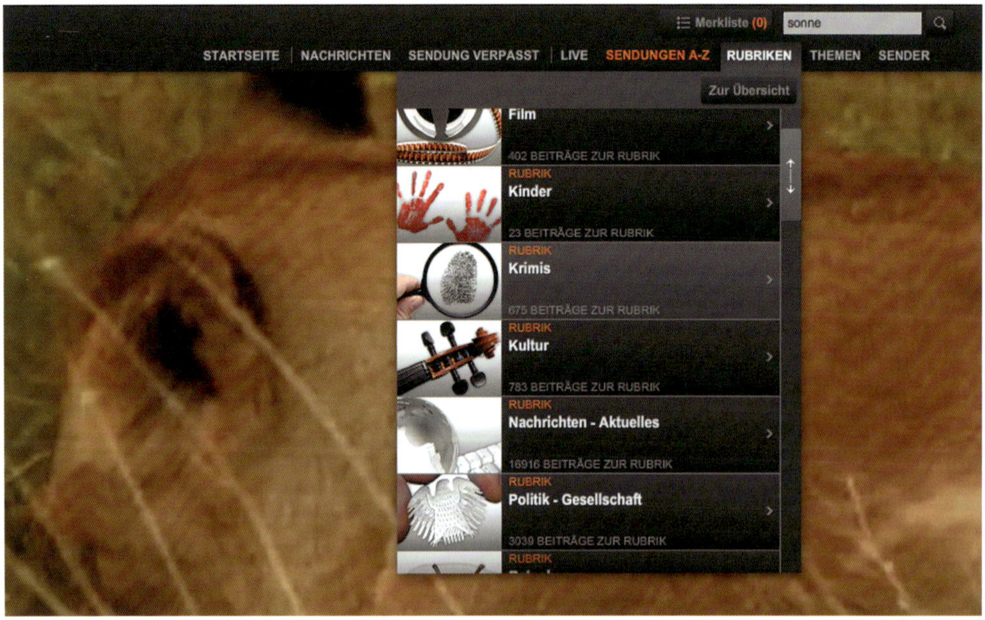

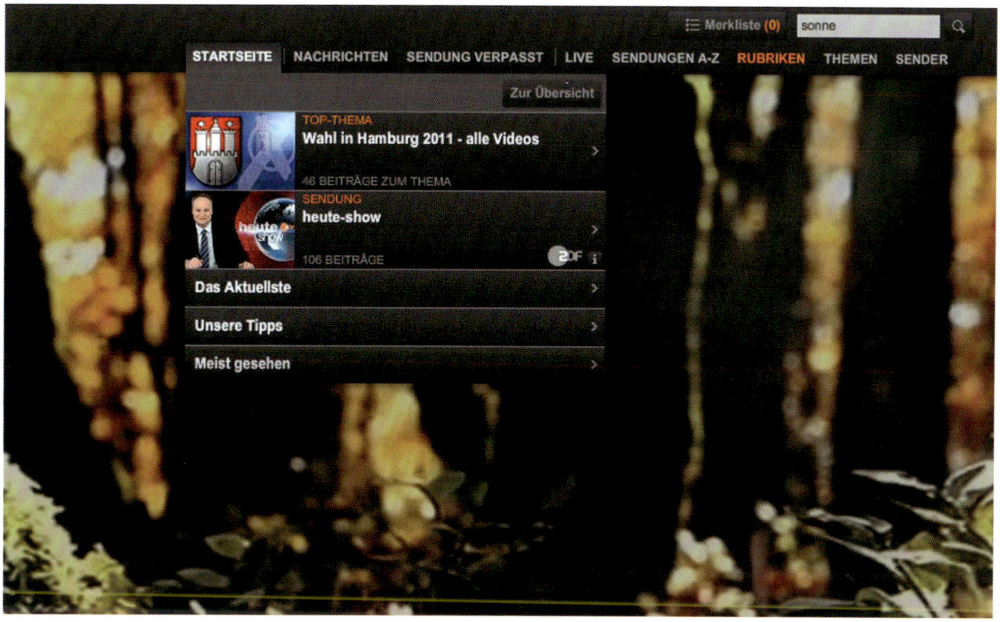
Merkliste (0)
sonne
STARTSEITE
NACHRICHTEN
SENDUNG VERPASST
LIVE
SENDUNGEN A-Z
RUBRIKEN
THEMEN
SENDER
Zur Übersicht
TOP-THEMA
Wahl in Hamburg 2011 - alle Videos
46 BEITRÄGE ZUM THEMA
SENDUNG
heute-show
106 BEITRÄGE
Das Aktuellste
Unsere Tipps
Meist gesehen

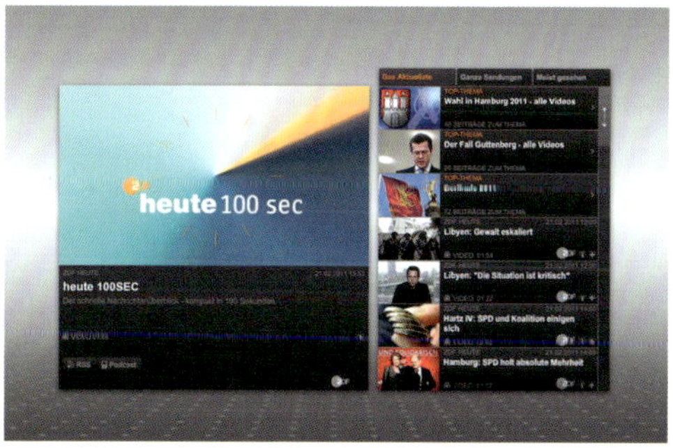
heute 100 sec
heute 100SEC

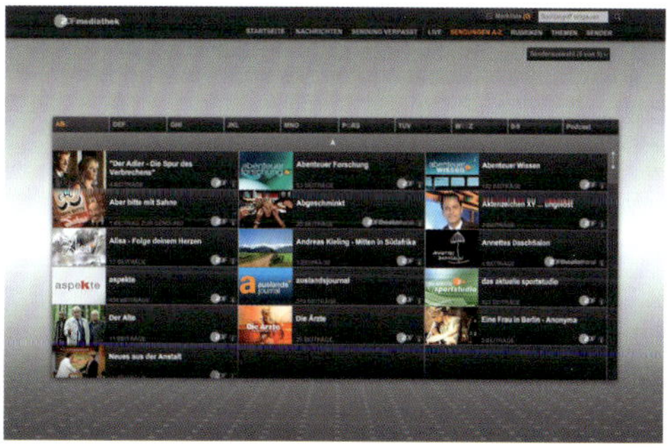

LUFTHANSA A380 Auftraggeber/Client **Deutsche Lufthansa AG**
Agentur/Agency **Scholz & Volkmer GmbH**

Aufgabe/Briefing Digitale Produktinszenierung der Lufthansa A380. Ziel ist es, das Großraumflugzeug im Netz erlebbar zu machen und den Führungsanspruch im Hinblick auf die Qualität von Lufthansa durch ein emotionales Webspecial zu unterstreichen.

Umsetzung Der User besteigt die Maschine virtuell und bewegt sich 360 Grad durch das Flugzeug. Er erlebt das Interieur, als wäre er tatsächlich an Bord. Der bisher ungesehene Innenraum der LH A380 wird dabei über 3D-Techniken zum interaktiven Produkterlebnis.

Assignment/Briefing Digital product presentation of the Lufthansa A380. The goal is to allow users to experience the plane on the web and to underline Lufthansa's quality via an emotional web-special.

Implementation The user boards the plane virtually and has 360 degree views of the interior as if he were actually on board. Thanks to 3D technology, he gets an exciting interactive product preview of the never-before-seen inside of the LH A380.

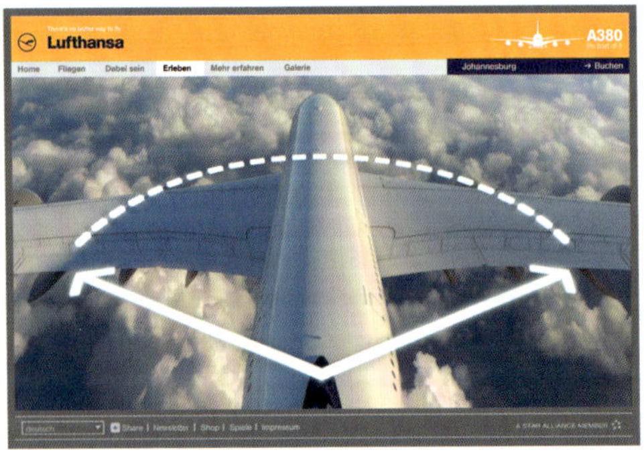

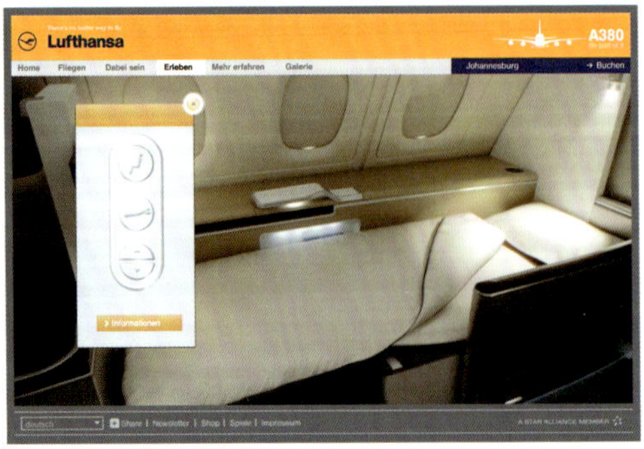

There's no better way to fly.
Lufthansa
A380
Be part of it
Home
Fliegen
Dabei sein
Erleben
Mehr erfahren
Galerie
Johannesburg
Buchen
Lufthansa
deutsch
Share
Newsletter
Shop
Spiele
Impressum
A STAR ALLIANCE MEMBER

There's no better way to fly.
Lufthansa
A380
Be part of it
Home
Fliegen
Dabei sein
Erleben
Mehr erfahren
Galerie
Johannesburg
Buchen
deutsch
Share
Newsletter
Shop
Spiele
Impressum
A STAR ALLIANCE MEMBER

WWW.GASSNER-ZARECKY.DE Auftraggeber/Client **Gassner & Zarecky Architekten und Ingenieure Partnerschaft BDA** Agentur/Agency **Zum Kuckuck/Büro für digitale Medien**

Aufgabe/Briefing Gestaltung und Entwicklung der Website für das Architektur- und Ingenieurbüro Gassner & Zarecky aus Riemerling. Das Thema Barcode sollte sinnvoll integriert werden.

Umsetzung Leitmotiv ist der Barcode, der konsequent das Erscheinungsbild prägt – die einzelnen Projekte erhalten ihren unverwechselbaren Code durch jeweils individuelle horizontale Bildstreifen. Auf seinem Weg durch die Website hinterlässt der User Spuren in Form eines vertikalen Codes.

Assignment/Briefing To design and develop the website for the architecture and engineering firm Gassner & Zarecky in Riemerling. The key element was to integrate a barcode meaningfully.

Implementation The unique feature is the consistent left-hand-side barcode, that characterizes the look and feel of this website. Each individual project's uniqueness is accessed by its respective horizontal thumbnail filmstrips. On the way through the website, each user creates his own trail in form of a vertical code.

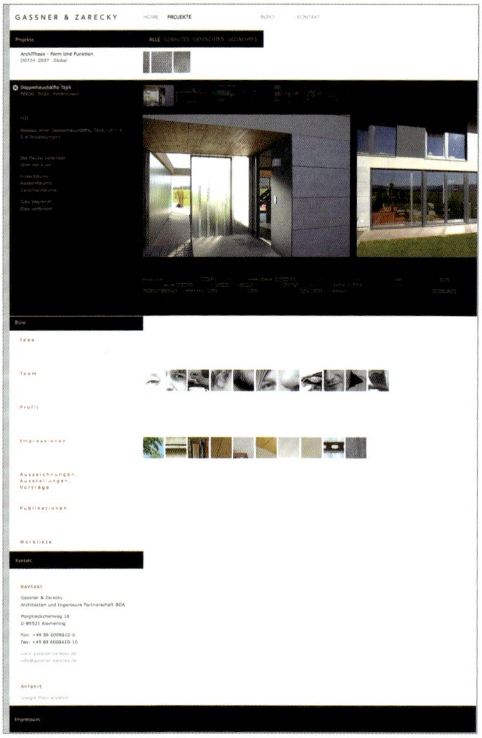

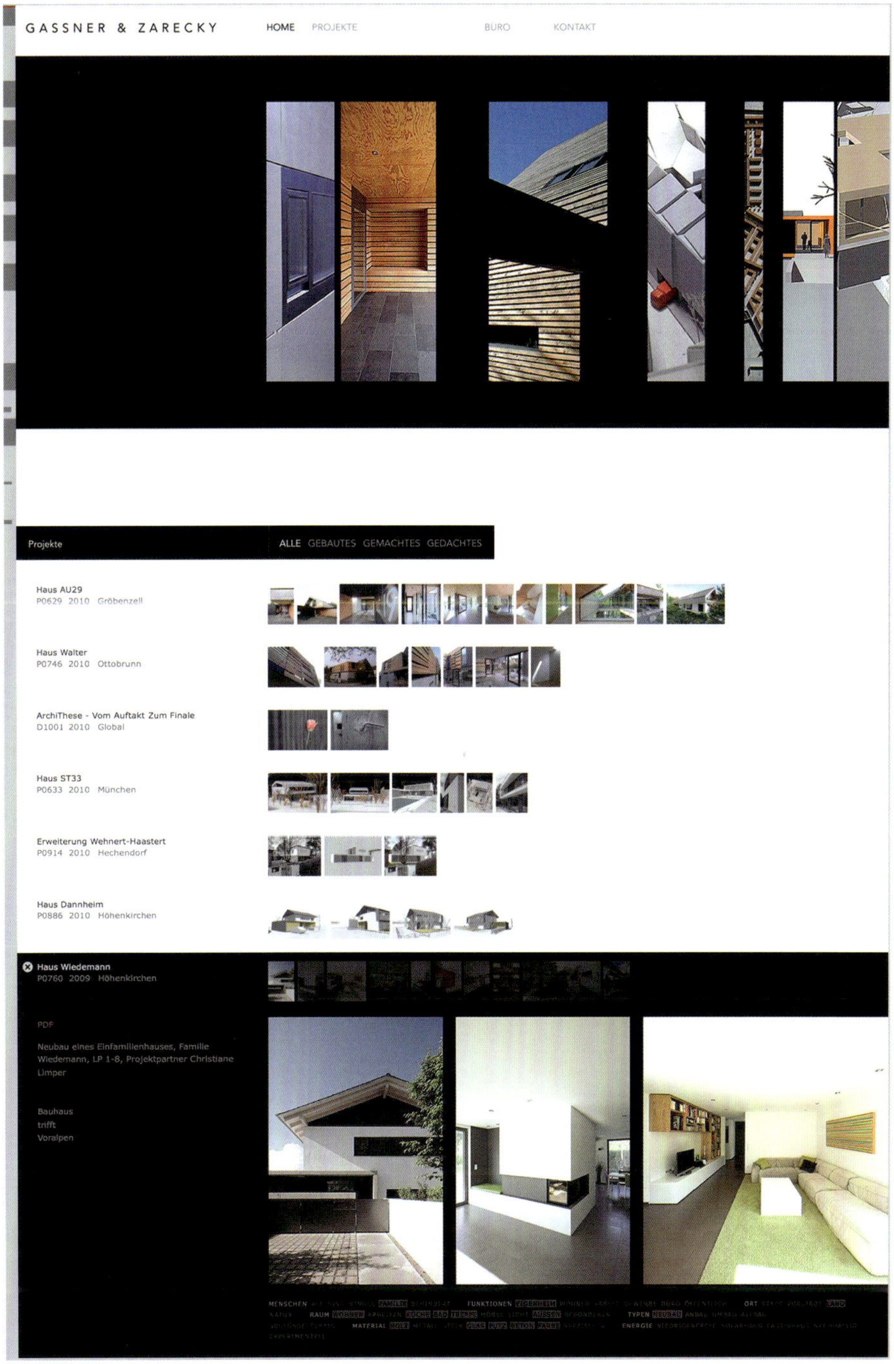
GASSNER & ZARECKY
HOME PROJEKTE BÜRO KONTAKT
Projekte
ALLE GEBAUTES GEMACHTES GEDACHTES
Haus AU29
P0629 2010 Gröbenzell
Haus Walter
P0746 2010 Ottobrunn
ArchiThese - Vom Auftakt Zum Finale
D1001 2010 Global
Haus ST33
P0633 2010 München
Erweiterung Wehnert-Haastert
P0914 2010 Hechendorf
Haus Dannheim
P0886 2010 Höhenkirchen
Haus Wiedemann
P0760 2009 Höhenkirchen
PDF
Neubau eines Einfamilienhauses, Familie Wiedemann, LP 1-8, Projektpartner Christiane Limper
Bauhaus
trifft
Voralpen
MENSCHEN FUNKTIONEN ORT RAUM TYPEN MATERIAL ENERGIE

AWARD

AUDI IAA 2009 TECHNIKPARK Auftraggeber/Client **Audi AG** Agentur/Agency **Mutabor Design GmbH (Konzept & Kommunikation), Schmidhuber+Partner (Konzept & Architektur)**

Aufgabe/Briefing Die 63. Internationale Automobilausstellung wird sich erstmals ganz konkret mit der Frage beschäftigen, welcher Automobilhersteller mit dem richtigen Zukunftskonzept punkten wird. Audi stellt sich dieser Aufgabe und möchte seine Vision von der Zukunft der mobilen Technik klar und deutlich beantworten.

Umsetzung Touch Tomorrow: Von der Marke Audi berührt werden. Unter der Headline „weiter sehen, weiter denken, weiter entwickeln“ können Messebesucher einen Blick in die Audi Entwicklungsabteilung werfen. Audi LED-Technologie, Audi Car-2-X-Kommunikation und das ganzheitliche Technologiekonzept Audi e-tron sind interaktiv umgesetzt. Diese futuristischen Technologien präsentieren sich in neuartig geformten bionischen Exponaten, die mittels modernster Medientechnik die Zukunftsreise ermöglichen. 3-D-Projektion, Ultraschallkennung interaktiver Interfaces und spielerisch bedienbare LED-Lichttechnologie machen den Audi Markenkern „Vorsprung durch Technik“ für Messebesucher emotional erlebbar.

Assignment/Briefing For the first time, the 63rd International Motor Show will focus extensively on this question: Which car manufacturer will find the right future concept? Audi is ready for the challenge to make a powerful statement about its vision of the future of mobile technology.

Implementation “Touch Tomorrow: be touched by the Audi brand” vision. Under the headline “see further, think further, develop further,” visitors can cast a glance into Audi’s development department. Audi LED technology, Audi Car-2-X communication and the holistic technological concept Audi e-tron are realized interactively. These futuristic technologies are presented in innovatively formed bionic exhibits which offer a journey into the future using the latest media technology. 3-D projection, the ultrasound identification of interactive interfaces, and LED light technology that is fun to operate and enables visitors to experience the Audi brand essence “Vorsprung durch Technik” in an emotional way.

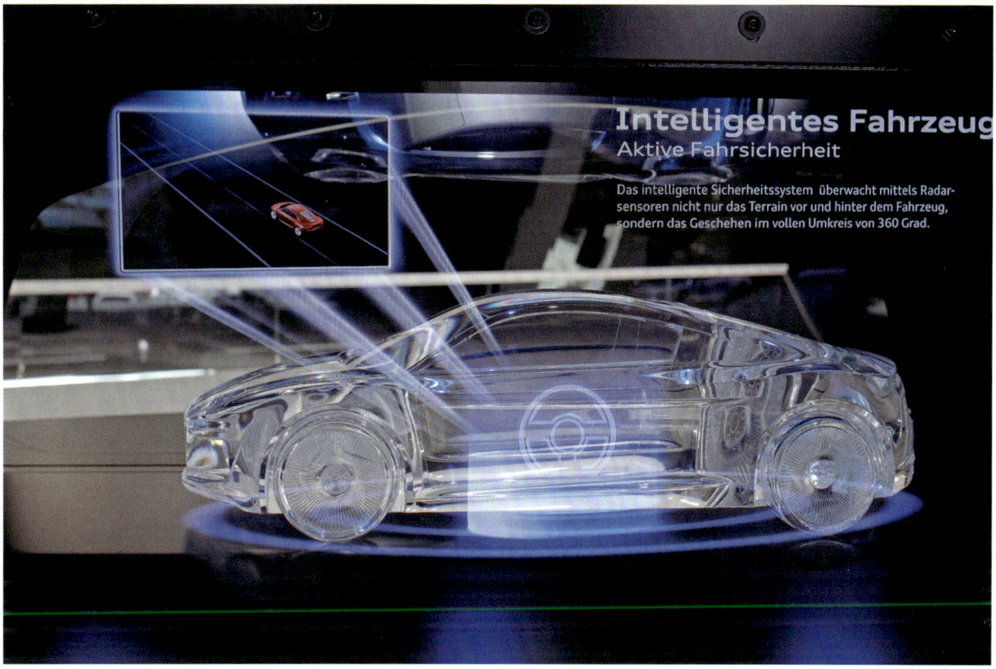
Intelligentes Fahrzeug
Aktive Fahrsicherheit
Das intelligente Sicherheitssystem überwacht mittels Radarsensoren nicht nur das Terrain vor und hinter dem Fahrzeug, sondern das Geschehen im vollen Umkreis von 360 Grad.

enken.
-2-X Technologie
Audi Car-2-X Technology

HASENKOPF CORPORATE WEBSITE Auftraggeber/Client **Hasenkopf GmbH & Co. KG**

Agentur/Agency **Martin et Karczinski GmbH**

Aufgabe/Briefing Als Zulieferspezialist im Bereich Holz, Mineral- und Acrylwerkstoffe fertigt Hasenkopf Unikate nach Maß sowie ganze Serien in derselben hohen Qualität. Die neue Website sollte diese charakteristische Einzigartigkeit als Industrie-Manufaktur und das entsprechend breite Produktportfolio von Hasenkopf präsentieren.

Umsetzung Bildnavigation und „Title-Tags" fördern eine intuitive Benutzerführung. „Quicklinks" verbinden verschiedene Inhalte und machen Informationen schnell und einfach zugänglich. Modernste Techniken wie Javascript Diashows und Slider-Module ermöglichen Browser und Plugin unabhängig die erwünschte Darstellung.

Assignment/Briefing As a delivery specialist of wood, mineral and acrylic materials, Hasenkopf produces unique tailored items and whole series of the same high quality. The aim of the new Website is to present this characteristic uniqueness as industrial manufacture and Hasenkopf's correspondingly extensive product portfolio.

Implementation Image navigation and "Title-Tags" encourage intuitive browsing. "Quicklinks" connect different content, making information quickly and easily accessible. The very latest techniques like Javascript slideshows and Slider modules enable the requisite display independent of browser and plugin.

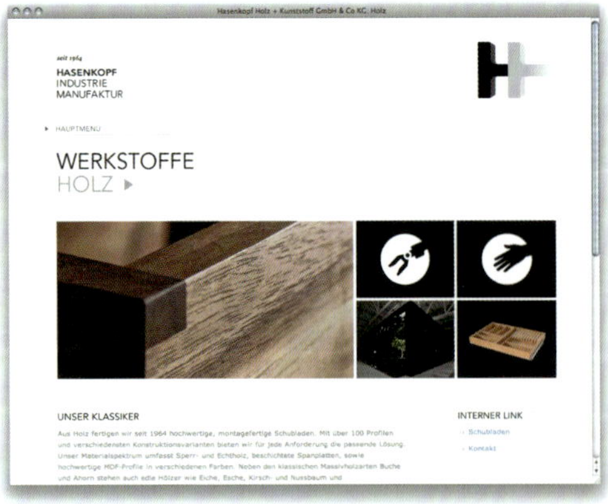

Hasenkopf Holz + Kunststoff GmbH & Co KG: Startseite
seit 1964
HASENKOPF
INDUSTRIE
MANUFAKTUR
HAUPTMENÜ
NEUIGKEITEN
KONTAKT
NEU

HASENKOPF
INDUSTRIE
MANUFAKTUR
REFERENZEN
PROJEKTE

HASENKOPF
INDUSTRIE
MANUFAKTUR
UNTERNEHMEN
INDUSTRIE MANUFAKTUR
TRADITION TRIFFT INNOVATION
BASISWISSEN

WWW.GOIN.DE Auftraggeber/Client **GO IN GmbH**
Agentur/Agency **Zum Kuckuck/Büro für digitale Medien**

Aufgabe/Briefing Neugestaltung und Strukturierung eines Online-Shops mit konfigurierbaren Produkten für GO IN, ein international führendes Unternehmen für Objekteinrichtungen in der Gastronomie, Hotellerie und Industrie.

Umsetzung Zum Kuckuck entwickelte ein modulares Gestaltungsraster mit wechselndem Farbcode, eigenständiger Typografie und integrierten Slideshows. Ein umfangreicher Baukasten an Bedienelementen erlaubt es, selbst Produkte mit komplexen Konfigurations-Optionen anschaulich im Layout darzustellen.

Assignment/Briefing The restructuring of an online shop with configurable products for GO IN, a leading international company in the field of property furnishing. The company serves customers in gastronomy, the hotel business and industry.

Implementation Zum Kuckuck developed a modular design concept with varying color codes, distinct typography and integrated slideshows. A wide range of control elements allows a clear display of each individual product, even one with complex configuration options.

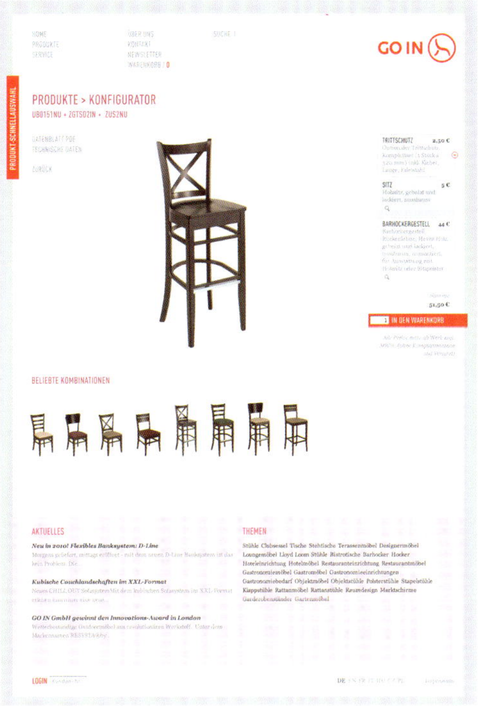
GO IN
PRODUKTE > KONFIGURATOR
BELIEBTE KOMBINATIONEN
AKTUELLES
THEMEN

GO IN
Die Business to Business Plattform für Gastronomie, Hotellerie, Objekteinrichtung und Industrie.
AKTUELLES
THEMEN

GO IN
PRODUKTE > FARBE
schwarz
grau
metallisch
weiss
transparent
grün
türkis
blau
violett
rot
braun
orange
gelb
sand
elfenbein
beige
natur
unbehandelt
Sonderfarbe
ANSICHT NACH
FARBE
AKTUELLES
THEMEN

WEBSEITE LANGE² Auftraggeber/Client **Cornelius und Fabian Lange**
Agentur/Agency **Fuenfwerken Design AG**

Aufgabe/Briefing Cornelius und Fabian Lange sind als Autoren- und Journalistenteam viel auf Reisen um in bekannten und renommierten Medien über die Welt des Weins und andere Bereiche des Kulinarischen zu schreiben. Im Internet wollen sie sich und ihre Leidenschaft entsprechend lebendig präsentieren.

Umsetzung Neben der klassischen Navigation über ein Auswahlmenü werden die Langes durch Anklicken von thematischen Gegenständen filmisch in Aktion gesetzt und informieren so über ihre Arbeit und ihr Leben. Zugleich ist die Seite per CMS komfortabel und einfach anpassbar und typographisch ausgestaltet.

Assignment/Briefing As a team of authors and journalists, Cornelius and Fabian Lange do a lot of traveling to write about the world of wine and other culinary matters in well-known and respected media. They want to present themselves and what they are passionate about in an appropriately lively fashion in the Internet.

Implementation Apart from conventional navigation via pop-up menus it is also possible to see the Langes in live action mode by clicking on specific objects that provide information about their work and lives. The site is also easily and conveniently adaptable and the typography is designed via CMS.

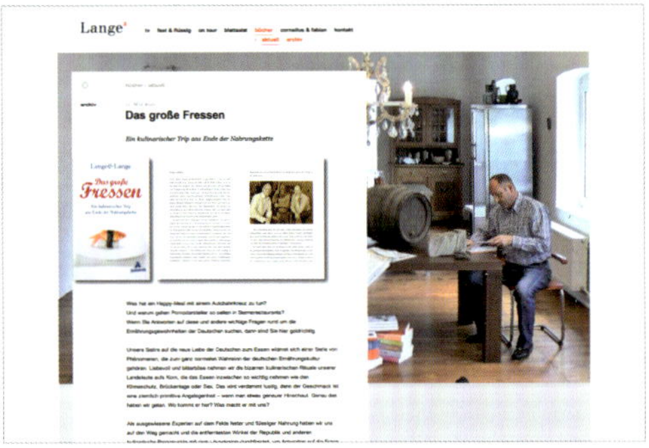

Lange²
tv fest & flüssig on tour blattsalat bücher cornelius & fabian kontakt
News-Meldung vom 15. September 2010
Lange² tv: Stuart Pigott_3/3
mehr

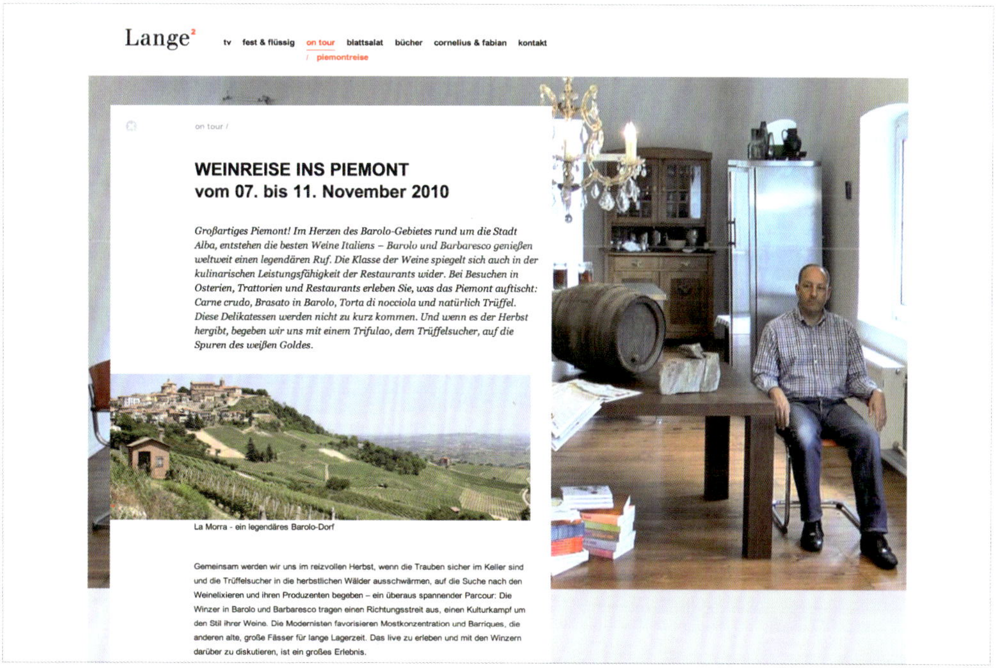
Lange²
tv fest & flüssig on tour blattsalat bücher cornelius & fabian kontakt
/ piemontreise
on tour /
WEINREISE INS PIEMONT
vom 07. bis 11. November 2010
Großartiges Piemont! Im Herzen des Barolo-Gebietes rund um die Stadt Alba, entstehen die besten Weine Italiens – Barolo und Barbaresco genießen weltweit einen legendären Ruf. Die Klasse der Weine spiegelt sich auch in der kulinarischen Leistungsfähigkeit der Restaurants wider. Bei Besuchen in Osterien, Trattorien und Restaurants erleben Sie, was das Piemont auftischt: Carne crudo, Brasato in Barolo, Torta di nocciola und natürlich Trüffel. Diese Delikatessen werden nicht zu kurz kommen. Und wenn es der Herbst hergibt, begeben wir uns mit einem Trifulao, dem Trüffelsucher, auf die Spuren des weißen Goldes.
La Morra - ein legendäres Barolo-Dorf
Gemeinsam werden wir uns im reizvollen Herbst, wenn die Trauben sicher im Keller sind und die Trüffelsucher in die herbstlichen Wälder ausschwärmen, auf die Suche nach den Weinelixieren und ihren Produzenten begeben – ein überaus spannender Parcour: Die Winzer in Barolo und Barbaresco tragen einen Richtungsstreit aus, einen Kulturkampf um den Stil ihrer Weine. Die Modernisten favorisieren Mostkonzentration und Barriques, die anderen alte, große Fässer für lange Lagerzeit. Das live zu erleben und mit den Winzern darüber zu diskutieren, ist ein großes Erlebnis.

ZELLULOID – FILM OHNE KAMERA Auftraggeber/Client SCHIRN KUNSTHALLE FRANKFURT Agentur/Agency Scholz & Volkmer GmbH

Aufgabe/Briefing Konzeption und Entwicklung einer integrierten, viralen und aufmerksamkeitsstarken Kampagne zur Ausstellung „ZELLULOID – Film ohne Kamera“ in der SCHIRN KUNSTHALLE FRANKFURT.

Umsetzung Unter Einsatz von interaktiven Werkzeugen erstellen User ihr eigenes Kunstwerk im Netz auf virtuellem Zelluloid und werden damit Teil eines großen Multi-User-Kunstwerks. Die Kunstwerke werden online und als Live-Installation in der Ausstellung veröffentlicht.

Assignment/Briefing Development of an integrated, viral campaign to raise awareness for the “CELLULOID – Film without a Camera” exhibition in the SCHIRN ART MUSEUM FRANKFURT.

Implementation Using a palette of interactive tools, users can create their own artwork on virtual celluloid on the web to become a part of large multi-user piece. The artwork is displayed online and as a live installation during the exhibition.

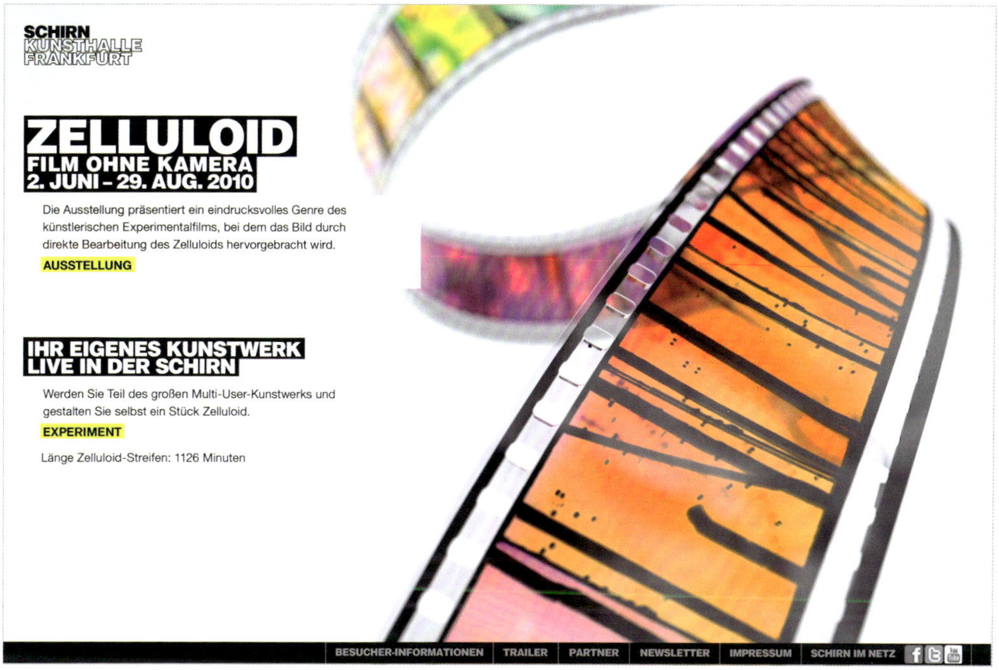
SCHIRN
KUNSTHALLE
FRANKFURT
ZELLULOID
FILM OHNE KAMERA
2. JUNI – 29. AUG. 2010
Die Ausstellung präsentiert ein eindrucksvolles Genre des künstlerischen Experimentalfilms, bei dem das Bild durch direkte Bearbeitung des Zelluloids hervorgebracht wird.
AUSSTELLUNG
IHR EIGENES KUNSTWERK
LIVE IN DER SCHIRN
Werden Sie Teil des großen Multi-User-Kunstwerks und gestalten Sie selbst ein Stück Zelluloid.
EXPERIMENT
Länge Zelluloid-Streifen: 1126 Minuten
BESUCHER-INFORMATIONEN
TRAILER
PARTNER
NEWSLETTER
IMPRESSUM
SCHIRN IM NETZ

SCHIRN
KUNSTHALLE
FRANKFURT
STARTSEITE
EXPERIMENT
WERKZEUGE
AUSLOGGEN
DEIN KUNSTWERK
AUF FACEBOOK
VERÖFFENTLICHEN
WEBCAM LIVE
AUS DER SCHIRN
JETZT ANSEHEN
DER NAMENLOSE KÜNSTLER
moschni
DER NAMENLOSE KÜNSTLER
BESUCHER-INFORMATIONEN
TRAILER
PARTNER
NEWSLETTER
IMPRESSUM
SCHIRN IM NETZ

MAMMUT SAFETY APP Auftraggeber/Client **Mammut Sports Group AG**
Agentur/Agency **Scholz & Volkmer GmbH**

Aufgabe/Briefing Die Schweizer Bergsportmarke Mammut möchte die Sicherheit aller Schneesportbegeisterten erhöhen – durch immer bessere Ausrüstung, Know-how-Transfers, gezielte Trainings und mithilfe einer iPhone App zur Einschätzung von Lawinengefahren.

Umsetzung Alpinsportler benötigen einen Hangneigungs- und Höhenmesser, einen Kompass sowie Informationen von Lawinenwarnsystemen um Lawinengefahren einschätzen zu können. Mammut kombiniert diese Tools erstmals gemeinsam in einer iPhone Applikation.

Assignment/Briefing The Swiss Mountain Sport Brand Mammut wants to improve safety for winter sports enthusiasts via improved gear, know-how transfers, targeted training and an iPhone app that predicts avalanches.

Implementation Alpine athletes need a gradient measuring tool, an altimeter, a compass and information from an avalanche warning system in order to gauge risk of avalanches. Mammut combines these tools in an iPhone app.

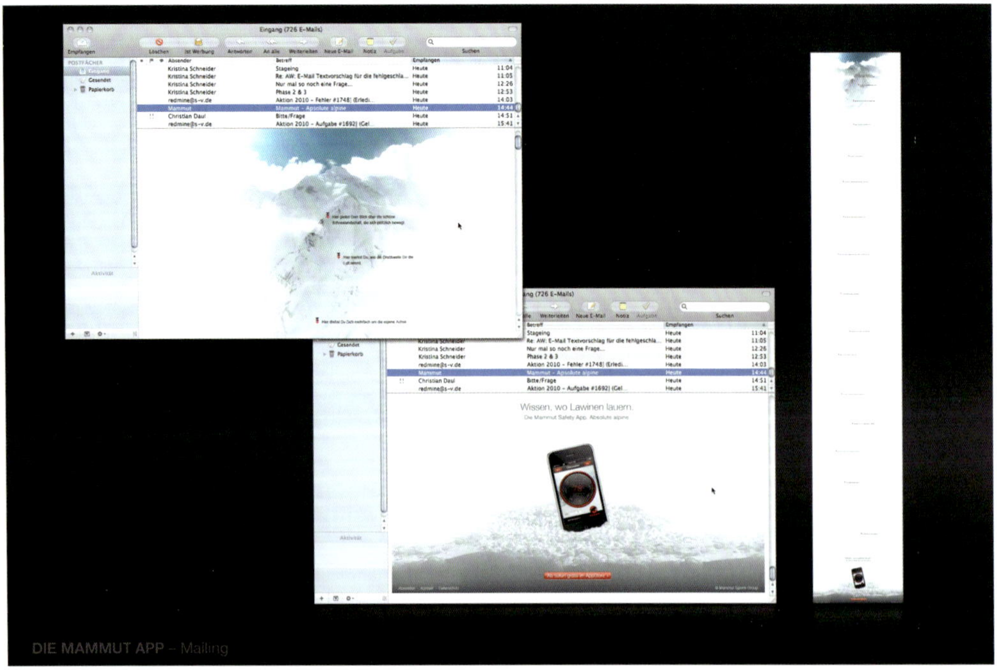

DIE MAMMUT APP – Mailing

DIE MAMMUT APP – Banner

DIE MAMMUT APP – Wissen wo. Lawinen lauern.

SOFTINOS FOOT CAMP Auftraggeber/Client **GLOBALUTIONS Europa LTD**

Agentur/Agency **Scholz & Volkmer GmbH**

Aufgabe/Briefing Konzeption und Umsetzung einer internationalen Corporate Website für die portugiesische Schuhmarke softinos. Ziel ist die Erzeugung von Aufmerksamkeit für die Marke.

Umsetzung Die erste Website mit innovativer Fußsteuerung: Einfach die Maus auf den Boden legen, den Fuß darauf stellen und schon kann das Fuß-Training im „Foot Camp“ losgehen.

Assignment/Briefing Developing and implementing an international corporate website for the Portuguese shoe brand softinos. The goal is to increase awareness of the brand.

Implementation The first website with innovative foot navigation: just place your mouse on the floor, place your foot on top of it, and you're ready for foot training in "Foot Camp."

softinos HAPPY FEET
soft facts
how-to video
high scores
challenge a friend
soft shoes
Hey feet, nice to see you!
Welcome to softinos, the home of soft shoes, softs facts and a hard-to-play game. This is all about making you happy – yes you, lovely feet. Explore our cosy products, stick into the philosophy of softinos – and train your toes in the foot camp. Let the foot times roll!
start foot camp
login business contacts legal

back to home
And I know what I'm talking about, coz I've made thousands of feet happy! I'm Clara, the master of happiness, enemy of hard lives, rescuer of all toes!
softinos HAPPY FEET
fact3
happy feet – better life
Yes, feet can. Happy feet can do so much more than just walk. If you treat them with respect, they will show their true potential. Train your feet in the Foot Camp and see what they are capable of.
regular feet
happy feet
jump
juggle
walk
dance
paint
kick
play piano
Abilities of feet today
previous fact
foot camp

THOMAS COOK: MY TRAVELGUIDE

Auftraggeber/Client **THOMAS COOK AG**

Agentur/Agency **denkwerk**

Aufgabe/Briefing Aufgabe war die Entwicklung eines Tools zur Kundenbindung während der Reise, das exklusiv für Thomas Cook Kunden zur Verfügung steht.

Umsetzung Alle verfügbaren Informationen sind personalisiert und individuell angepasst. Zu den praktischen Funktionen zählen unter anderem Länderinformationen, Eventkalender oder der Reise-Safe, in dem alle wichtigen Reisedokumente sicher verstaut sind.

Assignment/Briefing The task was to develop a tool that strengthens customer loyalty during the journey and is exclusively accessible to Thomas Cook customers.

Implementation All information is personalized and individually adjusted. The practical features include e.g. specific country information, event calendars or a travel safe in which important travel documents are securely guarded.

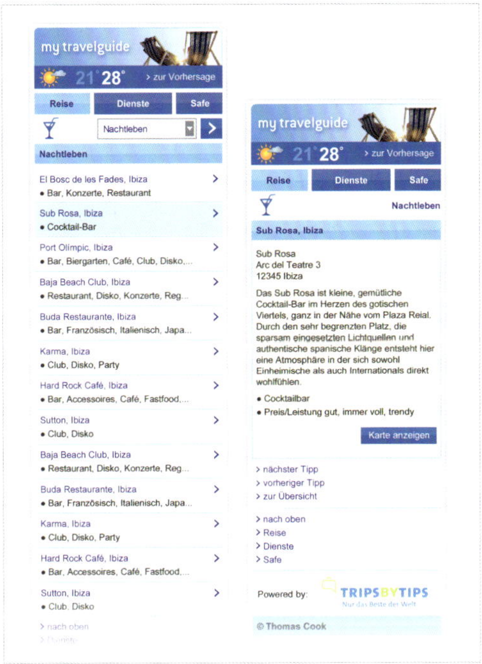
my travelguide
21° 28°
› zur Vorhersage
Reise
Dienste
Safe
Nachtleben
Nachtleben
El Bosc de les Fades, Ibiza
• Bar, Konzerte, Restaurant
Sub Rosa, Ibiza
• Cocktail-Bar
Port Olimpic, Ibiza
• Bar, Biergarten, Café, Club, Disko,...
Baja Beach Club, Ibiza
• Restaurant, Disko, Konzerte, Reg...
Buda Restaurante, Ibiza
• Bar, Französisch, Italienisch, Japa...
Karma, Ibiza
• Club, Disko, Party
Hard Rock Café, Ibiza
• Bar, Accessoires, Café, Fastfood,...
Sutton, Ibiza
• Club, Disko
Baja Beach Club, Ibiza
• Restaurant, Disko, Konzerte, Reg...
Buda Restaurante, Ibiza
• Bar, Französisch, Italienisch, Japa...
Karma, Ibiza
• Club, Disko, Party
Hard Rock Café, Ibiza
• Bar, Accessoires, Café, Fastfood,...
Sutton, Ibiza
• Club, Disko
my travelguide
21° 28°
› zur Vorhersage
Reise
Dienste
Safe
Nachtleben
Sub Rosa, Ibiza
Sub Rosa
Arc del Teatre 3
12345 Ibiza
Das Sub Rosa ist kleine, gemütliche Cocktail-Bar im Herzen des gotischen Viertels, ganz in der Nähe vom Plaza Reial. Durch den sehr begrenzten Platz, die sparsam eingesetzten Lichtquellen und authentische spanische Klänge entsteht hier eine Atmosphäre in der sich sowohl Einheimische als auch Internationals direkt wohlfühlen.
• Cocktailbar
• Preis/Leistung gut, immer voll, trendy
Karte anzeigen
› nächster Tipp
› vorheriger Tipp
› zur Übersicht
› nach oben
› Reise
› Dienste
› Safe
Powered by:
TRIPSBYTIPS
© Thomas Cook

my travelguide
21° 28°
› zur Vorhersage
Reise
Dienste
Safe
A
SENTIDO Migjorn Ibiza Suites & Spa
Highlights in Ihrer Nähe
B
Cantonata Pizzeria

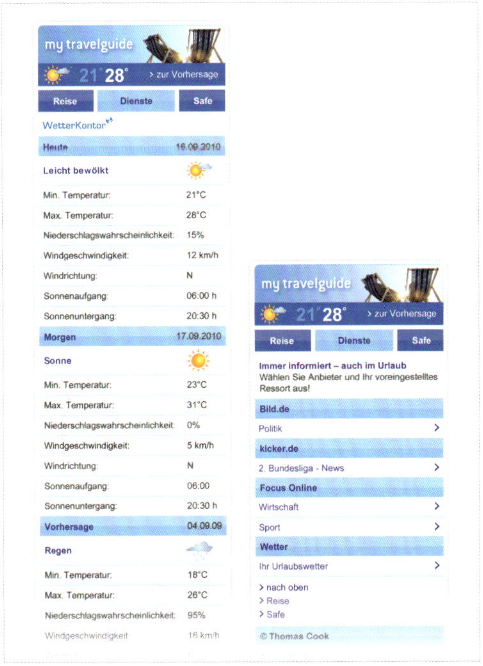
my travelguide
21° 28°
› zur Vorhersage
Reise
Dienste
Safe
WetterKontor
Heute 16.09.2010
Leicht bewölkt
Min. Temperatur: 21°C
Max. Temperatur: 28°C
Niederschlagswahrscheinlichkeit: 15%
Windgeschwindigkeit: 12 km/h
Windrichtung: N
Sonnenaufgang: 06:00 h
Sonnenuntergang: 20:30 h
Morgen 17.09.2010
Sonne
Min. Temperatur: 23°C
Max. Temperatur: 31°C
Niederschlagswahrscheinlichkeit: 0%
Windgeschwindigkeit: 5 km/h
Windrichtung: N
Sonnenaufgang: 06:00
Sonnenuntergang: 20:30
Vorhersage 04.09.09
Regen
Min. Temperatur: 18°C
Max. Temperatur: 26°C
Niederschlagswahrscheinlichkeit: 95%
Windgeschwindigkeit 16 km/h
my travelguide
21° 28°
› zur Vorhersage
Reise
Dienste
Safe
Immer informiert – auch im Urlaub
Wählen Sie Anbieter und Ihr voreingestelltes Ressort aus!
Bild.de
Politik
kicker.de
2. Bundesliga - News
Focus Online
Wirtschaft
Sport
Wetter
Ihr Urlaubswetter
› nach oben
› Reise
› Safe
© Thomas Cook

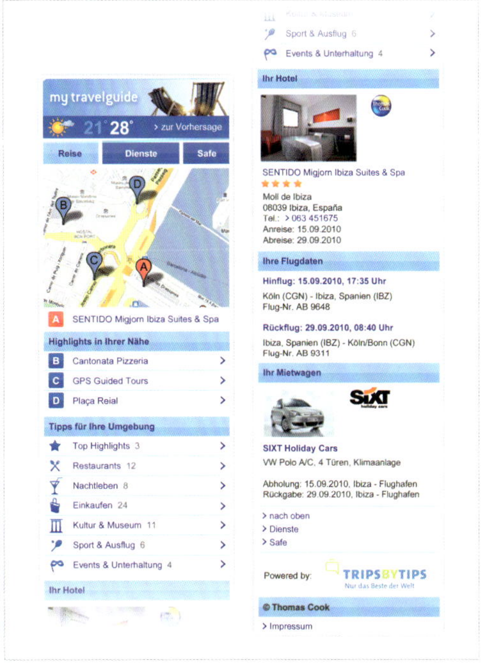
Sport & Ausflug 6
Events & Unterhaltung 4
Ihr Hotel
SENTIDO Migjorn Ibiza Suites & Spa
Moll de Ibiza
08039 Ibiza, España
Tel.: › 063 451675
Anreise: 15.09.2010
Abreise: 29.09.2010
Ihre Flugdaten
Hinflug: 15.09.2010, 17:35 Uhr
Köln (CGN) - Ibiza, Spanien (IBZ)
Flug-Nr. AB 9648
Rückflug: 29.09.2010, 08:40 Uhr
Ibiza, Spanien (IBZ) - Köln/Bonn (CGN)
Flug-Nr. AB 9311
Ihr Mietwagen
SIXT
SIXT Holiday Cars
VW Polo A/C, 4 Türen, Klimaanlage
Abholung: 15.09.2010, Ibiza - Flughafen
Rückgabe: 29.09.2010, Ibiza - Flughafen
› nach oben
› Dienste
› Safe
Powered by:
TRIPSBYTIPS
© Thomas Cook
› Impressum
my travelguide
21° 28°
› zur Vorhersage
Reise
Dienste
Safe
A SENTIDO Migjorn Ibiza Suites & Spa
Highlights in Ihrer Nähe
B Cantonata Pizzeria
C GPS Guided Tours
D Plaça Reial
Tipps für Ihre Umgebung
Top Highlights 3
Restaurants 12
Nachtleben 8
Einkaufen 24
Kultur & Museum 11
Sport & Ausflug 6
Events & Unterhaltung 4
Ihr Hotel

WEBSITE ATELIER KONTRAST Auftraggeber/Client **Atelier Kontrast**

Agentur/Agency **think moto**

Aufgabe/Briefing Atelier Kontrast ist eine Agentur für Kommunikation im Raum. Im neuen Auftritt soll die kreative Kompetenz betont und das Projekt Portfolio gemäß des Agenturmottos „Wir gestalten Raum und Zeit“ visuell großzügig inszeniert werden.

Umsetzung Die Projekte inszenieren wir, indem wir die Fotografien in Ebenen zerlegen, und sie hintereinander anordnen. Die ursprüngliche räumliche Tiefe wird wieder erfahrbar. Die Website wird zum „black cube“. Die Umsetzung der Website erfolgte in Flash und Papervision3D.

Assignment/Briefing Atelier Kontrast is an agency for communication in space. With their new web site, Atelier Kontrast wants to emphasize their creative competence. According to the agency's claim "We create space and time" the projects are to be presented visually opulent.

Implementation The projects are re-staged by slicing the photographies in layers and arranging them in succession. The website in flash and papervision3D constitutes a "black cube" wherein the projects are experienced with their spatial depth.

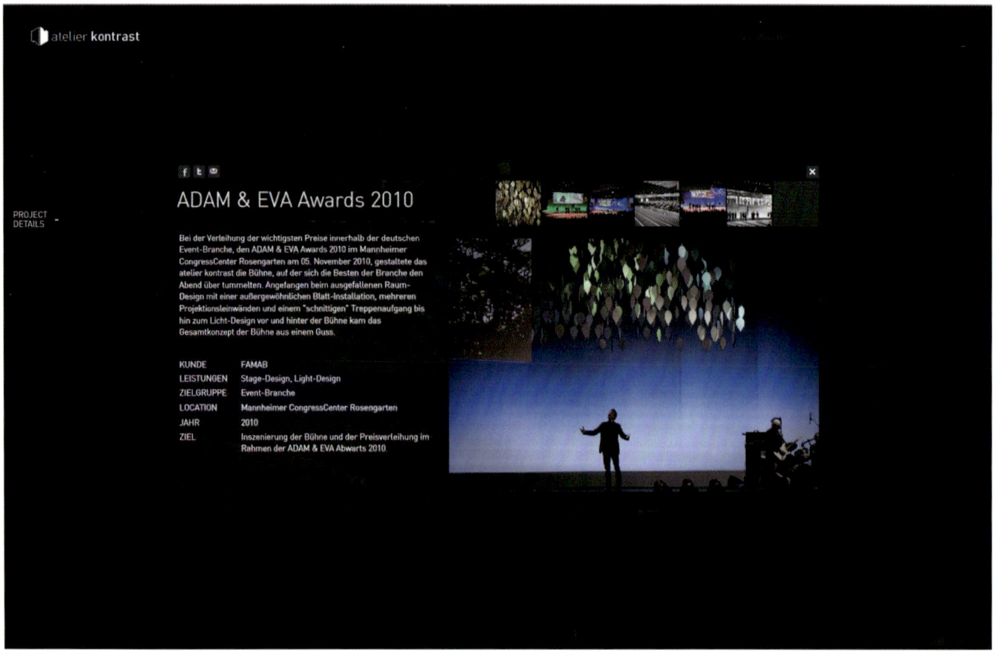

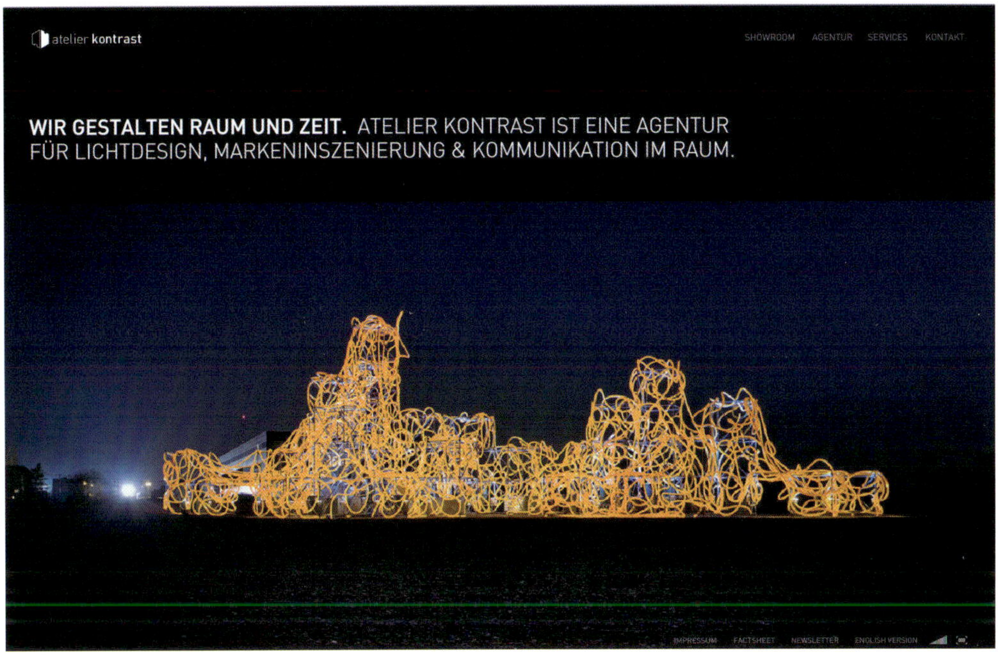
atelier kontrast
SHOWROOM AGENTUR SERVICES KONTAKT
WIR GESTALTEN RAUM UND ZEIT. ATELIER KONTRAST IST EINE AGENTUR
FÜR LICHTDESIGN, MARKENINSZENIERUNG & KOMMUNIKATION IM RAUM.
IMPRESSUM FACTSHEET NEWSLETTER ENGLISH VERSION

atelier kontrast
SHOWROOM AGENTUR SERVICES KONTAKT
Lightningstructure #1
2007
CORPORATE INSTALLATIONS
LIGHT DESIGN
RAUM UND AUSSTELLUNGSDESIGN
EVENT DESIGN
IMPRESSUM FACTSHEET NEWSLETTER ENGLISH VERSION

DAS LEBEN IST
KEIN STANDBILD.

www.gk-film.de

Rainer Gehrisch, Gehrisch+Krack Filmproduktions AG

Kategorie/Category **FOTO/FILM**

DEUTSCHER DESIGNER CLUB

VORSITZENDER DER JURY/CHAIRMAN OF THE JURY

Rainer Gehrisch Gehrisch & Krack Filmproduktions AG

In Zeiten visueller Inflation werden wir täglich mit einer Fülle von Bildern bedrängt, die uns wie ein Schleier umgeben, der uns zum Nicht-sehen zwingt. Es ist die größte Herausforderung der Kreativen (Regisseure, Kameraleute, Fotografen) diesen Schleier zu öffnen, sich bemerkbar zu machen und damit differenziert wahrnehmbar. Nur so entsteht eine Botschaft, mit der wir uns auseinandersetzen können.

In times of visual inflation we are bombarded daily with a plethora of pictures. These envelop us like a veil, making us not see. It is the biggest challenge of all creatives (producers, camera crew, photographers) to lift this veil, to make oneself known and therewith to become differentially perceptable. Thus a message is created which we can deal with.

Bodo Keller Animation/Visual effects

Frank Blümler Frank Blümler Fotografie

Bettina Rudhof raumdeutung büro für gestaltung

GOLD

DARWIN AND HIS FABULOUS ORCHIDS Auftraggeber/Client **VolkswagenStiftung**
Agentur/Agency **Ralph Heinsohn Artworks**

Aufgabe/Briefing Zum Darwin-Jahr 2009 wurde dieser die ganze Kuppel füllende Film für digitale Planetarien und Science-Centre entwickelt. Anstelle von Astronomie sollte die „Show" von Charles Darwin und seiner Evolutionstheorie anhand seiner Forschungen mit Orchideen erzählen.

Umsetzung Mithilfe eines innovativen Gestaltungskonzepts wurden unterschiedliche Bildwelten aus der Botanik, dem Leben Charles Darwins und der Evolutionstheorie in dem Medium einer Ganzkuppelprojektion miteinander auf erzählerisch spannende Weise verbunden und inszeniert.

Assignment/Briefing On the occasion of Darwin Year 2009 this film was designed for digital planetariums and science centers. Instead of astronomy it presents the fascinating world of evolution biology and the life and work of Charles Darwin, illustrated by his research with orchids.

Implementation The show combines the spectacular imagery of botany, documents of the life of Charles Darwin and the evolution theory and assembles it to an enlightening experience inside the immersive video projection of a digital dome theatre.

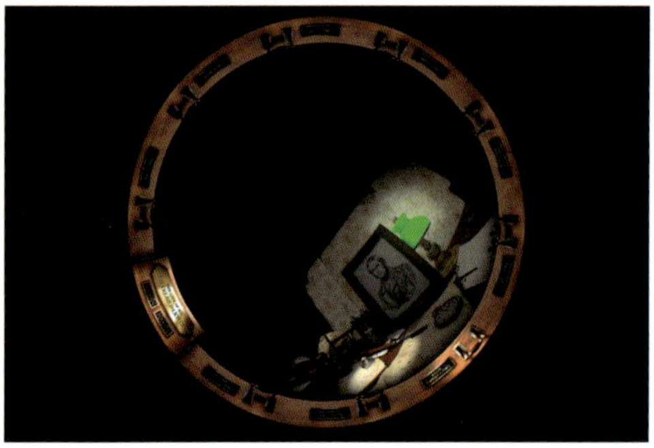

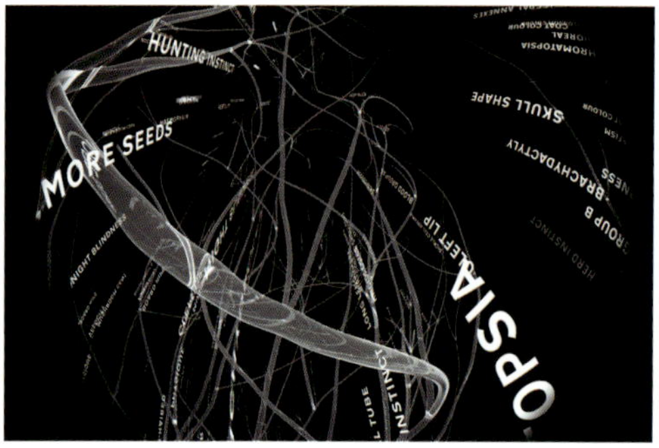

DARWIN
AND HIS FABULOUS
ORCHIDS
WWW.DARWIN-ORCHIDS.COM

SILBER

FORM FOLLOWS FUSSBALLFIEBER Auftraggeber/Client **Redaktion Architektur&Wohnen, Jahreszeiten Verlag GmbH** Agentur/Agency **A&W Architektur&Wohnen**

Aufgabe/Briefing Der Foto-Essay der belgischen Fotografin Jessica Hilltout entstand im Vorfeld der Fußball-WM in Südafrika und behandelt das Thema „Design“ einmal in überraschender Weise. Portraitiert wurden Jugendliche, die mit allen Möglichkeiten kicken.

Umsetzung Mit Phantasie und Kreativität basteln die Jugendlichen Bälle, setzen Torpfosten in die Landschaft, bemalen sich Trikots nach ihren Fußballstars und gestalten Schlappen mit Adidasstreifen: Alltagsdesign at its best!

Assignment/Briefing The photographic essay of Belgian-born photographer Jessica Hilltout was shot in the run-up to the World Cup in South Africa. It deals with the theme of design in a surprising way, portraying youngsters that play football with all sorts of possibilities.

Implementation With fantasy and creativity children have fashioned balls, set goalposts into the landscape, painted uniforms of their football stars and crafted sneakers with Adidas stripes. Everyday design at its best.

„Was Afrika so speziell macht, ist, dass der ganze Kontinent sein Schicksal mit Eleganz, Würde und hoch erhobenen Hauptes erduldet."
„Jeder Ball ist einzigartig. Sie sind Beispiele handwerklichen Könnens. Nichts wird verschwendet. Alles hat seinen Wert."
148 A&W 3/10
3/10 A&W 149

FORM FOLLOWS FUSSBALL-FIEBER

DAS NEUE PRIVATE BANKING Auftraggeber/Client quirin bank AG

Agentur/Agency **Euro RSCG München**

Aufgabe/Briefing Entwicklung eines aufmerksamkeitsstarken Kommunikationskonzeptes für die erste Honorarberaterbank Deutschlands, das die Vorteile des neuen und einzigartigen Geschäftmodells der Zielgruppe vermittelt und damit neue Kunden für die Bank gewinnt.

Umsetzung Kommunikationslösung: Die quirin bank ist „Deutschlands unbeliebteste Bank. Bei den Banken." Die filmische Umsetzung des ironischen Mottos zeigt, wie verzweifelt und ohnmächtig klassische Bankberater reagieren, wenn das lukrative Geschäftsmodell der Großbanken von einer kleinen Privatbank sehr erfolgreich in Frage gestellt wird, indem diese alle Provisionen abschafft, vollkommen unabhängig auf Honorarbasis berät und ihre Kundenzahl in den letzten drei Jahren jeweils verdreifacht hat. Der in schwarz/weiß und im Breitbildformat aufwändig produzierte Film ist Mittelpunkt einer medienübergreifenden Kampagne und wird außerdem noch auf der Webseite der Bank sowie im Internet und in Online-Mailings eingesetzt.

Assignment/Briefing Development of an attention-grabbing communication concept for the first independent advice bank in Germany, conveying the benefits of this new and unique business model to the target group and thus winning new clients for the bank.

Implementation quirin bank is "Germany's most disliked bank. By other banks." The film adaption of this ironic motto shows the desperate and helpless reactions of traditional bank advisors when the lucrative business model of the big banks is very successfully challenged by a small private bank by abolishing all commissions and offering completely independent advice on a fee basis, thus tripling its customer base in each of the past three years. The film, elaborately produced in a black-and-white widescreen format, forms the focal point of a multimedia campaign, and will be used also on the bank's website, in online mailings, and elsewhere on the Internet.

DEUTSCHLANDS UNBELIEBTESTE BANK
BEI DEN BANKEN
Deutschlands unbeliebteste Bank.
Bei den Banken.

Über 1,5 Mrd. Euro neues Depotvolumen gewonnen.

1000 % mehr Kunden in 3 Jahren.

Und über 80 % Weiterempfehlungsbereitschaft.

MERCEDES-BENZ „SCULPTURE" Auftraggeber/Client **Daimler AG**
Agentur/Agency **Elastique. GmbH**

Aufgabe/Briefing Auf der Detroit Motor Show 2010 präsentierte Mercedes-Benz eine kunstvolle Skulptur: Sie zeigt einen Fahrzeugkörper, der sich fließend aus einer Ebene heraus entfaltet, so die Form des Automobils künstlerisch überhöht und verschlüsselt darbietet. Der zugehörige Film stellt den Entstehungsprozess und die Formensprache des Objekts abstrakt dar.

Umsetzung Unter Einsatz der weltweit einzigen Highspeed-Motioncontrol-Kamera entstanden Slow-Motion-Aufnahmen, in denen reale und digitale Elemente mit der Skulptur interagieren. Erst nach und nach verliert sich die Abstraktion der Bilder und die Skulptur wird sichtbar.

Assignment/Briefing At the Mercedes-Benz press conference at the North American International Auto Show 2010 the automobile manufacturer presented a sculpture that transports car design into a new artistic reality. The film shows the evolution and formal language of this unseen object in a very aesthetic and abstract way.

Implementation Using the worlds only highspeed-motion-control-system and shooting with a highspeed camera at 500–1000 frames per second, the result is a movie with fascinating slow motion shots. Real elements and digitally created shapes interact with the sculpture, describe its shapes and underline the emotional aspect of the art piece.

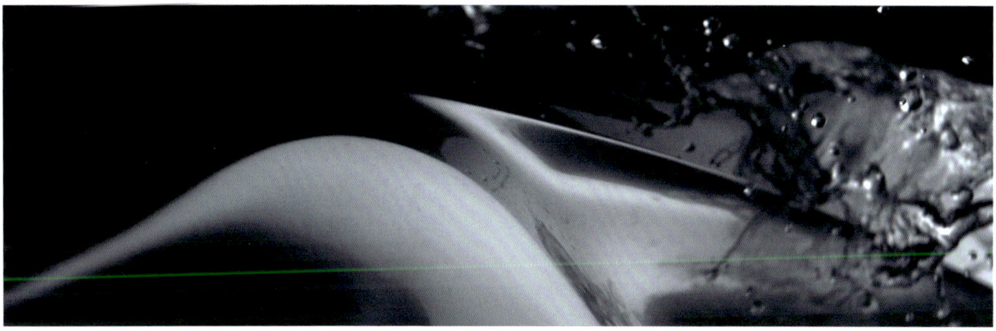

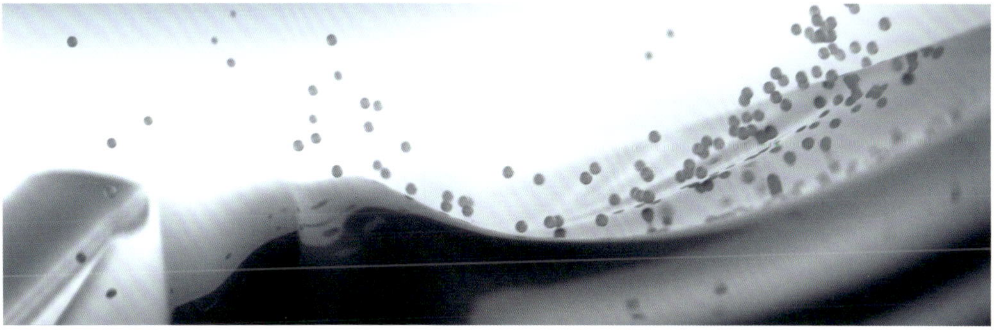

FORM & FUNCTION – THE BATTLE Auftraggeber/Client **Porsche Lizenz- und Handelsgesellschaft mbH & Co. KG** Agentur/Agency **Kemper Kommunikation GmbH**

Aufgabe/Briefing Für die Luxusmarke Porsche Design sollte ein Imagefilm entwickelt werden, der die Unternehmenswerte wie Purismus, Zeitlosigkeit und Maskulinität widerspiegelt. Und der die Gestaltungsphilosophie veranschaulicht: Das Zusammenspiel von Form und Funktion.

Umsetzung Der als Bühnenstück angelegte Kurzfilm zeigt ein Duell zwischen Form (Billy Zane) und Funktion (Karel Roden). In einem analog der Porsche Design CI schwarzen Raum liefern sich die Schauspieler ein Wortgefecht, bei dem Produkte nur Nebendarsteller sind.

Assignment/Briefing The luxury brand Porsche Design wanted an image film that reflects brand values like purism, timelessness, and masculinity, and that at the same time illustrates their design philosophy: the interaction of form and function.

Implementation The film in the style of a stage play shows a duel between Form (Billy Zane) and Function (Karel Roden). They battle with words in a black room, the ideal setting for the brand's corporate design. The products, however, are merely "supporting actors."

BRONZE

TREPPE Auftraggeber/Client **BFF „Bundesverband Frauenberatungsstellen und Frauennotrufe"** Agentur/Agency **Young & Rubicam GmbH**

Aufgabe/Briefing Ziel des TV-Spots war es, Aufmerksamkeit für das Thema „Häusliche Gewalt"/„Gewalt gegen Frauen" zu schaffen und eine möglichst große Zuschauerzahl für dieses (Tabu-)Thema zu sensibilisieren.

Umsetzung „Ich bin die Treppe 'runtergefallen" ist die bekannteste Ausrede, mit der Opfer häuslicher Gewalt ihre Verletzungen erklären. Wir halten dem Zuschauer vor Augen, wie absurd diese Erklärung in ihrer Häufigkeit ist und zeigen unzählige Frauen, die auf alle erdenkliche Arten die Treppe herunterfallen.

Assignment/Briefing The objective of our TV-commercial was to generate awareness for the issue of domestic violence and to sensibilize the biggest possible audience for this (taboo-) subject.

Implementation "I fell down the stairs" is the most common excuse used by the victims of domestic violence to account for their injuries. We show our audience how absurd this explanation is in its frequency – by showing plenty of women who fall down stairs in all possible ways.

DESIGN REPORT AWARD 2010 – FOTOGRAFIE Auftraggeber/Client **Design Report**
Agentur/Agency **Projekttriangle Design Studio**

Aufgabe/Briefing Fotografisches Konzept für den Design Report Award, der auf der Mailänder Möbelmesse an viel versprechende Nachwuchsgestalter vergeben wird. Projekttriangle Design Studio entwickelt das jährlich wechselnde Corporate Design des DRA bereits seit 2001.

Umsetzung Unter Verwendung der „Communication prosthesis" des Produktgestalters Sascha Nordmeyer fotografierte Martin Grothmaak verschiedene Nachwuchsdesigner. Die Bildreihe thematisiert den Profilierungszwang junger Gestalter in einer globalen Marktwirtschaft.

Assignment/Briefing Photography concept for the Design Report Award which is awarded to promising young designers at the Milano furniture fair. Projekttriangle Design Studio has developed the annually changing corporate design of the DRA since 2001.

Implementation Martin Grothmaak photographed various young designers using the product designer Sascha Nordmeyer's "communication prosthesis." The central issue of the series of pictures is the young designers' need to distinguish themselves in a global market.

FASHION
IS
DEAD
FULL
ARTIST
CONTROL

up!

SKY AMEISEN Auftraggeber/Client **Sky Deutschland GmbH & Co. KG**
Agentur/Agency **Heye Group GmbH**

Aufgabe/Briefing Das Interesse an Sky HD-Programmen und damit die Zahl der Sky-Abonnenten steigern.

Umsetzung Um dies zu erreichen, entwickelten wir einen Spot, der mit einem klassischen „Störbild"-Effekt spielt. Bei näherem Hinsehen verwandelt sich dieses zur Überraschung des Betrachters in ein Meer von gestochen scharfen Ameisen. So konnten wir die Bedeutung von High Definition auf neue, ungewöhnliche Art und Weise vor Augen führen.

Assignment/Briefing To increase the interest in Sky HD programs and therefore the number of Sky subscribers.

Implementation In order to achieve this we developed a spot that plays with the classic "residual image" effect. When taking a closer look it turns into a sea of pin sharp ants, much to the observant's surprise. This way we were able to show the meaning of High Definition in a new and exceptional way.

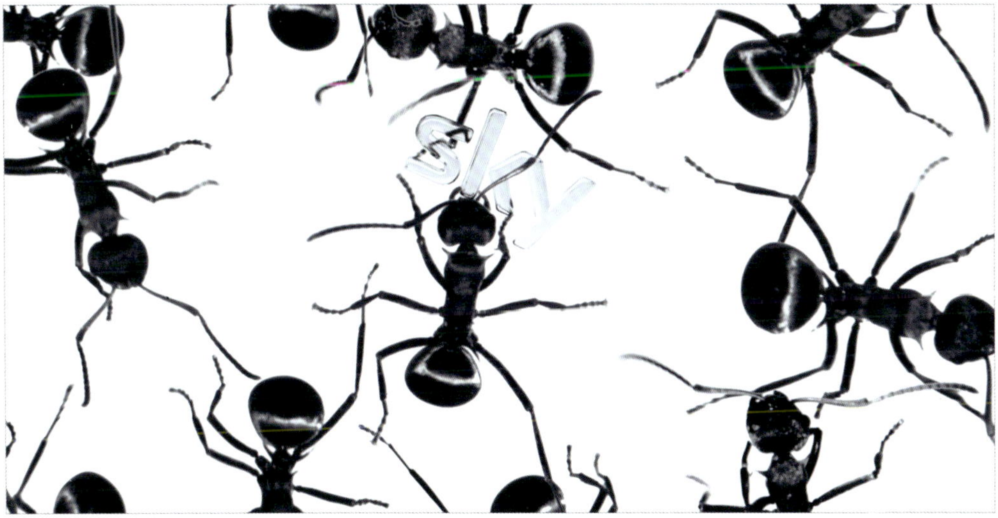

Jetzt in High Definition.

AWARD

CELLULOSE Auftraggeber/Client **CAEPSELE_visuelle Strategien**
Agentur/Agency **CAEPSELE_visuelle Strategien**

Aufgabe/Briefing Selbstgestellte Aufgabe: Mit eigenen Mitteln, Können und Möglichkeiten einen Film mit Tiefenwirkung zu erschaffen. Der Film erzählt eine Geschichte über Isolation.

Umsetzung Realisierung des Films mit Home-Consumer-Technologie in neoexpressionistischem Stil. Verwendung von Gestaltungsmethoden der experimentellen Gruppe Ougrapo. Ursprünglich ist der Film für Webplattformen konzipiert.

Assignment/Briefing Self initiated project authored and funded by Caepsele. The aim was to create a profound movie using our own means and know-how. The movie tells a story about isolation.

Implementation Implemented with Home-Consumer-Technology in a neo-expressionist style. Using design methodologies of the experimental group Ougrapo. Originally the film is intended for web platforms.

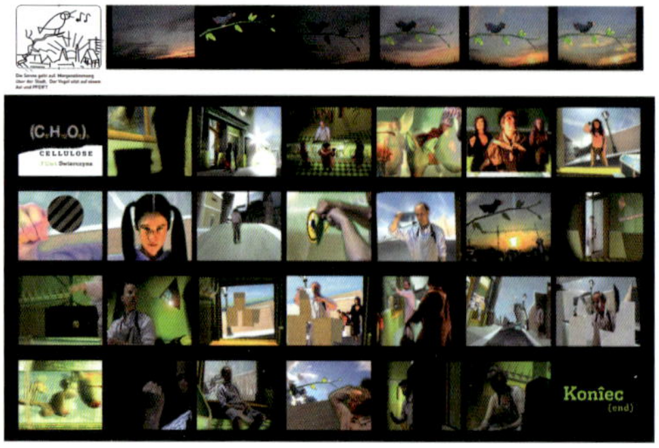

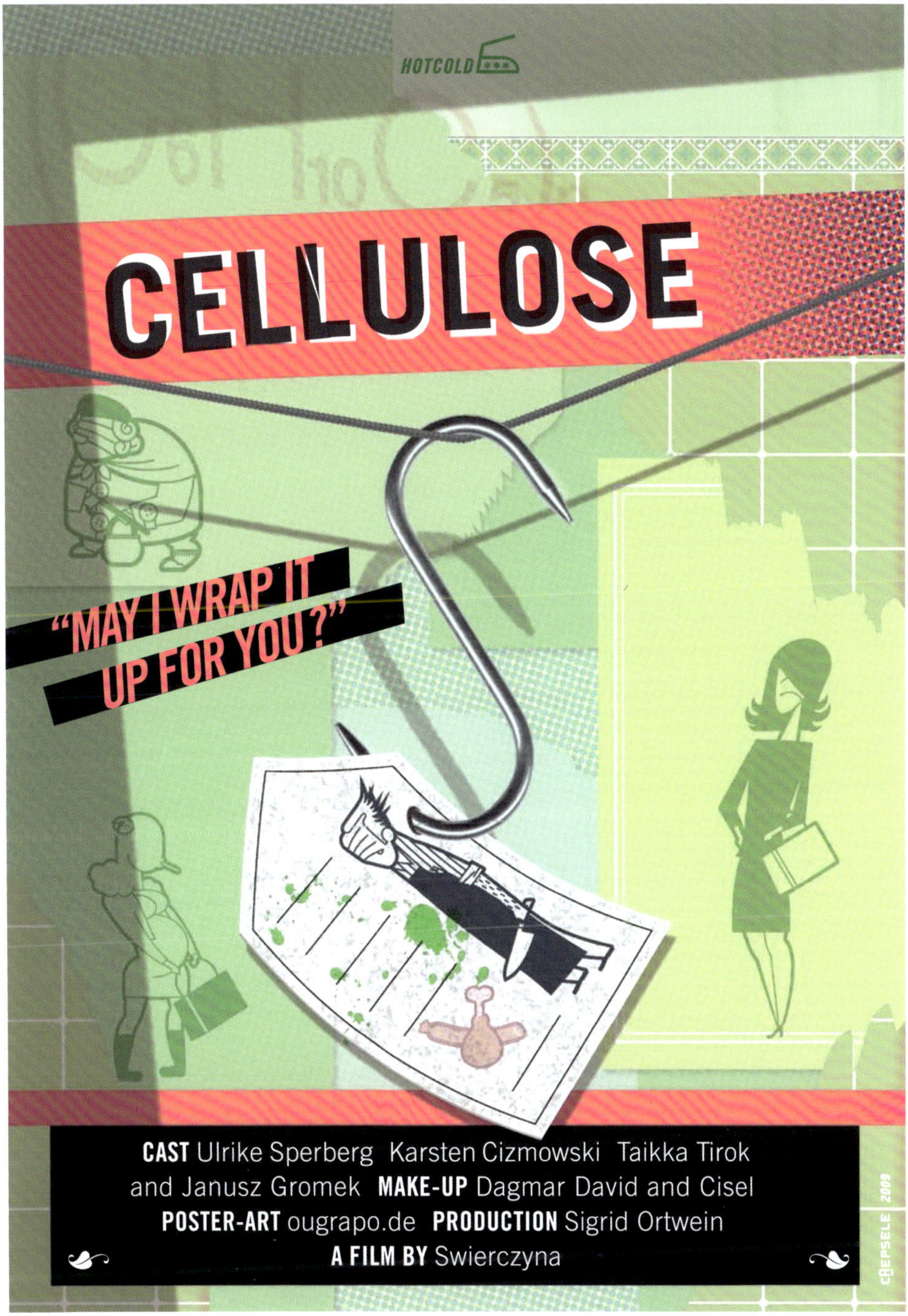
HOTCOLD
CELLULOSE
"MAY I WRAP IT UP FOR YOU?"
CAST Ulrike Sperberg Karsten Cizmowski Taikka Tirok
and Janusz Gromek MAKE-UP Dagmar David and Cisel
POSTER-ART ougrapo.de PRODUCTION Sigrid Ortwein
A FILM BY Swierczyna
CAEPSELE 2009

FOTOGRAFIE FÜR WOLFRAM SIEBECK Auftraggeber/Client **EDITION BRAUS Berlin Heidelberg GmbH** Agentur/Agency **Projekttriangle Design Studio**

Aufgabe/Briefing „Es ist an der Zeit darüber aufzuklären, dass es vieles gibt, was der moderne Mensch nicht kennt", so Wolfram Siebeck im Vorwort zum „Kochbuch der verpönten Küche". Dem inhaltlichen Ansatz des Buches entsprechend sollte ein fotografisches Konzept entwickelt werden.

Umsetzung Martin Grothmaak und Tom Ziora inszenierten die rohen Zutaten wie Kalbskopf, Kutteln oder Lammhirn schlicht in einer weißen Hohlkehle. Eine der entstandenen Fotoserien illustriert Siebecks Rezepte, ästhetisch und ebenso eigenwillig wie das Buch selbst.

Assignment/Briefing "The time has come to explain that there is a lot that modern man does not know," says Wolfram Siebeck in his foreword to the "Kochbuch der verpönten Küche" (Cookbook of forgotten cuisine). A photographical concept reflecting the contents of the book was developed.

Implementation Martin Grothmaak and Tom Ziora placed the raw ingredients such as a calf's head, tripe or lamb brain in a simple white alcove. One of the series of photos shows Siebeck's recipes, aesthetically unique as the book itself.

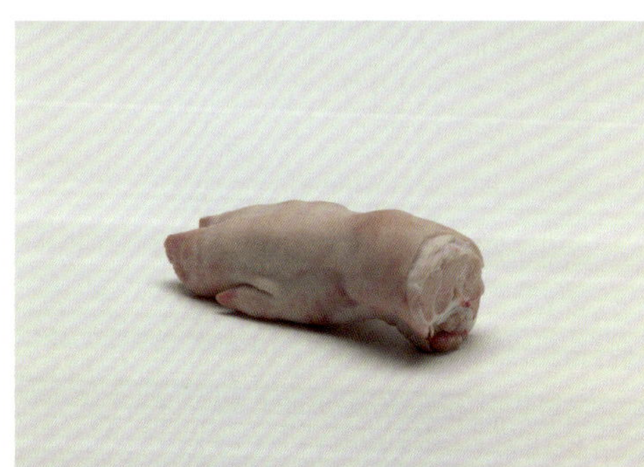

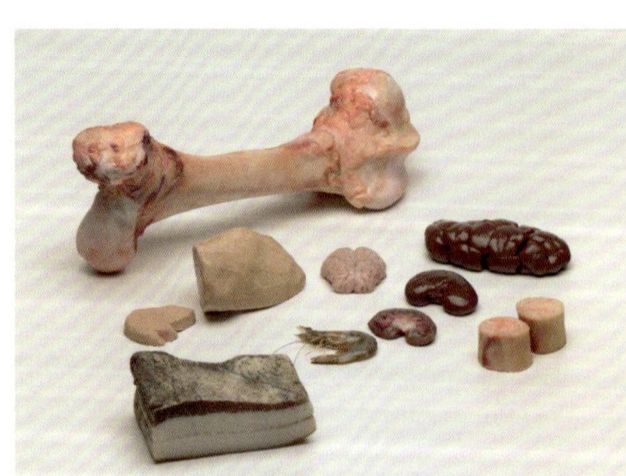

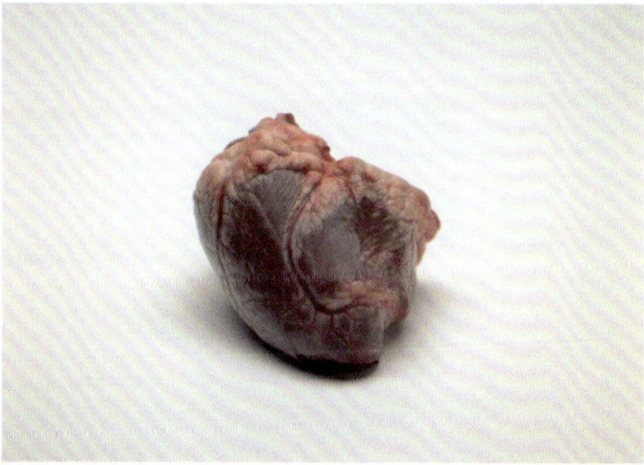

IKEA „30 JAHRE BILLY" – FOTOGRAFIE Auftraggeber/Client **IKEA Deutschland**
Agentur/Agency **Projekttriangle Design Studio**

Aufgabe/Briefing Fotoserie anlässlich einer Publikation zum 30. Geburtstag des Ikea Regals Billy. Seit 1979 weltweit über 41 Millionen mal verkauft, gilt das schlichte Möbel mittlerweile als Klassiker, das sich in Architekturbüros ebenso findet wie in Kinderzimmern.

Umsetzung Von der Tanzlehrerin bis zum Spieledesigner fotografierten Martin Grothmaak und Tom Ziora 30 unterschiedliche Menschen und ihre Billys. Der Protagonist der Doppelporträts: Ein weißes Regal, so simpel, dass es sich in jedes Milieu integriert.

Assignment/Briefing Series of photos for a publication on the 30th birthday of Ikea's Billy shelf. Sold more than 41 million times all over the world since 1979, the simple shelf is now accepted as a classic that can be found in architectural offices as well as in a child's bedroom.

Implementation Martin Grothmaak and Tom Ziora photographed 30 different people and their Billy shelves, i.e. a dance teacher or a game designer. The protagonist of the double portraits: a white shelf, so simple that it integrates into all surroundings.

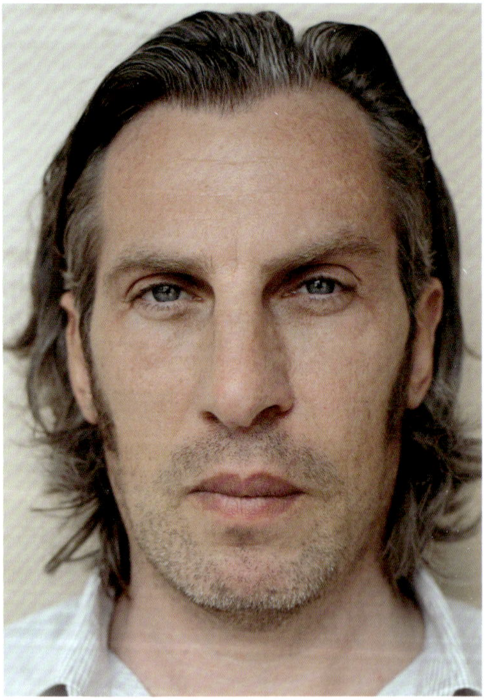

COURAGE

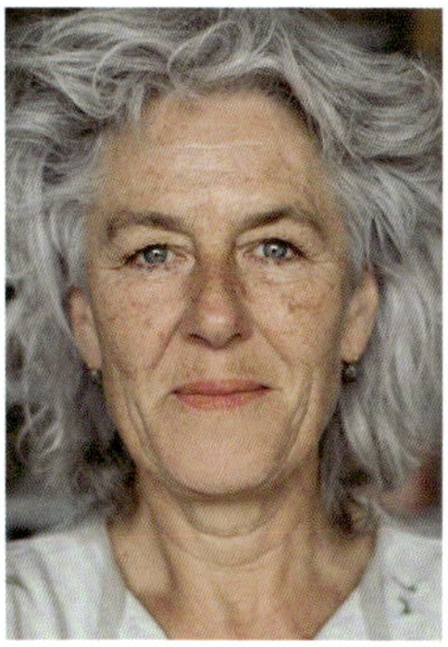

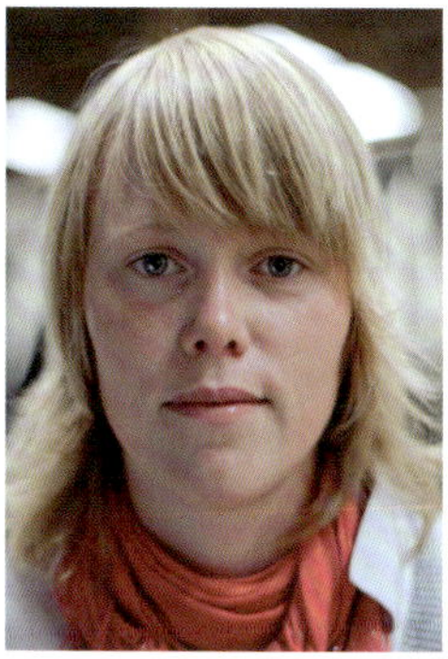

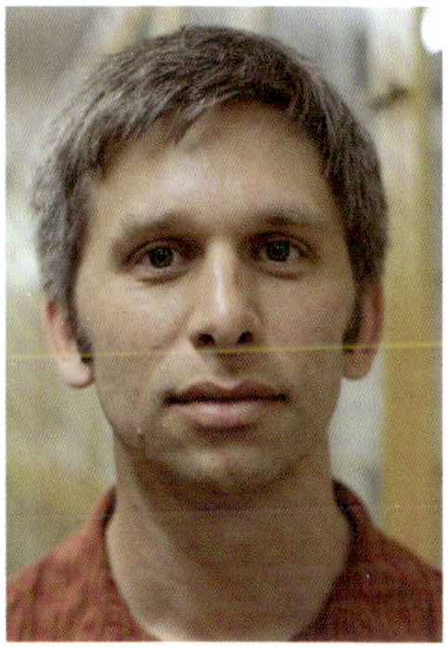

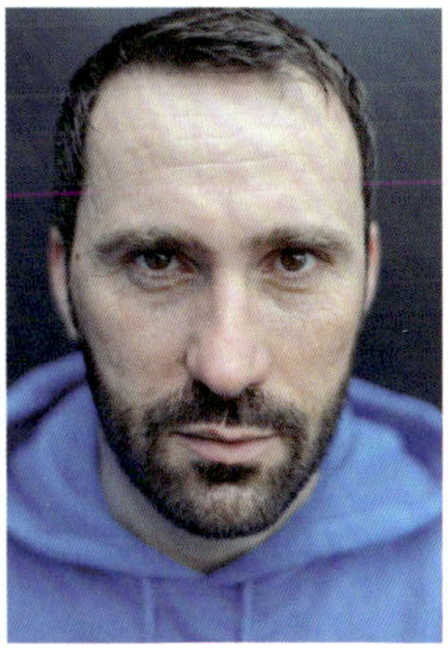

TONIGHT

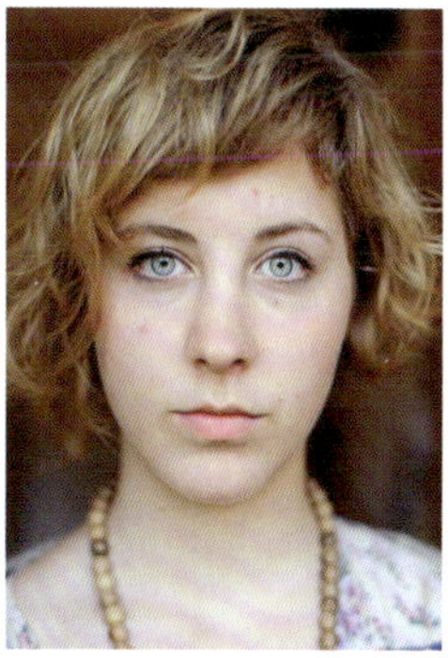

ZEIT GEWINNEN Auftraggeber/Client **DB Mobility Logistics AG**
Agentur/Agency **Ogilvy Frankfurt**

Aufgabe/Briefing Die spezifische Reisequalität der Bahn unterscheidet sich deutlich von der des Autos und des Flugzeugs. Der Spot soll beweisen, dass man mit der Bahn entspannter reist und entspannter ankommt als mit jedem anderen Verkehrsmittel.

Umsetzung Wir zeigen, dass der Zeitgewinn im 300 km/h schnellen ICE nicht nur ein rein physischer, sondern vor allem ein psychologischer ist, indem wir die schönen spezifischen Bahnmomente subtil und emotional einfangen. Bilder und Stimmungen, Situationen und Gespräche, wie man sie so nur in der Bahn erleben kann.

Assignment/Briefing The inherent quality of rail travel is very different to car or air travel. The TV commercial's objective was to show how much more relaxed train travelers are during their journey and on arrival at their destination, in comparison to other means of travel.

Implementation To convey the message that the time gained during the 300 km/h high-speed train trip is not just physical but also psychological, we show a variety of beautiful travel moments in a subtle and emotional way. Images, moods, situations and conversations that can only be experienced on a train.

ELEKTRISCHES PFERD Auftraggeber/Client **Peugeot Deutschland GmbH**
Agentur/Agency **Euro RSCG Düsseldorf**

Aufgabe/Briefing Entwicklung einer emotionalen Kampagne für das erste 100% elektrisch angetriebene Auto von Peugeot.

Umsetzung Ein iconografisch anmutendes Visual für diese neue, revolutionäre Antriebs-Technology: ein kraftvolles schwarzes Pferd mit elektrifizierten Haaren – fotografiert in einem sehr reduzierten Umfeld.

Assignment/Briefing Create an emotional driven launch campaign for the first 100% electric powered Peugeot.

Implementation A kind of iconic visual for this new technology: a horse with electrified hair – shot in a reduced technical surrounding.

MERCEDES BENZ F-800 STYLE Auftraggeber/Client **Atelier Markgraph GmbH**
Agentur/Agency **Barbecue Mediendesign GmbH**

Aufgabe/Briefing Das Highlight des Auftritts von Mercedes-Benz beim Genfer Automobilsalon war die Weltpremiere des Forschungsfahrzeugs F800 Style. In diesem Modell zeigt die Marke Innovationen, die in den nächsten Jahren in verschiedenen Serienprodukten realisiert werden. Dazu gehören eine neue Designsprache im Exterieur, ein neu gestalteter Innenraum mit einem neuartigen HMI und eine Multiantriebsplattform für Hybrid- und Brennstoffzellenantriebe. Das Ziel des Films war, diese Inhalte visuell, unterstützt durch einleitende Texte zu zeigen.

Umsetzung Die Lösung bestand in einer visuellen und musikalischen Sprache, die einerseits den Zukunftscharakter des Fahrzeugs unterstützt und anderseits als Ausdruck der Marke Mercedes-Benz überraschend wirkt. Dies wurde erreicht durch den durchgehenden CGI-Charakter des Films, der das Fahrzeug in artifiziellen urbanen wie landschaftlichen Umgebungen zeigt. Schnitt, Musik und Soundeffekte legen Fokuspunkte auf die zu vermittelnden Inhalte.

Assignment/Briefing The highlight of the Mercedes-Benz presentation at the Geneva Motor Show was the world premiere of the F800 Style concept car. The brand used the F800 to show innovations that will be flowing into various series-production models in the next few years. These include a new design language for the exterior, a new interior design with an innovative HMI, and a multi-drive platform for hybrid and fuel cell drives. The aim of the film was to visualize these topics, aided by introductory texts.

Implementation The solution involved creating a visual and musical language that would support the vehicle's forward-looking character, and would express the Mercedes-Benz brand in a surprising way. The entire film has a CGI look-and-feel, and shows the car in both urban and countryside artificial environments. The editing, music and sound effects all add emphasis to the content being communicated.

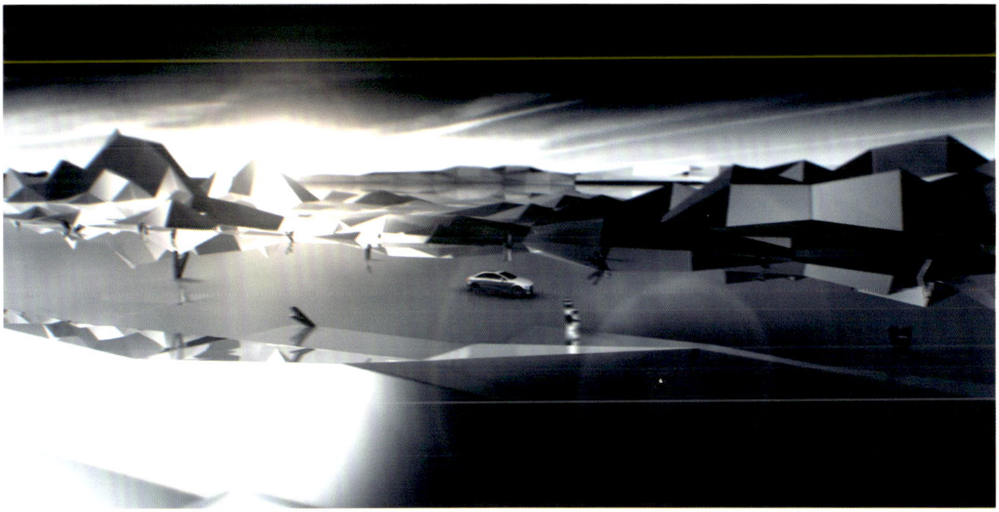

ERFOLGREICHE
MARKENKOMMUNIKATION IST:
AUTHENTISCH, LEBENDIG,
SINNLICH UND ERLEBBAR.

Kategorie/Category **MARKETINGKOMMUNIKATION**

VORSITZENDER DER JURY/CHAIRMAN OF THE JURY

Prof. **Erik Spiekermann** Edenspiekermann

Mein Favorit:
„Die Zeitung macht wohl Witze?!"
Selbstironie medienspezifisch umgesetzt. Humor verkauft. Toll gedacht und toll gemacht.

My frontrunner:
"The Paper Has Got To Be Kidding?!"
Self-mockery implemented specifically for the media. Humor sells. Well thought over and well done.

Christian Daul Scholz&Volkmer GmbH

Ines Blume Gardeners

Dieter Ludwig Ludwig Architekten

Oliver Hesse Scheufele Hesse Eigler Kommunikation GmbH

GOLD

DIE ZMG IMAGEBROSCHÜRE „DIE ZEITUNG MACHT WOHL WITZE?!“ Auftraggeber/Client **Zeitungs Marketing Gesellschaft mbH & Co. KG** Agentur/Agency **Ogilvy Frankfurt**

Aufgabe/Briefing Medienleute wissen, die Zeitung ist tot. Blöd nur, dass täglich 49 Millionen Deutsche sie all den Blogs, Feeds und Apps vorziehen. Selbst im Internet ist sie die Nachrichtenquelle Nr. 1. Die ZMG bat uns, die medieninterne Wahrnehmung der Zeitung zu verbessern.

Umsetzung Um die Unglaubwürdigkeit mancher Behauptungen über die Zeitung erfahrbar zu machen, handelt die Broschüre die eigentlich beeindruckenden Leistungsdaten der Zeitung komplett als Witze ab. Das groteske Verhältnis von Wahrnehmung zu Realität wird so erfahrbar gemacht.

Assignment/Briefing Media experts say newsprint is dead. Funny that 49 million Germans still seem to prefer newspapers to all those blogs, feeds and apps. Even on the internet they are the number one source of news. The Association of Newspapers asked us to help improve industry perceptions of newsprint.

Implementation In order to show up the distortion in many assertions made about newsprint, the brochure presents the impressive performance data as a bit of a joke. The grotesque relationship between perception and reality is thus made tangible.

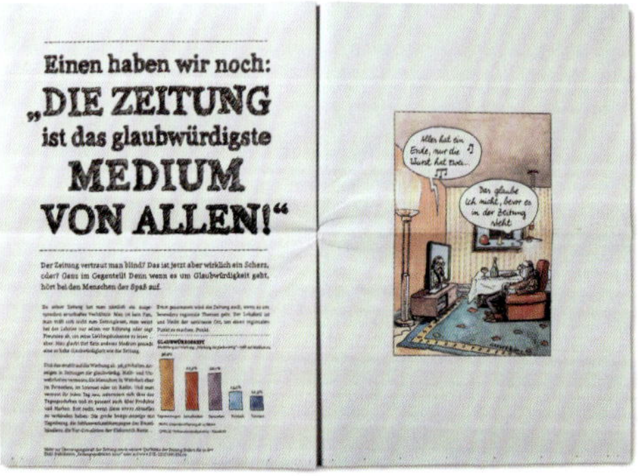

„DIE ZEITUNG
macht wohl Witze?!“

SILBER

KOPIERT RUHIG WEITER.

Auftraggeber/Client **RollingStone Magazin**

Agentur/Agency **Ogilvy Frankfurt**

Aufgabe/Briefing Einem legalen Musik-Download stehen heute sechs illegale Downloads gegenüber. Die Internet-Piraterie und das illegale Kopieren im Netz bedrohen nicht nur die Existenz der Musiker sondern die einer ganzen Branche.

Umsetzung Wir nehmen die Cover der legendärsten Alben und kopieren sie auf einem üblichen Kopierer. Immer und immer wieder. Bis man gerade noch so erkennen kann, um welches Stück Musikgeschichte es sich eigentlich handelt. So demonstrieren wir den Effekt des Kopierens: Je mehr man kopiert, desto mehr geht verloren.

Assignment/Briefing Nowadays, for every legal music download there are six illegal downloads. Internet piracy and illegal copying are destroying musicians' livelihoods – and those of a whole industry.

Implementation We took covers of legendary music albums and copied them with a standard photocopier – over and over again. Until the well-known album covers were only barely recognizable. This special technique impressively demonstrates the effects of copying: the more you copy, the more music will disappear.

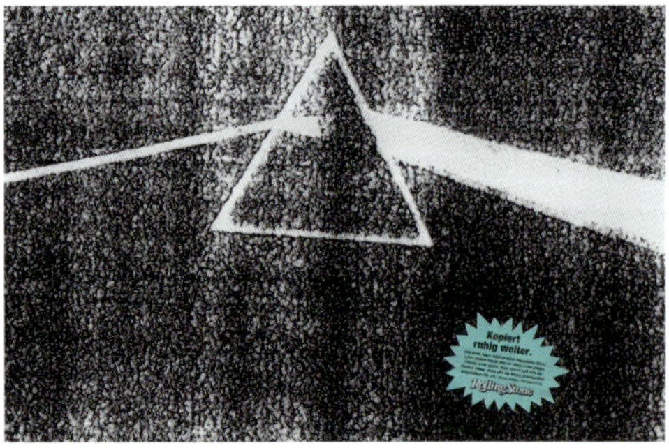

Kopiert ruhig weiter.
Rolling Stone

Kopiert ruhig weiter.
Rolling Stone

ELEKTRISCHES PFERD Auftraggeber/Client Peugeot Deutschland GmbH

Agentur/Agency **Euro RSCG Düsseldorf**

Aufgabe/Briefing Entwicklung einer emotionalen Kampagne für das erste 100% elektrisch angetriebene Auto von Peugeot.

Umsetzung Ein iconografisch anmutendes Visual für diese neue, revolutionäre Antriebstechnologie: Ein kraftvolles schwarzes Pferd mit elektrifizierten Haaren – fotografiert in einem sehr reduzierten Umfeld.

Assignment/Briefing Create an emotional driven launch campaign for the first 100% electric powered Peugeot.

Implementation A kind of iconic visual for this new technology: a horse with electrified hair – shot in a reduced technical surrounding.

PS AUS DER STECKDOSE.
DER NEUE PEUGEOT iOn
PEUGEOT
MOTION & EMOTION

BRONZE

SCENE UNGARN PROGRAMM

Auftraggeber/Client **NRW KULTURsekretariat Wuppertal**
Agentur/Agency **nodesign Schellnack & Partner**

Aufgabe/Briefing Erstellung eines Programms für das Kulturfestival Scene Ungarn in NRW, das sowohl gesammelt, als auch einzeln vor Ort in den 14 teilnehmenden Städten mit ihren über 150 Einzelveranstaltungen funktioniert.

Umsetzung Entwicklung einzelner Programme für jede Region, die jeweils einen „eigenen" ungarischen Fotografen zugeordnet bekommen. Im Schuber gesammelt, bilden sie eine visuelle Einheit und sind zugleich Werbemedien, die selbst ungarische zeitgenössische Kunst transportieren.

Assignment/Briefing Creation of a program for the Scene Ungarn (Scene Hungary) cultural festival in North Rhine Westphalia which works collectively as well as individually on site at the 14 participating cities for over 150 individual events.

Implementation Development of individual programs for every region, each of which has its "own" Hungarian photographer assigned to it. Assembled in a slipcase, they formulate a visual unit and double as advertising media that convey even contemporary Hungarian art.

HIER SPRICHT DER TEXT Auftraggeber/Client **bilekjaeger** Agentur/Agency **bilekjaeger**

Aufgabe/Briefing Eigenwerbung mal anders: Die Textqualität der Agentur steht im Fokus. Und zwar ohne die üblichen Abbildungen der fertigen Exponate. Eine Aussendung an ausgewählte Unternehmer, Geschäftsführer und Marketingleiter.

Umsetzung Der Text wurde mit den in den Werbemitteln verwendeten Schriften neu gestaltet. Das Inhaltsverzeichnis leitet direkt zu den einzelnen Marken bzw. Branchen. Die Papierauswahl unterstützt den haptischen Eindruck des Textbuches.

Assignment/Briefing An agency's own advertising in an unusual manner: the quality of the agency's copywriting is highlighted in this brochure. And: without any of the other normal illustrations of finished articles from advertisement. A mailing to selected entrepreneurs, managing directors and heads of marketing.

Implementation The copy was redesigned in the typefaces of the advertising media. The table of contents leads directly to the individual brands or branches. The paper quality selected underscores the haptic impression of the textbook.

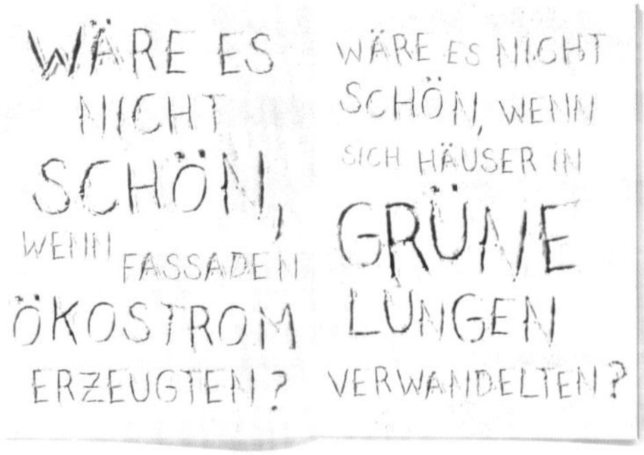

KANN IHRE WARNWESTE DEN NOTARZT RUFEN ?
IST IHR BLAUMANN SCHON ONLINE ?
KÖNNEN PULLOVER BAKTERIEN FRESSEN ?

NOCH IMMER DIE STÄRKSTE WAFFE DER FRAU.

FENO „BEFORE LIGHT & BEYOND" Auftraggeber/Client **feno GmbH**

Agentur/Agency **KMS TEAM**

Aufgabe/Briefing feno, ein Spezialist für Lichtsteuerung, setzt Installationen mit Künstlern und Architekten um. Im Zuge der Unternehmensneuausrichtung war eine Unternehmensbroschüre zu konzipieren, die das Zusammenspiel von technischem und künstlerisch-ästhetischem Können darstellen sollte.

Umsetzung Auf jeder Seite sind Technik und Ästhetik einander gegenübergestellt: Während zuerst die Schaltkreise der verwendeten Lichttechnik genau über ein abgedunkeltes Bild der Installation gelegt werden, erstrahlt auf der Folgeseite das gleiche Bild als Realfotografie.

Assignment/Briefing feno, a lighting specialist, creates installations with artists and architects. A corporate brochure was developed as part of the corporate redesign in order to illustrate how the company's technical expertise combines with artistic and aesthetic understanding.

Implementation Technology and aesthetics create a contrast on each page. First, the circuits of the lighting technology products are accurately superimposed over a darkened image of the installation. A real photograph of the same image "shines" on the next page.

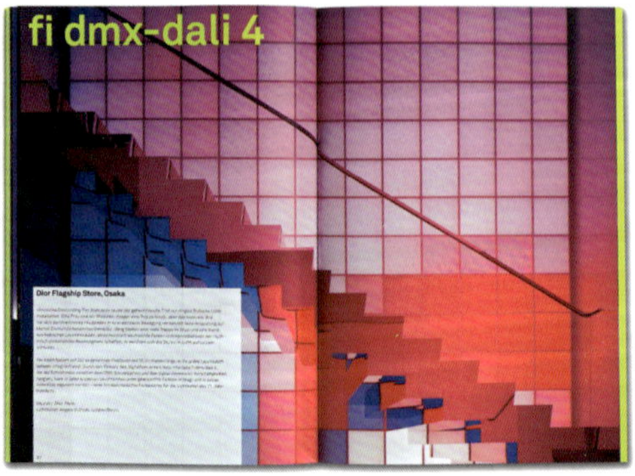

feno before light and beyond

MODULAR JUGENDFESTIVAL Auftraggeber/Client **Stadtjugendring Augsburg KdÖR**

Agentur/Agency **KW Neun Grafikagentur, Augsburg**

Aufgabe/Briefing Das Programm des Modular Festival basiert auf der Eigeninitiative aller Beteiligten. Das Erscheinungsbild soll dies zum Ausdruck bringen und jedem die Möglichkeit geben, selbst die grafischen Elemente zu reproduzieren.

Umsetzung Die gestalterischen Mittel wurden deshalb auf eine einfache Basis reduziert: Weiße Farbe und schwarzes Klebeband. So wurden viele Alltagsdinge zum Thema Jugendkultur weiß lackiert, arrangiert, mit Klebeband bearbeitet, und so als Werbeträger für das Festival umfunktioniert. Dieses flexible, markante und vor allem kostengünstige Konzept konnte vom Festival-Team auch selbst angewandt und produziert werden.

Assignment/Briefing The program of the Modular Festival is based on the personal initiative of all those involved. The appearance of the program expresses this and everyone has the possibility of reproducing the graphic elements themselves.

Implementation For this reason the design resources were reduced to a simple basic set: white paint and black tape. And so a variety of everyday objects on the subject of youth culture were painted white, positioned and processed with tape, and thus turned into an advertising medium for the festival. The festival team was also able to apply and produce this flexible, striking and above all inexpensive concept by themselves.

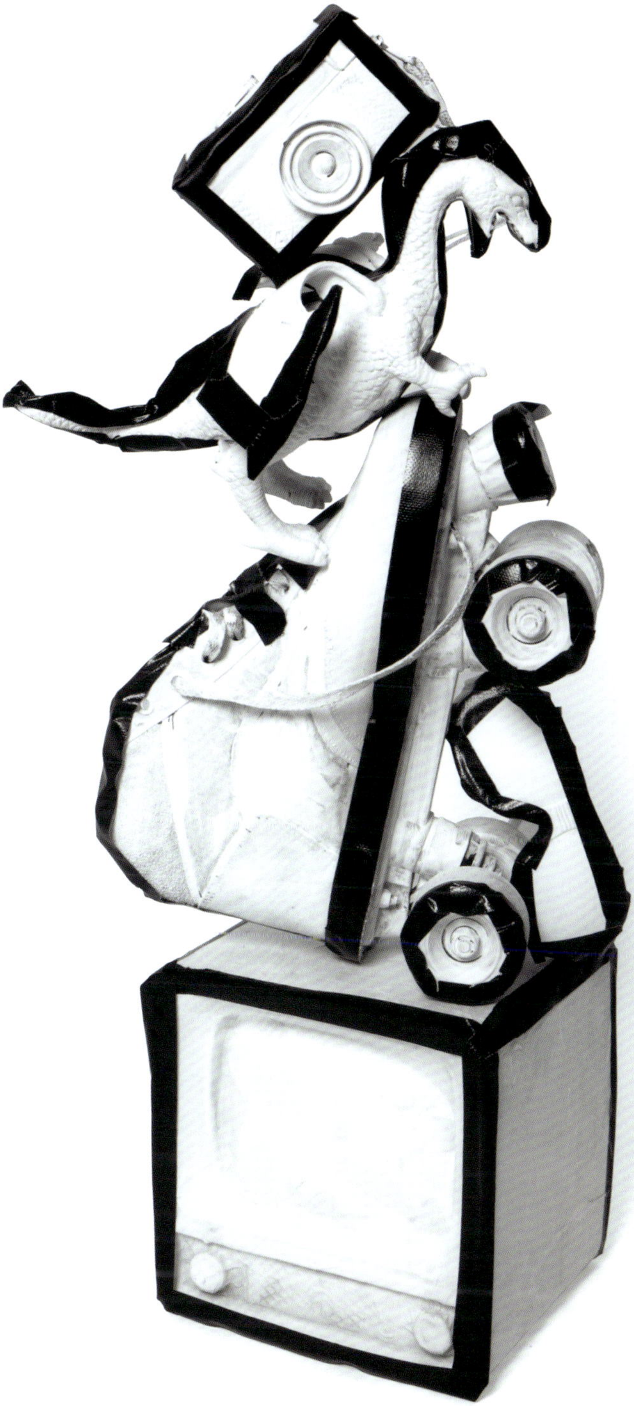

AWARD

SPIELZEITHEFT THEATER INGOLSTADT 2010/2011 Auftraggeber/Client **Theater Ingolstadt** Agentur/Agency **xhoch4 | design plus kultur**

Aufgabe/Briefing Das Spielzeitheft ist die zentrale Publikation jeder Saison mit Infos zu Stücken, Ensemble, Abo und Service. Der grafischen Ausrichtung liegt das jeweilige Spielzeitthema zu Grunde: FREIHEIT – 2010/11. Bei der Suche nach einer Antwort auf die Frage nach „Was ist eigentlich Freiheit?" sollen die Stücke der Spielzeit und auch das Heft helfen. Allerdings ist FREIHEIT nur individuell erfahrbar und mehr Prozess als manifester Zustand.

Umsetzung Dieses Spannungsverhältnis des Themas wurde in einem Arbeitsbuch umgesetzt. Auf der einen Seite 6 Lektionen, die Essays zum Thema und Spielzeitinhalte beherbergen, strukturiert durch einen bürokratischen Registerschnitt und gesetzt in strenger Typographie. Im Kontrast dazu stehen handschriftliche Kommentare, verschiedene mit Farbe verdreckte Cover und Skizzen, die einladen sollen, das Buch – und somit seine Definition von Freiheit – weiter zu gestalten.

Assignment/Briefing This program is the central publication of each season with information about plays, the ensemble, subscriptions and service. The underlying graphical direction is the respective season motto: FREEDOM – 2010/11. The plays as well as the booklet help in answering the question "what actually is freedom?" However, freedom can only be experienced individually, and is more a process than an apparent state.

Implementation This suspense within the topic was implemented with an exercise book. On the one hand one side 6 lessons on freedom and content for the season, structured with a bureaucratic "register cut" and set with strict typography. In contrast on the other hand side: self-hand-made comments, differing covers soiled with color and sketches that invite to design further and think about definitions of freedom.

FREIHEIT

Spielplan Kinder- und Jugendtheater
SPIELPLAN KINDER- UND JUGENDTHEATER
DER KLEINE PRINZ
Kinderstück nach Antoine de Saint-Exupéry
Wiederaufnahme 07. Oktober 2010
(ab ca. 10 Jahren)
Preise A
Kleines Haus
THEATER AUS DEM KOFFER
Kinderbuchklassiker neu erzählt
Wiederaufnahme Oktober 2010
(ab 4 Jahren)
Preise A
Kleines Haus und Mobile Produktion
MP
RITTERLAND
Kindermusical von Margit Sarholz & Werner Meier (›Sternschnuppe‹)
Uraufführung 12. November 2010
(ab 6 Jahren)
Preise A
Großes Haus
KÜSS MICH HINTER KAUFHOF
Jugendstück von Anne Habermehl
Premiere 10. März 2011
(ab ca. 14 Jahren)
Preise A
Kleines Haus
115

Lektion 1:

CD AUSSTELLUNG „LESS AND MORE. DAS DESIGNETHOS VON DIETER RAMS."

Auftraggeber/Client **MAK Frankfurt** Agentur/Agency **Shimada Design Inc., Osaka, Japan**

Aufgabe/Briefing Die Gestaltung soll auch ein jüngeres Publikum ansprechen, dabei jedoch der grundsätzlichen Gestaltungshaltung von Dieter Rams entsprechen. Im Vordergrund steht die Generierung von Ausstellungsbesuchen, jedoch soll auch das Thema der Ausstellung angemessen repräsentiert werden.

Umsetzung Konsequente Schwarz-Weiß-Grau Darstellung in den Werbemitteln, Katalog mit hoher visueller und haptischer Qualität, A0 Plakate in Echtfarben gedruckt, Fotografien von Koichi Okuwaki.

Assignment/Briefing The design should also appeal to a younger audience, but use the general design approach of Dieter Rams. Primary interest is generating visitors to the exhibition and to represent the ideas of the exhibition.

Implementation Consistent use of black-white-grey images, catalog with high visual and haptic quality, A0 posters printed in true colors, photography by Koichi Okuwaki.

22. Mai bis 5. September 2010
Less and More
Das Designethos von
Dieter Rams
Öffnungszeiten:
Dienstag bis Sonntag 10:00 bis 17:00 Uhr
Mittwoch 10:00 bis 21:00 Uhr
JCDecaux
Frankfurt Airport

PA 1

T 1000

HLD 4

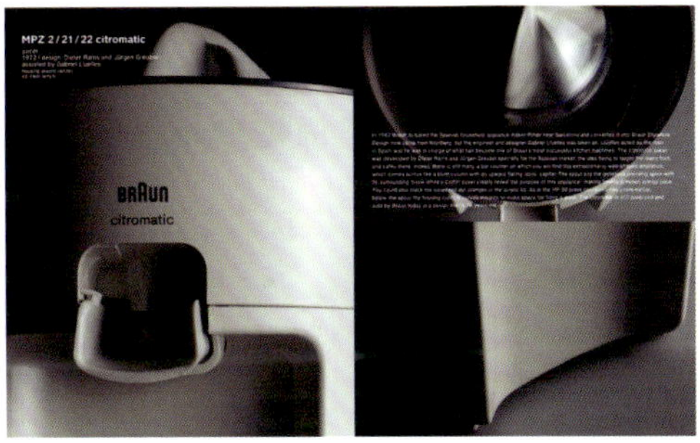
MPZ 2 / 21 / 22 citromatic
BRAUN
citromatic

AUDI A8 MAILINGS Auftraggeber/Client **AUDI AG** Agentur/Agency **Gingco.Net Werbeagentur GmbH & Co. KG**

Aufgabe/Briefing Entwicklung eines mehrstufigen Mailings zur Markteinführung des neuen Audi A8. Die Adressaten: Eine automobil-affine Premium-Zielgruppe, sowohl Audi Kunden als auch Fremdmarkenfahrer. Motto: „Der Audi A8. Die Kunst, voraus zu sein." Kreativer und qualitativer Anspruch der Mailings sollte dem Oberklasseniveau des Audi A8 entsprechen. Der A8 ist schon immer das Flaggschiff der Audi Flotte. In ihm konzentriert sich das gesammelte automobile Know-how der letzten 100 Jahre Vorsprung durch Technik.

Umsetzung Die Maxime: Reduktion auf das Wesentliche. Der farbreduzierte Look wurde durch Rot und effektvollen Glanzlack ergänzt. Der sparsame Einsatz von Typografie und die großen, hellen Flächen lassen die Mailings sehr hochwertig erscheinen. Das Hauptmailing im Hardcover wird zum exklusiven Sammlerstück.

Assignment/Briefing To develop a multistage mailing publicizing the market launch of the new Audi A8 with the slogan, "The Audi A8. Always one step ahead." The recipients will be a premium target group of car enthusiasts, including both Audi customers and drivers of competitor brands. The creative, high-quality mailing should focus on the Audi A8 as a luxury vehicle, as it's still the flagship of the Audi range. The Audi A8 embodies the cumulative vehicle expertise of the last 100 years of "Vorsprung durch Technik."

Implementation Our approach centers on reducing things to the bare essentials. The color red and an attractive high-gloss varnish have been used to complement the subtle color scheme. The limited use of text and the spacious, bright surfaces give the mailings a high-class look. The main mailing features a hardback binding, making it an exclusive collectors' item.

Die
Kunst,
voraus
zu sein.
Ein ungemein starker Motor:
die Kraft einer Vision. Die Idee
vom Automobil der Zukunft.
Die Synthese von Luxus und
Sportlichkeit, von Komfort
und Eleganz. Diese Vision hat
uns begeistert und angetrieben.
Das Ergebnis ist der neue Audi A8.
Entdecken Sie:
Die Kunst, voraus zu sein.
Spüren Sie die ausgeprägte
Dynamik hautnah, genießen
Sie das souveräne Handling
und freuen Sie sich auf das
luxuriöse Ambiente.
Die exklusive Ausstattung
macht das außergewöhnliche
Fahrerlebnis komplett.
Lassen Sie sich inspirieren.
Voraus
fahren.

Der neue Audi A8.
Die
Kunst,
voraus
zu sein.

DIGITAL PAPER COLLECTION Auftraggeber/Client **RÖMERTURM Feinstpapier GmbH & Co. KG** Agentur/Agency **EIGA Design**

Aufgabe/Briefing Ziel war es, Designer und Drucker mit einer eigenen Papierkollektion zu motivieren, die vielfältigen Möglichkeiten von Digitaldruck in Kombination mit feinem Material kennenzulernen.

Umsetzung Die Metapher „Automobilrennsport“ vereint die speziellen Eigenschaften der „Digital Paper Collection“ – Qualität, Geschwindigkeit und kleine Auflagen – in einer plakativen Markengeschichte. Musterseiten zeigen die Kombinationen von Digitaldruck und Veredelung (zum Beispiel Unterdruckung, mehrstufige Prägung, Tagesleuchtfarben und Pantone-Toner).

Assignment/Briefing The objective was to motivate designers and printers with their own collection of digital papers, so they could get to know the wide variety of digital printing options in combination with fine materials.

Implementation The "motor racing" metaphor combines the special qualities of the "Digital Paper Collection" – quality, speed and small editions – in a striking brand story. Sample pages show the combinations of digital printing and refinement (such as multi-layer-printing, multi-stage embossing, daylight luminous inks, and pantone toners).

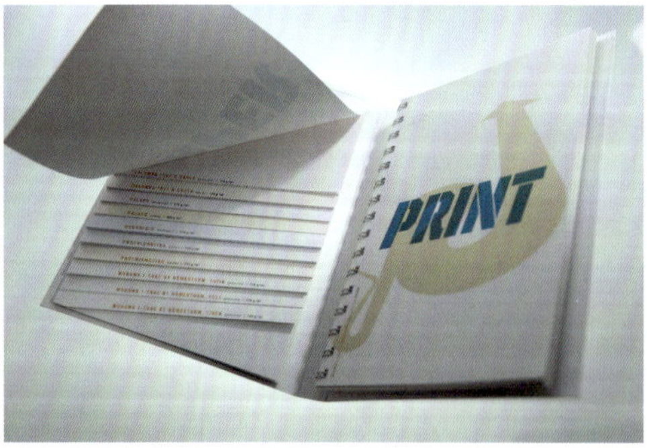

Digital Paper
DIGITAL PAPER

Need for Speed
// The Ultimate Performance: 240 A4-Seiten pro Minute / Maximales Druckformat: 31,7 x 46,4 cm / Rasterweiten von 144, 175, 180 und 230 lpi / Grammaturen von 60 bis 350 g/m²

AUS RESPEKT VOR DIR, PAPIER. Auftraggeber/Client **Heidelberger Druckmaschinen AG**
Agentur/Agency **FREIE RADIKALE Agentur für strategische Werbung**

Aufgabe/Briefing Eine hochwertige Imagebroschüre für die Heidelberger Druckmaschinen AG entwickeln, die an einen kleinen, hochexklusiven Kundenkreis verschickt wird. Thema: Der wichtigste Partner des Weltmarktführers – das Papier. Kreative Guideline: Größtmögliche formale Reduktion und dennoch klar die Technologieführerschaft kommunizieren.

Umsetzung Bei der 28-seitigen Imagebroschüre wurde kein Buchstabe gedruckt. Der Text wurde durch Laser-Stanzung und Laser-Gravur gesetzt. Die Broschüre besteht nur aus hochwertigstem Gmund-Papier. Die Bögen wurden in Handarbeit per Fadenheftung in Heftform gebracht. Das Format beträgt 20 x 20 cm.

Assignment/Briefing The assignment was to produce a high-class image brochure for Heidelberger Druckmaschinen AG which should be sent to a small and highly exclusive clientele. Topic: The most important partner for the world market leader – paper. Creative guideline: maximum formal reduction while at the same time communicating leadership in technology.

Implementation Not even one letter is printed within the 28-page brochure. The copy is set by means of laser press cut and laser engraving. The brochure is made of high class Gmund paper. The booklet is handmade using thread stitching. The dimensions are 20 by 20 cm.

RESPEKT

AUS
RESPEKT
VOR DIR,
PAPIER.

KEIN TROPFEN
DRUCKERSCHWÄRZE
SOLL DICH HEUT
BEFLECKEN

KEIN
HOCHKOMPLEXER
8 FARB-LACK-DRUCK
DEINE SCHÖNHEIT
ÜBERDECKEN.

DU WIRST
HEUT AUCH NICHT
18 000-FACH
PRO STUNDE
ANGESAUGT.

NUR
IMMERZU
BEWUNDERND
ANGESCHAUT.

KEIN DRUCK
AUF DIR VON
HOCHPRÄZISEN
WALZEN.

KEIN SPEEDMASTER-
RAUSCHEN,
KEIN STAHLFOLDER-
FALZEN.

KEIN PRINECT-
GESTEUERTER
DRUCKPROZESS.

KEIN DRUCK
AUF DIR DURCH
DRUCKTERMIN-
STRESS.

WIR LIEBEN DICH,
DU BIST GENIAL.

DU BIST
DAS WELTBESTE
MATERIAL.

RESPEKT
VOR DIR,

PAPIER.

BRECHTFESTIVAL AUGSBURG 2010 Auftraggeber/Client **Kulturamt der Stadt Augsburg**
Agentur/Agency **KW Neun Grafikagentur, Augsburg**

Aufgabe/Briefing Augsburg ehrt seinen weltberühmten Sohn Bertolt Brecht mit dem neuen BRECHTFESTIVAL AUGSBURG. Ziel ist es ein neues, weniger ideologisierendes Brecht Bild zu zeigen und eine breitere Zielgruppe zu erreichen. Ein Brecht Zitat gibt das Motto des Jahres 2010: „Der Film braucht die Kunst, die Kunst braucht den Film."

Umsetzung Entstanden ist ein intensives visuelles Profil, welches mit wenigen Zutaten eine sehr große gestalterische Flexibilität und hohe Kosteneffizienz ermöglicht: So wurden Blanko-Plakate mit Neon-Untergrund in Offset vorgedruckt. Anschließend wurden in kleineren individuellen Stückzahlen sieben unterschiedliche Motive digital eingedruckt. Runde Sticker unterschiedlicher Größe wurden als zusätzliche Störer ergänzt und frei aufgeklebt. Durch die händische Weiterverarbeitung wurde aus Vordruck, Eindrucken und Stickern nicht nur eine 7-teilge Plakatserie erstellt, sondern auch jedes Plakat zum Unikat gemacht.

Assignment/Briefing Augsburg is paying tribute to its world-famous son, poet and playwright Bertolt Brecht, with the new BRECHTFESTIVAL AUGSBURG. The aim is to present a new, less ideologizing image of Brecht and to reach a broader target group. A Brecht quote provides the motto for the year 2010: "Film needs art, art needs film."

Implementation An intensive visual profile has been created, one which with just a few ingredients enables a very large degree of flexibility in design, along with a high cost efficiency: blank posters with a neon undercoat were printed in offset. Then seven different motifs, in smaller numbers, were printed on digitally. Round stickers of various sizes were added as additional eyecatchers and stuck on at random. By being further processed manually, the combination of template, imprint and stickers not only results in a 7-part poster series, but also makes every poster unique.

BRECHT FESTIVAL AUGSBURG 2010
BRECHT FESTIVAL AUGSBURG 2010
29.01. BIS 10.02.2010
BRECHT FESTIVAL AUGSBURG
DIE LÄNGSTE FILMROLLE DER WELT

„PRAKTIKANT GESUCHT" Auftraggeber/Client **Fuenfwerken Design AG**

Agentur/Agency **Fuenfwerken Design AG**

Aufgabe/Briefing Aushänge am Schwarzen Brett oder Aufrufe über den Mailverteiler? Viel zu langweilig, dachten sich unsere Praktikanten, die auf originelle Weise ihre Nachfolger auf Fuenfwerken aufmerksam machen wollten.

Umsetzung Neongelbe und -pinkfarbene Post-it-Zettel wurden in den Toiletten der Hochschule RheinMain aufgeklebt – als Szenario des Kult-Videospiels. Die Kacheln dienten als Pixelraster für die Außerirdischen mit ihrer reduzierten Botschaft: Unsere Website-Adresse und der Vermerk „Praktikum".

Assignment/Briefing Notices on a bulletin board or recruitment by email? Far too boring, our trainees thought, who wanted to make their successors aware of Fuenfwerken in an original way.

Implementation Neon-yellow and pink colored Post-it notes were put up in the restrooms at the Wiesbaden University of Applied Sciences – as the setting for the cult video game. The tiles served as a pixel raster for the aliens with their minimalist message: our website address and a mention of "Internship."

HÖHE // 42 KACHELN
BREITE // 55 KACHELN

HKS COLOURMATCH (NR. 9–12) Auftraggeber/Client **HKS Warenzeichenverband e.V.** Agentur/Agency **CLMNZ**

Aufgabe/Briefing Die vielfältigen Möglichkeiten des Farbmanagementsystems HKS 3000+ sollen jungen Gestaltern auf Augenhöhe kommuniziert werden. Das „HKS Colourmatch" zeigt mittels interessanter Designthemen, wie Typographie und Illustration, den etwas „anderen Blick" einer kreativen Marke.

Umsetzung Achtseitiger Leporello im 2-Bruch-Parallelfalz mit zweiseitigem Einleger. Gedruckt ausschließlich mit den Volltonfarben des Systems HKS 3000+ auf Naturpapier. Die verwendeten Schriften stammen meist von jungen Gestaltern und kleinen Foundries.

Assignment/Briefing The varied possibilities of the HKS 3000+ colour management system need to be communicated in the language of young designers. "HKS Colourmatch" uses fascinating design themes such as typography and illustration to convey the "other perspective" of a creative brand.

Implementation Eight-page accordeon in double parallel fold with two-sided insert. Printed exclusively with HKS 3000+ spot colours on uncoated paper. Most of the fonts are the product of young designers and small foundries.

COLOURMATCH 12
HABEN SIE IHR GELD VERDIENT?
DER SCHEIN TRÜGT.
HKS
Geschichten aus dem Badehaus
NR. 11
ALL U NEED
CURRYWURST+
HKS 3000+

GRINGO
WER BANKNOTEN NACHMACHT
ODER VERFÄLSCHT,
ODER NACHGEMACHTE ODER VERFÄLSCHTE
SICH VERSCHAFFT
UND IN DEN VERKEHR BRINGT,
BESTRAFT.
BESTELLSCHECK
-50 %
BUS
ALL U NEED IS HKS 3000+

LEICA M Auftraggeber/Client **Leica Camera AG** Agentur/Agency **argonauten G2 GmbH – a member of Grey|G2 Group**

Aufgabe/Briefing Das M-System (seit den 20ern Herz und Seele von Leica Camera) lancierte 2009 die M9, professionelles Arbeitsgerät und Liebhaberstück in einem. Das Ziel: Leidenschaftliche Connaisseure, ambitionierte Amateure, Profis und Sammler von den neuen Stärken der M9 zu überzeugen. Mit Stil – und mit einer Story.

Umsetzung Auch nach häufigem Betrachten wird die Broschüre dank des kratzfesten matt-cellophanierten Umschlags ihrem Premiumsegment gerecht. Partielle UV-Lackierung erzeugt eine reduzierte Veredelung mit haptischem Erlebnis. Für perfekte Fotos sorgt das leicht samtige Bilderdruckpapier in höherer Grammatur.

Assignment/Briefing Leica's M system has been the brand's heart and soul since the 20s, a professional tool and collector's item in one. With the launch of the M9, the goal was to convince passionate connoisseurs, ambitious amateurs, journalists and Leica collectors of the M9's digital strengths. With style, and with a story.

Implementation The brochure says "premium" even the umpteenth time, thanks to a scratch-resistant matte envelope to protect it, a partial UV coating that gives it a refined feel you can actually, well, feel, and a slightly velvety heavyweight paper especially chosen for its excellent photo-repro characteristics.

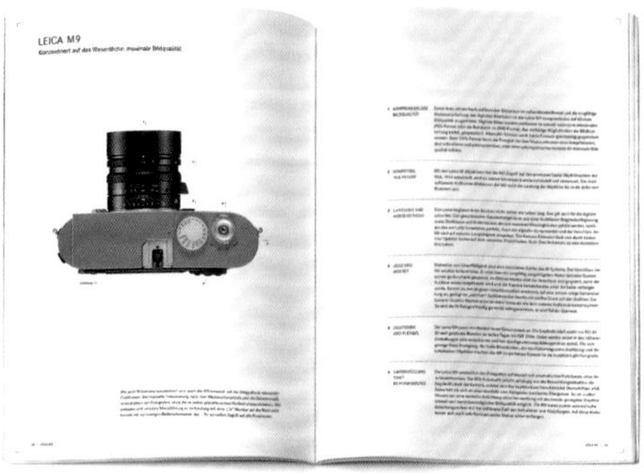

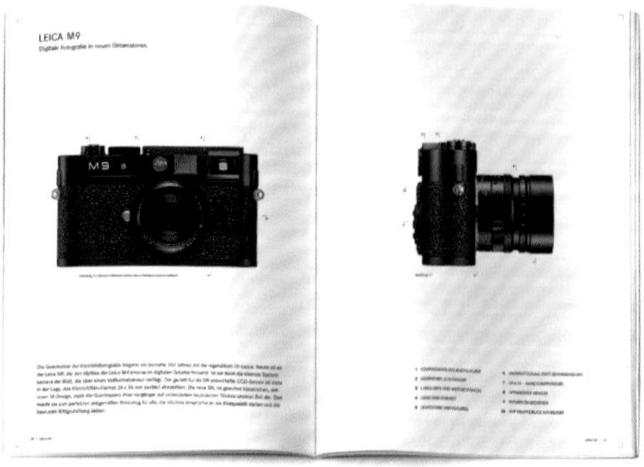

LEICA
M9
BOXING
BULL'S

TWINS
SPECIAL
LEICA NOCTILUX-M 1:0,95/50 mm ASPH.
König der Nacht.
LEICA
2008 präsentierte Leica mit dem Leica Noctilux-M 1:0,95/50 mm ASPH. das bis heute lichtstärkste asphärische Objektiv der Welt. Es löste das berühmte Leica Noctilux-M 1:1/50 mm ab, das seit 1975 im Programm war. Durch modernste Optik- und Mechaniktechnologien ist es gelungen, wesentliche Verbesserungen gegenüber dem Vorgänger vorzunehmen. Bei fast gleichen Abmessungen wurde eine spürbar höhere Lichtstärke verwirklicht. Durch die äußerst geringe Schärfentiefe bei offener Blende entstehen Porträts und Detailstudien in unnachahmlicher Ästhetik. Bereits gering abgeblendet wird eine hervorragende Abbildungsleistung erreicht, die mit dem als Referenz geltenden Leica Summilux-M 1:1,4/50 mm ASPH. vergleichbar ist. Beim Einsatz in der Available-Light-Fotografie übertrifft das Objektiv die Wahrnehmungsfähigkeit des menschlichen Auges. Durch ein Floating-Element bleibt die sehr hohe Abbildungsleistung auch im Nahbereich erhalten. Vignettierung und Verzeichnung wurden gegenüber dem 1:1/50 mm deutlich sichtbar verbessert.
LEICA M-OBJEKTIVE | 55

TEMPORÄRE ARCHITEKTUR
X
INDIVIDUELLER UMGANG MIT SYSTEMEN
X
INTELLIGENTER KOMBINATION VON ORIGINELLEN MATERIALIEN
=
EINE AUTHENTISCHE PRÄSENTATION DER MARKE.

Jürgen Blümmel, artefakt Offenbach

www.arefakt-offenbach.de

Kategorie/Category **RAUM/ARCHITEKTUR**

VORSITZENDER DER JURY/CHAIRMAN OF THE JURY

Till Schneider schneider+schumacher

Von Messeauftritten über Ausstellungsinstallationen bis zur gebauten Architektur ist die gesamte Bandbreite der Beschäftigung mit dem Raum eingereicht worden. Durchgesetzt haben sich am Ende die Arbeiten, welche Klarheit in der Konzeption mit dem bewussten und zugleich sparsamen Materialeinsatz und der folgerichtigen Umsetzung bis ins Detail auf sich vereinen.

From trade fair stands and exhibition installations to built architecture, the whole spectrum of space related projects was submitted. In the end those works prevailed that combined a clear concept with the deliberate but also economical use of materials and the consequent implementation thereof in every detail.

Diether Mehlo KSP Jürgen Engel Architekten

Pancho Ballweg BHP design ballweg & hupe partner

Elisabeth Budde TRANSPARENT Design Management GmbH

Oliver Scherdel LIVEANDWORK Interior Design and Furniture

GOLD

IHR UND WIR, GROSSE LANDESAUSSTELLUNG Auftraggeber/Client **Haus der Geschichte Baden-Württemberg** Agentur/Agency **jangled nerves**

Aufgabe/Briefing Die Große Landesausstellung „Ihr und Wir – Integration der Heimatvertriebenen in Baden-Württemberg" rückt nicht Flucht und Vertreibung in den Vordergrund, sondern macht den Eingliederungsprozess der mehr als 1,6 Millionen Heimatvertriebenen und Flüchtlinge im deutschen Südwesten erlebbar.

Umsetzung Eine begehbare, großflächige Landkarte zeigt die Vertreibungsgebiete Ost- und Mitteleuropas. Hunderte animiert auf die Karte projizierte Pfeile kennzeichnen die Flüchtlingsströme. Eine sich langsam aber unaufhörlich um ihre Achse drehende „Vertreibungstür" führt in den „Raum der Begegnungen", wo in 28 Pult-Vitrinen individuelle Geschichten aus unterschiedlichen Themenbereichen erzählt werden. Die verspiegelten Wände vervielfältigen das Feld der Vitrinen in alle Blickrichtungen ins Unendliche.

Assignment/Briefing The Major Regional Exhibition, "You and Us – Integration of Displaced Persons in Baden-Württemberg," chooses not to simply focus on the expulsion and flight of people. It takes the story of over 1.6 million expellees, and makes the process of their integration into South West Germany a real experience for visitors.

Implementation A walkable map of Eastern and Central Europe depicts the origins of the displaced persons through hundreds of animated arrows marking the routes of their escape. A slowly rotating "banishment" door leads to the "room of encounter" where 28 vitrines of various subject areas tell individual stories. The walls of the room are mirrored to extend the field of vitrines infinitely in all directions.

HEIMAT

„WELTHOLZ ON TOUR" Auftraggeber/Client **Klöpferholz GmbH & Co. KG**
Agentur/Agency **KMS TEAM**

Aufgabe/Briefing Weltholz ist die Holzimportmarke der Klöpfer-Gruppe und beliefert den Fachhandel mit Holzsorten aus aller Welt. Für die Vermarktung des umfangreichen Sortiments war ein neues Messe- und Ausstellungskonzept zu entwickeln.

Umsetzung Als Reminiszenz an den Holzimport ist ein umgerüsteter Container gleichzeitig Präsentations-, Stau- und Transportraum für alle Ausstellungselemente. Farben und Formen harmonieren mit der Sortimentsausstellung im Innenbereich des Containers.

Assignment/Briefing Weltholz is the wood import brand of the Klöpfer Group, supplying specialized dealers with different types of wood from around the world. The task: developing a new trade fair and exhibition concept to market the company's extensive product range.

Implementation Evoking the importation of timber, a converted shipping container is used to present, store and transport the elements of the exhibit. Colors and shapes harmonize with the product line exhibition in the container's interior.

Weltholz on Tour

Weltholz
Weltholz on Tour
Lumber Schnittholz
Decking Terrassendielen

SILBER

GLOCKENTURM TASCHKENT/BELFRY TASHKENT Auftraggeber/Client **Republik Usbekistan** Agentur/Agency **Ippolito Fleitz Group – Identity Architects**

Aufgabe/Briefing Im Zentrum der usbekischen Hauptstadt Taschkent bespielt ein neuer staatlicher Showroom für exklusiven usbekischen Schmuck einen historischen Glockenturm. Hier treten die gestalterischen Traditionen Usbekistans in Dialog mit einer zeitgenössischen Designsprache.

Umsetzung Die historischen Ornamente in den Fensterbögen finden sich als Reflexion auf den Edelstahlmustern im Inneren wieder während die eindrucksvolle Raumatmosphäre wiederum nach außen wirkt. Innen und außen, alt und neu gehen so eine faszinierende Synthese ein, die zum Synonym für die Marke „Usbekischer Schmuck" wird.

Assignment/Briefing In the heart of the Uzbek capital Tashkent a new jewelry showroom is housed in one of two historic belfries. The rooms translate the exclusive nature of the goods on display both thematically and functionally. In the historic setting of the belfry, Uzbekistan's design traditions melt and merge with a contemporary design language.

Implementation The historical ornamentation at the tip of the pointed arch windows casts its reflection upon the stainless steel patterns in the interior. Interior and exterior, old and new are thus conjoined and intermingle in a fascinating synthesis.

VOESTALPINE „STAHLWELT" Auftraggeber/Client **voestalpine AG**

Agentur/Agency **KMS TEAM**

Aufgabe/Briefing Für den weltweit agierenden Stahlkonzern voestalpine war ein Markenmuseum zu entwickeln, das Besuchern, in erster Linie B2B-Kunden, den Werkstoff Stahl und das Unternehmen mit einer interaktiven Ausstellung und einer räumlichen Inszenierung näherbringt.

Umsetzung 80 verchromte Stahlkugeln mit einem Durchmesser von bis zu 2,50 Metern sind nach der Molekularstruktur von Eisen angeordnet und vollständig von einer 700 m^2 großen LED-Hülle umgeben. Einzelne Kugeln sind begehbar als Terminals eingerichtet, die Handläufe sind interaktiv.

Assignment/Briefing To develop a brand museum for the international steel corporation voestalpine that teaches visitors, primarily B2B customers, about steel and the Company with an interactive exhibition and three-dimensional installation.

Implementation 80 chrome-plated steel spheres with a diameter of up to 2.5 meters are arranged according to the molecular structure of iron and enveloped by a 700 m^2 LED mantle. Some spheres are accessible serving as terminals, the handrails are interactive.

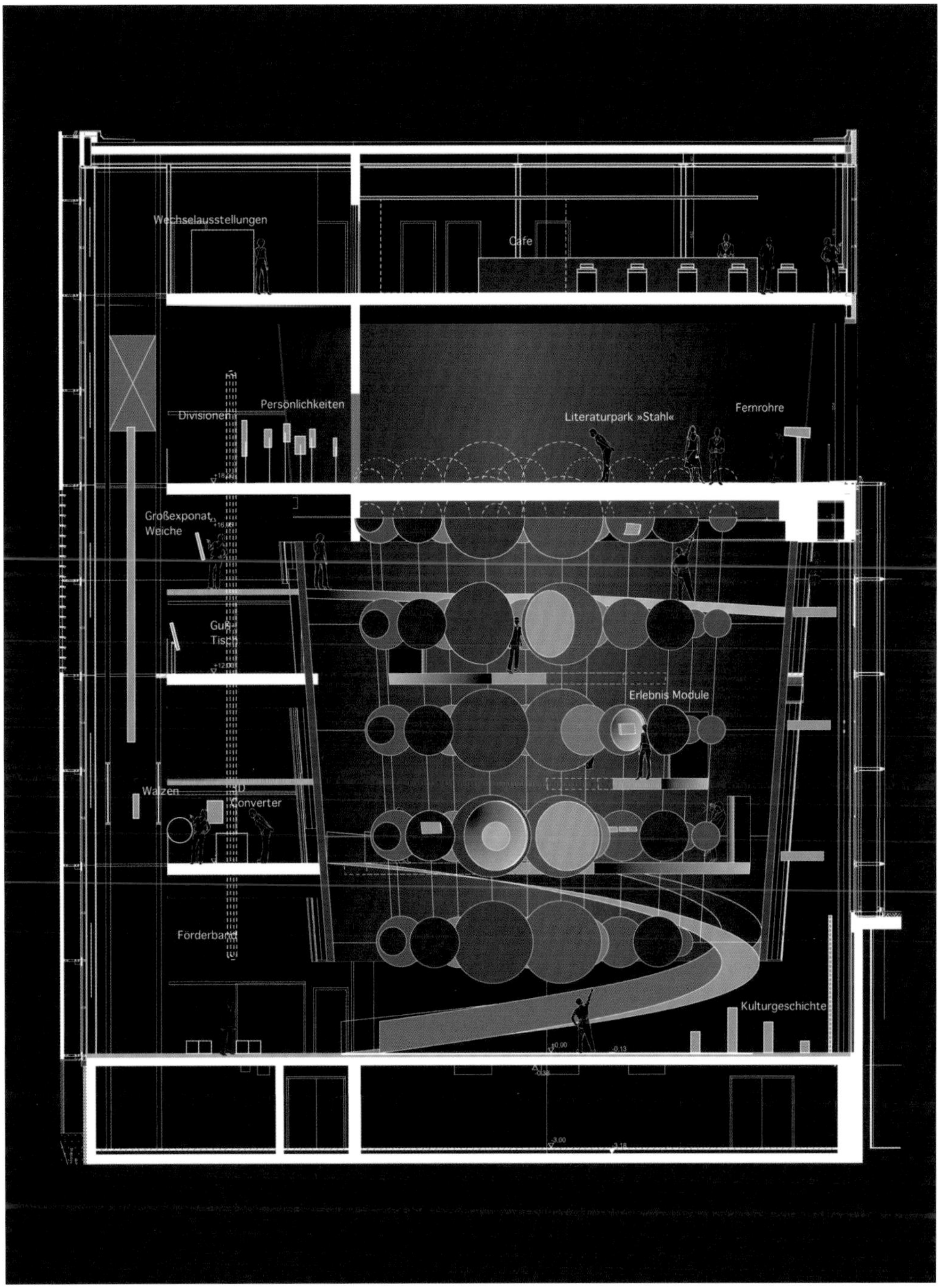

Wechselausstellungen
Cafe
Divisionen
Persönlichkeiten
Literaturpark »Stahl«
Fernrohre
Großexponat
Weiche
Guß-
Tisch
Erlebnis Module
Walzen
3D
Converter
Förderband
Kulturgeschichte

DEUTSCHES CURRYWURST MUSEUM Auftraggeber/Client E.I. Edutainment International GmbH Agentur/Agency Atelier Markgraph

Aufgabe/Briefing Scharf, heiß, fettig: Die Currywurst ist der Deutschen liebste Wurst. Mit dem Deutschen Currywurst Museum in Berlin soll dem Lieblingssnack von Schimanski und Altkanzler Schröder zum 60. Geburtstag die gebührende Ehre erwiesen werden.

Umsetzung Das Museum macht mit zahlreichen Exponatstationen das Phänomen Currywurst in seiner Vielfalt erfahrbar. In Themenbereichen erfahren die Besucher, wer den Kultsnack erfunden hat, was in ihm steckt oder in welchen Filmen er der Star ist. Eine dicke rote Soßenspur führt die Besucher auf Entdeckungstour durch die Ausstellung.

Assignment/Briefing Spicy, hot and greasy: the "currywurst" is Germany's favorite sausage. The favorite snack of German celebrities like Schimanski and former Chancellor Schröder shall be honored with a museum on its 60th anniversary.

Implementation The museum with its interactive stations focuses on the large variety of topics concerning the "currywurst." In different theme zones visitors can find out who invented Germany's favorite sausage, what is inside, and which movies it has stolen the show in. A thick sauce trail guides the visitors round the exhibition.

CURRY
GEWÜRZKRÄMEREI
DIE MISCHUNG MACHT'S
IT'S ALL IN THE MIXTURE

In Berlin ...
United Colors of Currywurst
Wittys Imbiss
Krasselts

LICHT AM ENDE DES TUNNELS – LUMINALE 2010

Auftraggeber/Client **Eine Kooperation von Schauspiel Frankfurt, Verkehrsgesellschaft Frankfurt a.M. und Atelier Markgraph**
Agentur/Agency **Atelier Markgraph**

Aufgabe/Briefing Das Schauspiel Frankfurt will zum Lichtkultur-Festival „Luminale 2010“ im urbanen Raum ein Zeichen für seinen aktuellen Spielplan setzen.

Umsetzung Die U-Bahn-Station „Willy-Brandt-Platz“ wird zur unterirdischen Bühne für ein interaktives Text-Schauspiel, das Fahrgäste und Passanten zu Akteuren der aktuellen Stücke des Schauspiel Frankfurt macht. Frei nach der These „Wir alle spielen Theater“ des US-Soziologen Erving Goffman rückt die menschliche Interaktion in den Mittelpunkt der Installation. Fahrgäste und Passanten können durch ihre Bewegungen Zitate aus den aktuellen Stücken des Schauspiel Frankfurt abrufen. Betritt ein Akteur eines der auf dem Boden markierten „Rollenfelder“, aktiviert er Licht, LED und Ton. Über die Bespielung der LED kann er mit anderen Akteuren in Dialog treten.

Assignment/Briefing On the occasion of the light culture festival “Luminale 2010,” the Schauspiel Frankfurt would like to highlight the current season’s plays in a public space.

Implementation During the festival, the Willy-Brandt-Platz underground station becomes the stage for an interactive text-based play – with passengers and passers-by as the actors of the current plays of the theatre Frankfurt. Effectively adopting the credo of U.S. sociologist Erving Goffman, who stated that “We are all actors,” the human interaction becomes the centre of the installation. Passengers and passers-by can activate quotes taken from the plays in Schauspiel Frankfurt’s current program. By stepping on one of the “role fields” on the floor, they can trigger light, LEDs and sound. With the aid of media feeds on the LED, they can even enter into a dialogue with their fellow participants.

ICH TANZE ALLEINE.

WIRST MEINER LIEB
NICHT ENTGEHE
HORVÁTH. GESCHICHTEN AUS DEM WIENER WALD
ICH BIN VON ALLEN
SEITEN GLEICH SCHÖN.

BRONZE

AUDI AREA 1 ROADSHOW Auftraggeber/Client **Audi AG**

Agentur/Agency **MUTABOR Design GmbH/Schmidhuber + Partner**

Aufgabe/Briefing „Vorsprung durch Technik" – das Credo der Marke Audi ist Ausdruck von technischer Perfektion, innovativen Ideen und kreativem Handeln. In verschiedenen Eventplätzen weltweit hat Audi bereits gezeigt, dass Audi als Marke vor allem „Erlebnis" bedeutet. Ob am Wörthersee, in Miami oder Genf, Audi zeigt seine Kompetenz zum Thema „Markenerlebnis" auf vielfältige Weise. Nun sollte der neue Audi A1 in einer Roadshow zu einem öffentlichen Markenerlebnis mitten im Herzen der europäischen Metropolen werden und dort vor allem Menschen anziehen, die kleine effiziente Autos mit dem Prestige der Premium-Marke lieben.

Umsetzung Die Kommunikation rund um den Audi A1 verbindet Informationen mit Emotionen und macht spielerische Angebote, die Features des nächsten großen Audis zu entdecken. Oder einfach seiner Fantasie freien Lauf zu lassen und für den A1 eine eigene Welt zu kreieren. Hauptattraktion der AreA1 ist die Driving-Experience mit dem neuen Audi A1. Dabei erleben die Gäste als Beifahrer auf einem extremen Fahr-Parcours, wie sportlich der Audi A1 ist. Die Audi Effizienz-Spiele vermitteln spielerisch, warum der Audi A1 so gut in die Zeit passt. Das Involvement der Gäste gelingt durch die Open-Lounge-Architektur, Musik und Grüße aus der Jukebox, WLAN, Kreativ-Aktionen, Game-Konsolen, lokale Live-Künstler, Give-aways und gekühlte Drinks.

Assignment/Briefing "Vorsprung durch Technik" – the motto of the Audi brand is an expression of technical perfection, innovative ideas and creative action. In different locations around the world, Audi has proven that the Audi brand stands for "adventure." Be it at Lake Wörth, in Miami or Geneva, you can be sure to enjoy the Audi "brand experience" in ways as individual as you are. The new Audi A1 will be a public brand experience in a road show travelling to the heart of major European cities, primarily attracting people who love small and efficient cars that have the prestige of a premium brand.

Implementation Communication about the Audi A1 combines information and emotion, proposing exciting ways to discover the features of the next big Audi. Or simply let your imagination run wild and create your own world for the A1. The driving experience of the new Audi A1 is the main attraction of AreA1. Visitors can ride shotgun around the extreme circuit to find out just how sporty the Audi A1 is. The Audi efficiency games communicate in an entertaining way why the Audi A1 is such a great car for today. Visitors get involved through the open-lounge architecture, music and greetings from the jukebox, WLAN, creative activities, gaming consoles, local live artists, give-aways and frozen drinks.

Gallery
Martin Allais

EXPO 2010: THEMENPAVILLON URBAN PLANET

Auftraggeber/Client **Bureau of Shanghai World Expo Coordination** Agentur/Agency **Triad Berlin Projektgesellschaft mbH**

Aufgabe/Briefing Der Urban Planet illustriert das zentrale Motto der Expo: Better City, Better Life. Auf 12.000 qm sollen 60.000 Besucher täglich mit der Geschichte der Urbanisierung im Zeitalter von Klimawandel und Globalisierung konfrontiert und für die Notwendigkeit eines ökologischen Umdenkens sensibilisiert werden.

Umsetzung Während die Road of Crisis eindrücklich die Zerstörung unseres Planeten visualisiert, präsentiert die Road of Solutions Konzepte für eine bessere, grünere Zukunft. Zwei spektakuläre Medieninszenierungen machen den Besuchern klar, dass es nur gemeinsam gelingen wird, unseren Planeten zu retten.

Assignment/Briefing The Chinese theme pavilion Urban Planet illustrates the overall EXPO motto Better City, Better Life. On 12,000 square meters, the visitors are confronted with the history of urbanization in the age of climate change and globalization. They are also sensitized to an imperative change of thinking in the ecological issue.

Implementation Whereas the Road of Crisis outlines in a compelling manner the destruction of our planet, the Road of Solutions presents approaches to a better and greener future. Two spectacular media installations iterate that we can save our planet only as global community.

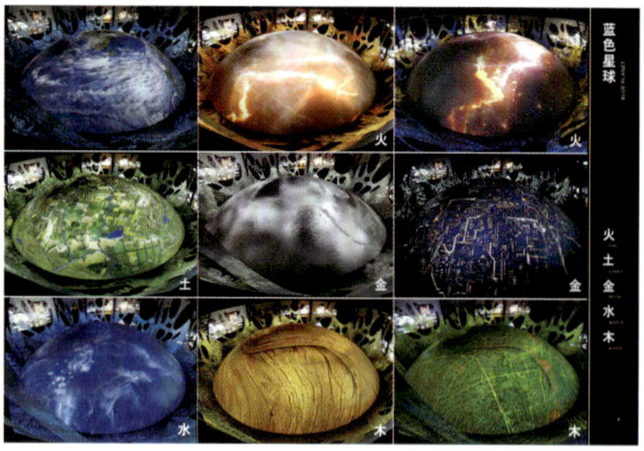

城市蔓延
URBAN SPRAWL

危机之道
ROAD OF CRISIS
水
火
FIRE
金
木
土

ONE SOURCE – ONE SYSTEM – LICHTQUALITÄT IN ALLEN LEBENSBEREICHEN

Auftraggeber/Client **Occhio GmbH** Agentur/Agency **Martin et Karczinski GmbH**

Aufgabe/Briefing Occhio ist ein modulares Leuchtensystem, das sich mit den Bedürfnissen der Menschen weiterentwickelt. Der Messestand zur Light+Building 2010 sollte den Evolutionsgedanken der Marke transportieren und die facettenreiche Anwendungsvielfalt des Leuchtensystems anschaulich und ansprechend präsentieren.

Umsetzung Der Messestand folgt dem Leitgedanken von Occhio, „light is evolution“. Dessen aktuelle Weiterentwicklung, „One Source – One System“, wird durch einen spektakulären, in die Ausstellung integrierten Wasserfall visualisiert. Die frei schwebende Deckenkonstruktion unterstützt den offenen, einladenden Charakter des Messeauftritts.

Assignment/Briefing Occhio is a modular lighting system that carries on developing according to people's needs. The idea behind the stand at the Light+Building 2010 fair was to convey the brand's evolution concept and present the multifaceted applications of the lighting system in a graphic and appealing way.

Implementation The trade fair stand is true to Occhio's guiding concept, "light is evolution." Its current stage of development, "One Source – One System," is made visible by a spectacular waterfall integrated in the exhibition. The levitated ceiling construction underscores the open, inviting nature of the stand.

CERN | UNIVERSE OF PARTICLES Auftraggeber/Client **CERN (Conseil Européen pour la Recherche Nucléaire)** Agentur/Agency **ATELIER BRÜCKNER GmbH**

Aufgabe/Briefing Das Universe of Particles soll Dimension und Faszination der Forschungsarbeit vermitteln, die in CERN rund um den Teilchenbeschleuniger geleistet wird. Es gilt, einzigartige physikalische Experimente einem breiten Publikum zu vermitteln.

Umsetzung Kugelförmige Ausstellungseinheiten setzen sich zu einem Content-generierten Raumbild zusammen. Sie bieten eine Vielzahl an Informations- und Interaktionsmöglichkeiten. Während der Main Show wird der Raum selbst zum Exponat.

Assignment/Briefing The Universe of Particles is intended to make the dimension of the research work which takes place at the particle accelerator in CERN accessible to the general public. The exhibition conveys the unique physics experiments to a wider audience.

Implementation Spherical exhibition units are composed to form a content-generated narrative space. They offer a variety of possibilities for information and interaction. By means of film, sound and light choreography the room itself becomes an exhibit.

MESSEAUFTRITT DER FIRMENGRUPPE LIEBHERR AUF DER BAUMA MÜNCHEN 2010

Auftraggeber/Client **Liebherr International Deutschland GmbH, Biberach**
Agentur/Agency **Kauffmann Theilig & Partner, Freie Architekten BDA**

Aufgabe/Briefing Die wesentlichen Vorgaben waren, einen neuen, selbstbewussten und eigenständigen Auftritt der Firma zu konzipieren, welcher für die ungeordnete und unübersichtliche Komplexität des Baumaschinenprogramms ein einheitliches Bild bietet und für einen mehrmaligen Einsatz gedacht ist.

Umsetzung Ein halbtransparenter, weißer Filter markiert weithin sichtbar die Standfläche und ist im Innenbereich Hintergrund für die Präsentation der Exponate. In die modulare Standkonstruktion eingebunden sind alle Innenräume in zwei versetzten Gebäuderiegeln. Auf Balkonen hat der Besucher einen Überblick über die geordnet aufgestellten Exponate im Innenbereich.

Assignment/Briefing The main requirements were to design a new, self-confident and unique stand for the company that presents consistency in contrast to the confusing and complex range of construction machines. The stand was to be designed for multiple use.

Implementation Visible from a far distance is a semitransparent white filter that marks the area and creates the background for the exhibits. All indoor rooms are arranged in two staggered wings of the building which are also the filter built in a modular steel construction. Balconies offer a view over the orderly placed exhibits within the stand.

LIEBHERR
LIEBHERR

LEBENSMITTELSUPERMARKT Auftraggeber/Client **Gretenkord Bau**
Agentur/Agency **DEGENER Architekten.**

Aufgabe/Briefing Kreierung einer für Supermärkte andersartig maßgeschneiderten architektonischen Figur als weiterer Beitrag zu Lösungen, die die zumeist stereotypen gestalterischen Erwartungen an Supermärkte erneuern aber auch die erforderliche Funktionalität aus zunächst rationalen Strukturelementen aufweisen.

Umsetzung Die Verkleidung aus metallisch-goldener Schindelfassade und das schwebende Flugdach veredeln das Objekt und akzentuieren den schwierigen zurückliegenden Grundstücksbereich als neuen stadträumlichen Schwerpunkt.

Assignment/Briefing Creation of a tailor-made architectural piece that is different for supermarkets as a further contribution to solutions that renew the usually stereotyped design expectations of supermarkets but also demonstrate the necessary functionality consisting of initially rational structural elements.

Implementation The cladding from metallic gold shingle facade and the floating flying roof refine the property and accentuate the difficult previous real estate area as a new focus of urban space.

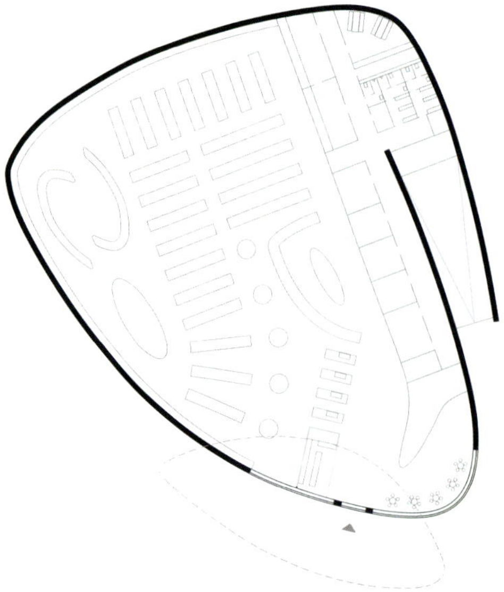

AWARD

YOU SAY YOU WANT A REVOLUTION Auftraggeber/Client **Schauspiel Frankfurt**

Agentur/Agency **Atelier Markgraph**

Aufgabe/Briefing Das Schauspiel Frankfurt startet in die Saison 2009/2010 mit dem neuen Intendanten Oliver Reese und einem jungen Ensemble. Eine mehrstufige Inszenierung soll den Neubeginn im öffentlichen Raum bekannt machen.

Umsetzung Erster Schritt der Aktion: Nach dem Wochenende der Bundestagswahl werden 2.200 Wahlplakate über Nacht durch Porträts der Schauspieler und Stückzitate der neuen Spielzeit ersetzt. Schritt 2: Zu Beginn der Spielzeit überrascht das Schauspiel Frankfurt mit überlebensgroßen Porträts der Schauspieler auf seiner Fassade. Im Dezember schließlich verwandelt sich die U-Bahn-Station Willy-Brandt-Platz in eine Theaterstation.

Assignment/Briefing Schauspiel Frankfurt kicks off the 2009/2010 theatre season with a new director, Oliver Reese, and a new ensemble – and publicizes the fresh beginning with a multi-stage event.

Implementation In stage one, portraits of the actors – together with quotes from the upcoming season's plays – appear overnight on 2,200 Bundestag election posters after the weekend's voting is completed. At the start of the season, the theatre surprises once again, this time with larger-than-life portraits of the actors on the theatre's facade. Then in December, the adjacent underground station Willy-Brandt-Platz is given a theatre theme to match.

S WAR DIE
CHTIGALL
SCHAU
SPIEL
FRANK
FURT

SCHAU
SPIEL
FRANK
FURT
YOU SAY YOU WANT
A REVOLUTIO

AUDI DESIGN MIAMI 2009 – ART IN PROGRESS Auftraggeber/Client **Audi AG**

Agentur/Agency **MUTABOR Design GmbH**

Aufgabe/Briefing Das Jubiläumsjahr zum 100sten Geburtstag der Marke Audi wurde mit einem fulminanten Höhepunkt beendet: Am 30. November 2010 feierte der neue Audi A8 seine Weltpremiere im außergewöhnlichen Ambiente der Stadt Miami. Dort sollte das neue Flaggschiff der Marke in einer neuartigen Installation den Messebesuchern der Art Basel Miami Beach und der Design Miami als Weltpremiere präsentiert werden: Im Zentrum der Vernissage „The Art of Progress".

Umsetzung Die Besucher der Design Miami erleben den neuen Audi A8 als besonderes Highlight. Die Installation „The Art of Progress" inszeniert den neuen Audi A8 in einem ungewöhnlichen Perspektive-Wechsel. Man betritt, scheinbar zu Miniatur geschrumpft, ein überskaliertes Lounge-Ambiente. Auf dem zentralen Tisch ruht wie ein kostbares Design Unikat der neue Audi A8. Einzigartig ist auch das Thema der integrierten Live-Performance: Ein Illustrator verwandelt dabei mit künstlerischer Finesse Servietten in ästhetische Einzelstücke.

Assignment/Briefing The Audi brand's 100th anniversary came to an end with a spectacular highlight. On November 30th, 2010 the new Audi A8 celebrated its world premiere in the unique setting of Miami. Visitors to Art Basel Miami Beach and Design Miami were privileged to view the world premiere of the brand's new flagship, presented in a new installation. It was the centre of attraction at the opening of "The Art of Progress."

Implementation Visitors at Design Miami can appreciate the special highlight of the new Audi A8. "The Art of Progress" installation showcases the new Audi A8 using unusual changing perspectives. Visitors will feel they have shrunk in size when they enter the scaled-up lounge setting. An exquisite unique model of the new Audi A8 waits on the central table. The integrated live performance is also unique: an illustrator turns napkins into aesthetic pieces of art, each one is individual.

„BALANCITY" – DER DEUTSCHE PAVILLON EXPO 2010, SHANGHAI

Auftraggeber/Client **Bundesministerium für Wirtschaft und Technologie vertreten durch Koelnmesse International GmbH** Agentur/Agency **Schmidhuber + Partner/Milla & Partner/ Nüssli (Deutschland) GmbH**

Aufgabe/Briefing Im Rahmen der EXPO 2010 „Better City, Better Life" präsentiert sich Deutschland als Ideen- und Impulsgeber für eine nachhaltige Stadt.

Umsetzung Der Deutsche Pavillon trägt den Namen „balancity", ein Kunstwort aus „Balance" und „City", und greift mit der Idee von einer Stadt im Gleichgewicht das EXPO-Motto „Better City, Better Life" auf. Als begehbare Raumskulptur macht der Deutsche Pavillon die Vielfalt des Lebens in der Stadt von heute und morgen erfahrbar.

Assignment/Briefing Germany, within the framework of EXPO 2010 "Better city, Better Life," presents itself as an innovative nation showing urban strategies and sustainable development.

Implementation "balancity" is devoted to the subject of "balance" in a city worth living in. As a walk-through sculpture the German Pavilion expresses the variety of life in the city of today and tomorrow.

德国
GERMANY

PALACE OF INTERNATIONAL FORUMS „UZBEKISTAN" Auftraggeber/Client **Republik Usbekistan** Agentur/Agency **Ippolito Fleitz Group – Identity Architects**

Aufgabe/Briefing Der Palace of International Forums „Uzbekistan" steht mitten im Zentrum Taschkents am Amir-Timur-Platz. Das wichtigste Repräsentationsgebäude des Landes ist angelegt als Plattform für Staatsakte, Kongresse, Konferenzen und kulturelle Höhepunkte.

Umsetzung Aufgabe war es, den Innenräumen eine zeitgemäße Form zu geben, in die traditionelle Elemente usbekischer Architektur einfließen. Entstanden sind weltoffene, kommunikative Räume mit exklusiver Stofflichkeit. Flächenornamente, organische Bewegungen, Kristalle, edelste Metalle sowie Spiele mit Kunst- und Sonnenlicht werden zu Quellen der Inspiration.

Assignment/Briefing The Palace of International Forums "Uzbekistan" stands on Amir Timur Square in the very center of Tashkent. The country's most important representative building is designed as a platform for hosting acts of state, congresses, conferences and other cultural highlights.

Implementation Our task was to give the interior a contemporary form, while incorporating elements from traditional Uzbek architecture. The result is a cosmopolitan, communicative interior clothed in exclusive materials. Planar ornamentation, organic movement, crystals, precious metals and a fascinating interplay of artificial and natural light all become a source of inspiration.

CONRADT OPTIK Auftraggeber/Client **Conradt Optik GmbH**
Agentur/Agency **Ippolito Fleitz Group – Identity Architects**

Aufgabe/Briefing Mit dem Umbau wird Conradt Optik an die nächste Inhabergeneration übergeben, die das Geschäft mit einem ausgewählten Markensortiment und mit Fokus auf die persönliche Beratung positioniert.

Umsetzung Der Raum kann über zwei Eingänge betreten werden, die auf den zentralen Tresen zuführen. Eine organisch geschwungene Rückwand verbirgt die Werkstätten und teilt den Laden für einzelne Produktgruppen auf. In diese eingelassen sind hinterleuchtete Schächte für die Präsentation und flächenbündige Schubladen für die Aufbewahrung der Produkte. Die abgesetzte beziehungsweise mit einer Linienstruktur versehene Decke differenziert Bewegungs- und Beratungsbereich.

Assignment/Briefing The refurbishment of Conradt Optik coincides with the business being handed over to the next generation of owners, who wish to position the business with a selected range of brands and a focus on individual customer care.

Implementation The interior can be accessed through one of two entrances, both of which lead to the central service counter. An organically curving rear wall masks the workshop areas and divides the shop into zones. Fitted into the rear wall are long backlit presentation bays and flush-set drawers for accessible product storage. The ceiling is decorated with a pattern of lines and differentiates the customer service area from the shop floor.

MAGIC BOX – STATE GRID PAVILION Auftraggeber/Client **IBM China für SGCC**

Agentur/Agency **ATELIER BRÜCKNER GmbH**

Aufgabe/Briefing Der chinesische Energieversorger State Grid Corporation of China präsentiert sich auf der EXPO 2010 in Shanghai. Es gilt, Aufgaben und Visionen des Unternehmens im Hinblick auf das Expo-Motto „Better City – Better Life" nachhaltig und eindrucksvoll zu vermitteln.

Umsetzung Das Stromnetz „Grid" wird zum Leitmotiv der Architekturinszenierung. Der Besucher taucht ein in eine sechsseitige filmische Bespielung, die nachhaltige Energieübertragung als Raumerlebnis erfahrbar macht. Prolog und Epilog zeigen ein Grid, aus dem heraus sich die Filmräume eröffnen.

Assignment/Briefing The State Grid Corporation of China, national company for the transmission and distribution of energy, presents itself at Expo 2010 in Shanghai. The company's responsibilities and visions are communicated according to the Expo motto "Better City – Better Life."

Implementation The electric power grid becomes the leitmotiv of the staged architecture. The visitors are invited to experience an immersive cubic film installation consisting of six screens in order to make sustainable energy supply perceivable. Prologue and epilogue form a grid out of which the virtual space opens.

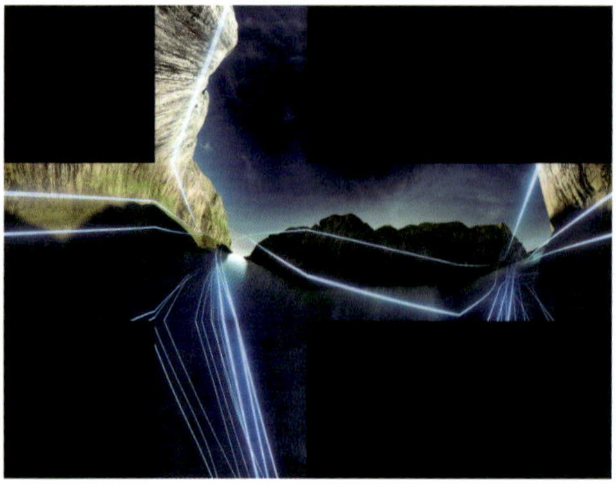

AUSSTELLUNG „TIEFENDESIGN" Auftraggeber/Client **KMS TEAM GmbH**
Agentur/Agency **KMS TEAM**

Aufgabe/Briefing Aus Anlass der Ernennung zur „red dot design agency of the year 2009“ konzipierte KMS TEAM die Ausstellung „Tiefendesign“ im red dot museum Essen, die Einblicke in das Unternehmen und seine Denkweise gibt.

Umsetzung In einer audiovisuellen Installation aus Bildsequenzen und Statements der Beteiligten fügen sich Arbeiten aus 25 Jahren zu einer begehbaren Reportage, durch die der Besucher KMS TEAM kennenlernt. Die digitale Kurzversion gibt es unter www.tiefendesign.com.

Assignment/Briefing After being named “red dot design agency of the year 2009,” KMS TEAM created the exhibition “Tiefendesign” (“depth design”) at the red dot museum Essen to provide insights into the company and its philosophy.

Implementation The audiovisual installation of image sequences and short employee statements extends throughout the museum, allowing people to experience the agency’s work over the past 25 years. An abridged digital version is available online at www.tiefendesign.com.

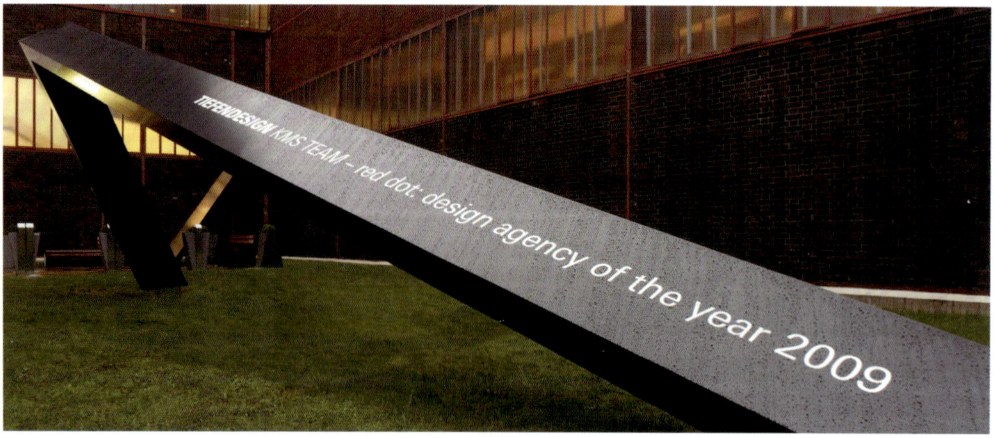

IM REICH DER SCHATTEN – LEBEN UND LIEBEN IM RÖMISCHEN TRIER/EIN MEDIALES RAUMTHEATER

Auftraggeber/Client **Generaldirektion Kulturelles Erbe Rheinland-Pfalz, Direktion Rheinisches Landesmuseum Trier** Agentur/Agency **Tamschick Media+Space GmbH**

Aufgabe/Briefing In völlig neuartiger Form werden ca. 50 monumentale, römische Grabmale und Wandreliefs in der Gräberstraße im Rheinischen Landesmuseum Trier inszeniert. Elemente aus Kino, Theater, Trickfilm und Hörspiel verwandeln mithilfe modernster Technik den stummen Museumsraum in ein immersives, narratives mediales Raumtheater.

Umsetzung Inspiriert von den frühesten Formen der römischen Komödie werden mittels einer audiovisuellen 360° Bespielung die Jahrhunderte alten, authentischen Exponate in eine emotionale Filmprojektion eingebunden und durch Bilder, Sprache und Töne zu neuem Leben erweckt.

Assignment/Briefing Approximately 50 monumental, Roman graves and wall reliefs from Trier are staged in a completely novel form at the state museum “Rheinisches Landesmuseum” in Trier, Germany. Elements from cinema, theatre, animated film and radio plays are applied using ultra modern technology to transform the silent museum room into an immersive, narrative medial spatial theatre.

Implementation Inspired by the earliest forms of Roman comedy, the authentic, original exhibits from many centuries ago are integrated into an emotional film projection and staged through an audio-visual 360° production to be given new life through images, speech and sounds.

BOCOM LIGHT + BUILDING 2010/FRANKFURT

Auftraggeber/Client **bocom GmbH**
Agentur/Agency **Ueberholz. Büro für temporäre Architektur**

Aufgabe/Briefing Im Focus der Messe stehen Neuprodukte aus den Bereichen Straßenlicht, Lightplains (Flächenlicht) und LED-Leuchtmittel. Anhand dieser sollen die Kompetenzen der Marke anwendungsorientiert präsentiert werden. Alle Produkte werden als Ausstellungsexponate und zur Inszenierung des Raumes in Funktion gezeigt.

Umsetzung Im Zentrum des Standes dient ein fünf Meter langer Tisch, als Kommunikations- und Bewirtungspunkt. Über ein Terminal können Besucher alle Leuchten steuern und eigene Lichtszenen gestalten (WYSIWYG). Produktfunktionen können vertieft werden und bocom kann sein Know-how präsentieren.

Assignment/Briefing The focus of the exhibition are new products in the areas of street lighting, Light Plains (area light) and LED bulbs. Based on these, the powers of the trademark application will be presented. All products are shown as an exhibition and staging of the exhibit space in function.

Implementation In the booth-centre a five-meter long table serves as a communication and entertainment point. Visitors can change and design light-scenes (WYSIWYG) with a terminal. Product features can be deepened and bocom presents its know-how.

Made in Germany
Das neue Licht.
ledphi.com
technik

Das neue Licht.
ledphi.com
bocom
bocom licht technik

SOUNDS. RADIO – KUNST – NEUE MUSIK Auftraggeber/Client **Neuer Berliner Kunstverein (n.b.k.)** Agentur/Agency **id3d-berlin gesellschaft für themengestaltung mbH**

Aufgabe/Briefing Im Neuen Berliner Kunstverein sollten Radiostücke zu dreidimensionalen Objekten werden. Flüchtige Audiospuren begeh- und räumlich erlebbar zu machen, war das zentrale Anliegen des dramaturgischen und raumbildnerischen Zugriffs.

Umsetzung Sendersuchnadeln gleich empfangen die Besucher durch ihre Bewegung im Raum akustische Impulse und werden dabei selbst zum Regler: Nur wenn sie in Bewegung bleiben, bleibt es auch der Klang – Radiokunst als komplexer Erfahrungsraum.

Assignment/Briefing In the n.b.k. radio plays were to be turned into three-dimensional objects. To convert fleeting traces of audio material into a traversable and spatial experience for visitors was the key concern of the exhibition dramaturgy and architecture.

Implementation Like the search needle trying to pick up a station frequency, visitors receive acoustic impulses created by their own movement in space, so that they themselves become the control dials: only when they keep moving does the sound continue – radio art as a complex realm of experience.

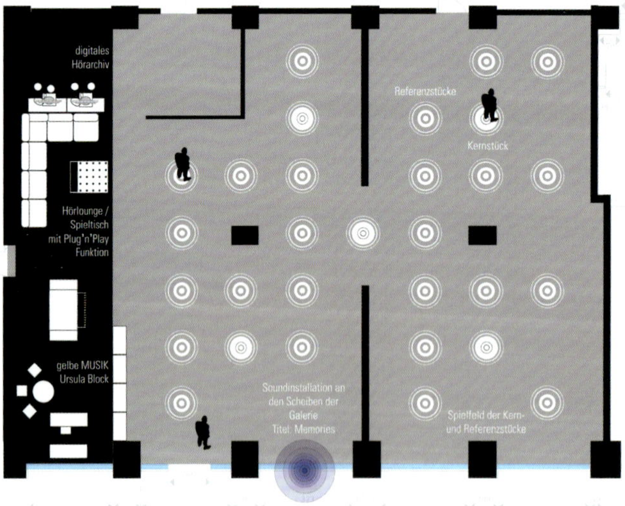

Foto: Jens Ziehe

Foto: Ruudi Beier

Foto: Jens Ziehe

MESSESTAND UND KINETISCHE LICHTINSTALLATION ZUR „100% DESIGN LONDON 2010" FÜR ROCA SANITARIO Auftraggeber/Client **Roca Sanitario, S.A.**
Agentur/Agency **WHITEvoid interactive art & design**

Aufgabe/Briefing Der weltweit operierende spanische Badausstatter Roca will sich auf der „100% Design" Messe in London 2010 als modernes designorientiertes Unternehmen präsentieren. Die Designaffinität des Unternehmens soll aber nicht durch die Präsentation der eigentlichen Produkte, sondern durch einen als Gesamtkunstwerk wirkenden Messestand hervorgehoben werden.

Umsetzung WHITEvoid gestaltet für Roca einen glänzend schwarzen monolithischen Messestand als Plattform für die eigens für diese Präsentation entwickelte kinetische Lichtinstallation „The WAVE". Die generativ vom Rechner erzeugten und gesteuerten wellenförmigen blauweißen Lichtanimationen symbolisieren das Hauptelement von Roca, Wasser. Auf blauem Licht schwebende Sitzelemente laden zum Verweilen und Eintauchen in die Gefühlswelt von Roca ein.

Assignment/Briefing The international bathroom appliances company Roca desired to present its design affinity at the "100% Design" exhibition in London 2010. This would not have been achieved by showing their existing high level design products conventionally, but by presenting their trade fair stand as a stand alone piece of art.

Implementation WHITEvoid designed a black monolithic trade fair stand as a stage for the specially developed kinetic light sculpture "THE WAVE." The sculptural hanging light arrangement forms generative wave patterns complimented by blue light animations, symbolizing the main element of ROCA, water.

Roca
Roca
Roca

ALBRECHTSBURG MEISSEN – JUBILÄUMSAUSSTELLUNG Auftraggeber/Client **Staatliche Schlösser, Burgen und Gärten Sachsen** Agentur/Agency **Gerhards & Glücker Architekten und Designer**

Aufgabe/Briefing Nach dem Bau der Albrechtsburg in den Jahren 1472–1485 und dem Auskleiden des Hauses mit historisierenden Wandgemälden und Objekten im 19. Jahrhundert, sollte eine Dauerausstellung in dieses Haus mit seiner hohen atmosphärischen Dichte und seiner Vielzahl an virtuos ausgeprägten Geometrien, Strukturen, Oberflächen und Details installiert werden.

Umsetzung Das Konzept sieht das Einbringen einer dritten Schicht in das Gebäude vor, welche sich vom Bestand klar lesbar trennt. Hinsichtlich der Morphologie beziehen sich die Präsentationselemente auf die in der Architektur Arnold von Westfalens angelegten Prinzipien Symmetrie/Asymmetrie und Skulpturalität/Orthogonalität. Die matt-reflektierende Aluminiumoberfläche der Körper geht einen Camouflage-Effekt mit der Umgebung ein: Die neue Architektur wird Teil des Ganzen.

Assignment/Briefing The Albrechtsburg castle in Meissen was built between 1472 and 1485. Its interior was extensively decorated with historical wall paintings and objects of the 19th century. Following these past transformations, the task was to install a new permanent exhibition within the castle's complex spaces, which are characterized by a high degree of atmospheric density, and by geometries, structures, surfaces and details that show a distinct level of virtuosity.

Implementation The design envisaged the introduction of a "third layer," which was to be clearly detached from any existing structures. The morphology of the exhibition furniture is related to key principles underlying the architecture of the castle designed by Arnold von Westfalen, such as symmetry/asymmetry, and sculptural quality/orthogonality. The matt-finished aluminum surfaces of the displays create a specific reflecting effect, which makes them camouflage with their surroundings, the new architecture becomes part of the whole.

HÄNDEL-HAUS HALLE – DAUERAUSSTELLUNG Auftraggeber/Client **Stiftung Händel-Haus Halle** Agentur/Agency **Gerhards & Glücker – Architekten und Designer**

Aufgabe/Briefing Im Mittelpunkt der Umgestaltung des Geburtshauses Georg Friedrich Händels und der Integration einer neuen Dauerausstellung steht die Frage: Welche Möglichkeiten haben wir, das Leben des Barockkomponisten und seine Musik innerhalb einer Ausstellung plastisch und zeitgemäß zu vermitteln?

Umsetzung Das barocke Wohnhaus wird durch ein neues Ausstellungsvokabular zu einem Ausstellungshaus umgewandelt. Im Barock angelegte Themen wie Ornamentik, die Farbe Weiß und das Thema Licht/Schatten werden neu interpretiert. Klassische Präsentationsmöbel werden in eine zeitgenössische Sprache transferiert und generieren im Zusammenspiel komplexe und atmosphärische Raumbilder.

Assignment/Briefing The question of how it would become possible to convey the music and life of the baroque composer in an exhibition in a vivid and contemporary way was a central aspect in the remodeling of Georg Friedrich Händel's birthplace, and the creation of a new permanent exhibition within its spaces.

Implementation Through the insertion of new exhibition architecture, the baroque residence was turned into a museum. In this process elements of baroque architecture such as ornamentation, the color white, and the issue of light and shadow were reinterpreted. The displays and exhibition furniture were based on traditional examples, which were translated into a contemporary language. The interaction of these elements generates complex and atmospheric spatial images.

Händel-Denkmals

ORIENTIERUNGS- UND LEITSYSTEM TIEFGARAGE HOCHHAUS AM PARK, FRANKFURT Auftraggeber/Client MMZ Architekten GmbH Agentur/Agency quandel design und kommunikation

Aufgabe/Briefing Bis 2010 war die Tiefgarage im Hochhaus am Park trotz 9.500 m² Fläche auf drei Ebenen sehr kleinteilig und unübersichtlich. Die Aufgabe bestand darin, ein Leitsystem für die Autofahrer zu entwickeln, sodass jeder Besucher seinen zugewiesenen Parkplatz möglichst einfach findet. Weiter musste eine Fußgängerorientierung erarbeitet werden, um in der sehr unübersichtlichen Tiefgarage Mieter, Kunden und Besucher in verschiedene Treppenhäuser zu leiten.

Umsetzung Die Idee des Leit- und Orientierungssystems ist, gänzlich auf Schilder zu verzichten und alle Beschriftungen direkt auf die Wand zu bringen. Dies wiederum schafft die Möglichkeit, eine sehr große, plakative Typo einzusetzen, um starke Markierungen zu schaffen, die sich deutlich vom Meer aus Säulen und Kleinteiligkeit der einzelnen Parkebenen absetzen. Das komplette System wird zweisprachig realisiert, auch um internationalen Besuchern sichere Orientierung zu garantieren.

Assignment/Briefing Despite its surface area of 9,500 square meters on three levels, the underground car park in the Hochhaus am Park building was, until 2010, divided into lots of small units and as such, confusing. The brief was to develop a guidance system for the motorists that enabled them to find their allocated parking space as simply as possible. Furthermore, a pedestrian orientation system had to be designed to guide tenants, clients and visitors to various stairwells in the highly confusing underground car park.

Implementation The idea behind the guidance and orientation system involves doing without signs entirely and applying all the wording directly to the walls. This in turn creates an opportunity for very large, striking typography, which creates effective markings, which stand out clearly from the sea of pillars and the small units on the individual parking levels. The entire system appears in two languages to make it easier for international visitors to find their way.

EXIT
AUSFAHRT
U 1

U 3

MEHR GUTE GESTALTUNG
UND WENIGER
ÜBERQUELLENDES DESIGN.

www.angewandtekunst-frankfurt.de

Prof. Dr. Klaus Klemp, Museum für Angewandte Kunst Frankfurt

Kategorie/Category **UNTERNEHMENSKOMMUNIKATION**

pbb
DEUTSCHE PFANDBRIEFBANK
PUBLIC SECTOR FINANCE
REAL ESTATE FINANCE

VORSITZENDE DER JURY/CHAIRWOMAN OF THE JURY

Silvia Olp Burkhardt Leitner constructiv GmbH & Co. KG

Bei den Preisträgern in der Kategorie Unternehmenskommunikation haben gestalterische Präzision, spannende Dramaturgien in Fotografie, Typografie sowie außergewöhnliche Ideen und mutige Konzepte die Jury überzeugt und beeindruckt.

In the category Corporate Communications the jury members were impressed by the convincing creative precision, the exciting dramaturgy in photography and topography as well as by the exceptional ideas and brave concepts.

Ulf Harald Wies DZ Bank AG

Michael Eibes Michael Eibes Design

Clemens Hilger Hilger & Boie Design

Nina Neusitzer Markwald & Neusitzer Kommunikations-design GbR

GOLD

PERFECT MOMENTS Auftraggeber/Client **Kuoni Reisen Holding AG**
Agentur/Agency **Büroecco Kommunikationsdesign**

Aufgabe/Briefing Die Weiterentwicklung der Marke soll auf den ersten Blick sichtbar und fühlbar werden.

Umsetzung Die Idee ist, Kuonis Markenwerte zu „materialisieren“: Drei nach den Markenwerten sortierte Einzelbroschüren werden vom Kernwert „Perfect Moments“ in Form einer Box umschlossen. Die Berichte sind den Ansprüchen der jeweiligen Lesergruppen entsprechend aufbereitet – von emotional (Brand Report) bis rational (Finanzbericht). Die Hülle erinnert an eine schlichte Archivbox, die Reiseerinnerungen oder Fotos enthalten könnte.

Assignment/Briefing The further development of the brand should be immediately visible and tangible.

Implementation The idea is to “materialize” Kuoni’s brand values: three individual brochures sorted according to brand value are enclosed by the core value “Perfect Moments” in the form of a box. The reports are designed to meet the demands of their respective group of readers – from emotional (Brand Report) to rational (Financial Report). The case is reminiscent of a plain file box that could contain travel mementos or photos.

wenn sich das streben
nach schönheit, wissen
und innerer harmonie in
der erfahrung des reisens
erfüllt, dann erleben
wir >perfect moments<
KUONI
000171

giving
KUONI

KUONI
einzigartige qualität
kann nur entstehen,
wenn >leidenschaft< und
kreativität am werk sind.

HOWTO MAGAZIN Auftraggeber/Client Ogilvy Deutschland

Agentur/Agency Ogilvy Frankfurt

Aufgabe/Briefing Ogilvy will sich als der Meinungsführer in der deutschen Agenturbranche positionieren; Meinungsmacher, Kreative, Marketingstrategen und prospektive Kunden ansprechen und so die Attraktivität der Agenturmarke erhöhen.

Umsetzung Mit HOWTO ruft Ogilvy ein Magazin ins Leben, das branchenrelevante Themen differenziert aufgreift und mit klaren Standpunkten Orientierung gibt – ganz in der Tradition des Agenturgründers David Ogilvy. Seine Publikationen begannen immer mit einem „How to ...“ – einer klaren Ansage zum Handeln.

Assignment/Briefing Ogilvy was to be positioned as opinion leader in the German advertising world. In targeting opinion leaders, marketing decision-makers, and client prospects, the aim was to increase the agency brand popularity.

Implementation Ogilvy launched HOWTO as a magazine covering relevant industry topics in detail and offering orientation with a distinct point of view – following in the tradition of agency founder David Ogilvy. His publications always began with a “How to ...” and a clear statement of action.

Ogilvy on advertising.
HOW
TO
Wie man mit neuer Denke die digitalen Zeiten erfolgreich meistert.
No. 1
CONSUMER:
Wie man das Herz einer Katze erobert.
BRANDS:
Warum Marken neue Ideale brauchen.
COMMUNICATION:
Welche Story den Verbraucher bewegt.
CASES:
Was man von Erfolgen lernen kann.
AKTUELLES:
Alles, was sonst noch interessant ist.
The consumer is a cat!
Wie man die Zuneigung des Konsumenten von heute gewinnt.

SILBER

FRESENIUS MEDICAL CARE GESCHÄFTSBERICHT 2009 „NÄHE“ Auftraggeber/Client Fresenius Medical Care AG & Co. KGaA Agentur/Agency häfelinger+wagner design gmbh

Aufgabe/Briefing Fresenius Medical Care hat es sich zur Aufgabe gemacht, das Leben nierenkranker Menschen zu verbessern. Der Bericht verdichtet ihr Selbstverständnis in dem Motto „Nähe“ und zeigt auf wie viele Dimensionen das Verständnis von Nähe beinhaltet.

Umsetzung Im Magazin dokumentieren Geschichten aus Ländern weltweit die unterschiedlichen Perspektiven, Ziele und Wünsche der Patienten, Partner und Mitarbeiter.
Der Berichtsteil dokumentiert eine faktenorientierte, rationale Perspektive auf das Unternehmen.

Assignment/Briefing Fresenius Medical Care has made it their task to improve the lives of people suffering from kidney disease. This year's report concentrates its self-concept under the slogan of "In touch" and demonstrates how many dimensions the understanding of closeness contains.

Implementation In the magazine, stories from different countries worldwide demonstrate the different perspectives, goals and wishes for patients, partners and colleagues. In contrast, the part of the report documents the company's fact-oriented and rational view.

NÄHE
NÄHE
Geschäftsbericht 2009
Fresenius Medical Care

CORPORATE DESIGN FÜR FENO

Auftraggeber/Client **feno GmbH**
Agentur/Agency **KMS TEAM**

Aufgabe/Briefing feno, ein Spezialist für Lichtsteuerung, setzt Installationen mit Künstlern und Architekten um. Im Zuge der Unternehmensneuausrichtung war das Corporate Design neu zu gestalten, um das Zusammenspiel von technischem und künstlerisch-ästhetischem Können darzustellen.

Umsetzung Das Key Visual ist an einem Leiterplattenraster für die Lichttechnik ausgerichtet und wird in der gesamten Geschäftsausstattung auffällig eingesetzt. Auf den Visitenkartenrückseiten werden die Initialen des Mitarbeiters im Stil des Visuals dargestellt.

Assignment/Briefing feno is a lighting specialist creating installations with international artists and architects. A new corporate design was developed as part of the company's realignment to illustrate technical expertise combined with artistic and aesthetic understanding.

Implementation The key visual is aligned with a grid from printed boards for light engineering and striking feature of all business stationery. The backs of the business cards feature the employee's initials in the style of the key visual.

BORKEBJS. DIE RÜCKKEHR DER MONSTER // BORKEBJS. THE RETURN OF THE MONSTERS Auftraggeber/Client **Borkebjs.com** Agentur/Agency **Kolle Rebbe/KOREFE**

Aufgabe/Briefing Entwicklung einer eigenständigen Designidee, die das Buch von normal gebundenen Büchern abhebt. Darüber hinaus bereits im Buchdesign Hinweise auf den zentralen Kern der Geschichte geben: Man sieht die Borkebjs nur mit viel Fantasie.

Umsetzung Die Borkebjs sind die Helden dieses modernen 332-seitigen Märchenbuchs, das Kinder und Erwachsene in seinen Bann zieht. Es handelt sich dabei um die Abenteuer von zehn pelzigen Wesen, die man nur mit viel Fantasie sehen kann. Diese Idee greift auch die Gestaltung des Buches auf. Nicht jeder sieht die Botschaft auf dem Buchtitel. Nur wer sich spielerisch damit auseinandersetzt, kann den Titel zusammensetzen und findet damit den „Eingang" ins Reich der Fantasie.

Assignment/Briefing Develop a unique design concept, which sets the book apart from normal, bound books. And which also hints at the idea of the story: you can only see the Borkebjs if you use your imagination.

Implementation The Borkebjs are the heroes of this modern 332-page fairy tale book, which casts a spell on children and adults alike. The book is all about the adventures of ten furry creatures whom you can only see if you use your imagination. The book plays with this idea in its design. The message on the cover of the book is not immediately visible to everyone. However, people who see the book's cover as a game can assemble the title and find the "entrance" into the realm of fantasy.

Wir leben unter euch versteckt.
Hast du uns schon entdeckt?

Folge dem letzten Borkebie
in das Reich der Fantasie.

BALDUR
EPILOG.
DER BLICK
AUF DIE DINGE.

AUDI CORPORATE SOUND Auftraggeber/Client **AUDI AG**
Agentur/Agency **s12 GmbH/Klangerfinder GmbH & Co KG**

Aufgabe/Briefing Audi setzt mit seinem Corporate Sound Konzept Maßstäbe. Die Marke wird an allen akustischen Berührpunkten eindeutig erkennbar und erlebbar sein. Mit Audi Corporate Sound lassen sich Wiedererkennung und inhaltlich-künstlerische Freiheit erstmals vereinen.

Umsetzung Für Audi Corporate Sound wurde ein softwarebasiertes virtuelles Soundstudio entwickelt. Weltweit basieren alle Audi Sound Produktionen auf der definierten Tonalität und enthalten die Audi typischen Klangfarben, Motive, Sprecher sowie original Audi Fahrzeugsounds.

Assignment/Briefing Audi has developed a Corporate Sound Concept that sets new standards. The Brand will be clearly recognizable and perceivable at all acoustic touch points. Audi Corporate Sound combines recognition with flexibility of content and creativity for the first time.

Implementation Audi has developed a software-based virtual Sound Studio. Worldwide all Audi Sound productions are based on a clearly defined tonality and consist of Audi exclusive instruments, motifs, brand voices and original Audi car sounds.

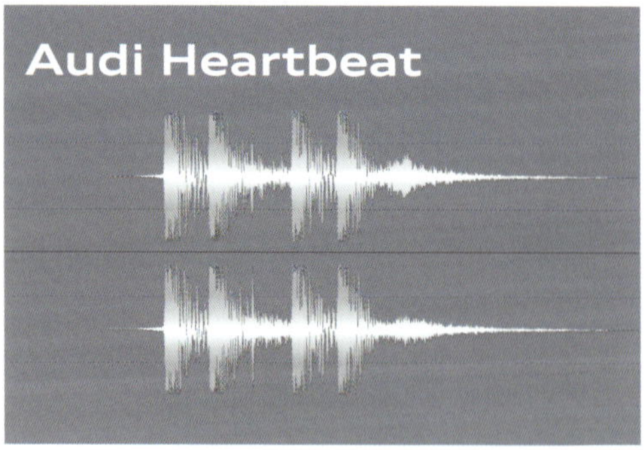

Audi Sound Portal

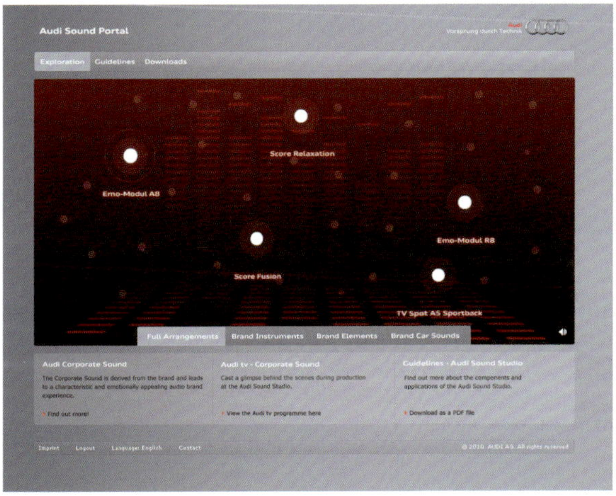

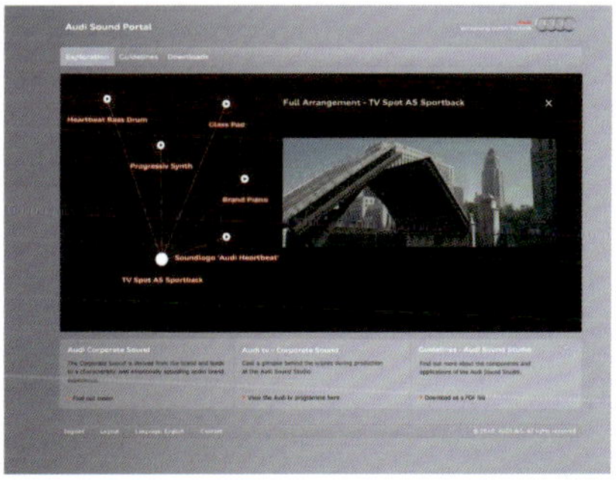

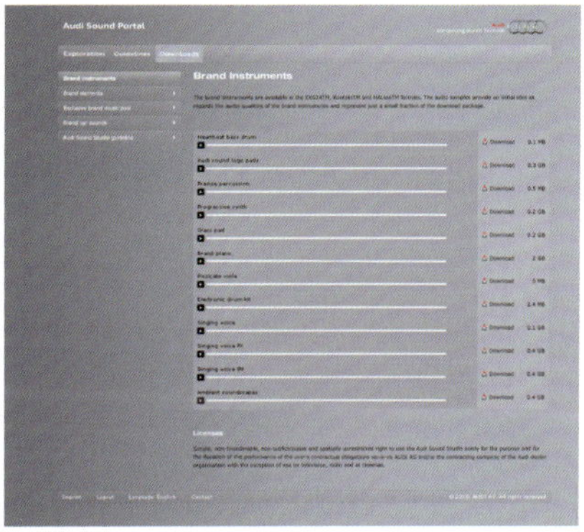

BRONZE

O.TEL.O CHEAP Auftraggeber/Client **Vodafone** Agentur/Agency **Scholz & Friends Identify**

Aufgabe/Briefing Wie kommuniziert man die Markenwerte des globalen Prepaid-Telekommunikationsanbieters o.tel.o in kürzester und international verständlicher Form? Und wie entwickelt man ein weltweit verständliches, junges und sympathisches Symbol für Freiheit, Unabhängigkeit, Mobilität und Intelligenz?

Umsetzung Die Erschaffung einer neuen Gattung: Der kleine Cheapmatz o.tel.o symbolisiert Freiheit, Unabhängigkeit, Mobilität und Intelligenz. Mit seinem unverkennbaren Lockruf „Cheap, Cheap" kommuniziert er diese Markenwerte international verständlich – und in nur einem einzigen Wort.

Assignment/Briefing Which is the most succinct and internationally understandable way to communicate the brand values of o.tel.o, a global provider of prepaid telecommunications? And what would a young and appealing symbol of freedom, independence, mobility and intelligence be that is understood around the world?

Implementation The creation of a new species: the little o.tel.o Cheapmatz bird symbolizes freedom, independence, mobility, and intelligence. Its unmistakable "cheap, cheap" call communicates these brand values in a manner that can be understood internationally – in a single word.

CHEAP

CLEVER.
GÜNSTIG.
PREPAID.
o.tel.o
CHEAP
9
10€
CHEAP

CHEAP
9 CENT
10€
o.tel.o
CLEVER. GÜNSTIG. PREPAID.
CHEAP
9
10€
o.tel.o
CLEVER. GÜNSTIG. PREPAID.

KLEINE VOGELKUNDE:
DER CHEAPMATZ O.TEL.O
CHEAP
o.tel.o
3. DAS DESIGN.
EIN VOGEL MIT
ECKEN UND KANTEN.
UND OVALEN.
HEADLINE
Subline
Copy
CHEAP
O.TEL.O IST ZURÜCK.
UND BALD CHEAPT'S HIER.
o.tel.o

THYSSENKRUPP GESCHÄFTSBERICHT 08/09 EINBLICKE. ÜBER DIE ZUKUNFT. ÜBER DEN WANDEL. ÜBER UNS.

Auftraggeber/Client **ThyssenKrupp AG**

Agentur/Agency **häfelinger+wagner design gmbh**

Aufgabe/Briefing Das Geschäftsjahr ist durch die globale Krise gekennzeichnet, auf die der Konzern mit strategischer Neuorganisation und Kostensenkungen reagiert. Der Bericht thematisiert den Wandel des Konzerns und der Welt, die dem Unternehmen Chancen eröffnen.

Umsetzung Das Konzept basiert auf der Idee vom Wandel durch Denken. Über den Aufhänger „Wandel findet im Kopf statt" wurden Personen portraitiert, die den Gesellschaftswandel maßgeblich gestalten. Illustrative Portraits setzen sich aus handgeschriebenen Gedanken zusammen.

Assignment/Briefing The business year is characterized by the global economic crisis, which made the company reorganize its strategy and reduce costs. The report broaches the issue of the change of the company and the world, which opens up opportunities to the company.

Implementation The concept is based on the idea of changes made possible through thinking. Under the motto "Change is taking place in the head," people are profiled who play a central role in the society changes. The illustrative profiles are made of hand-written thoughts.

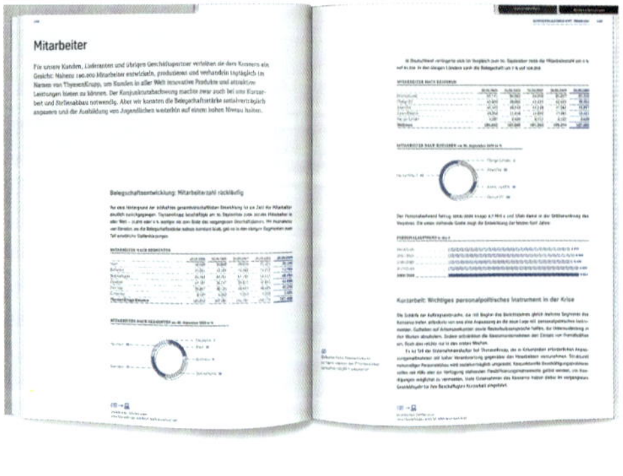

Einblicke.
Über die Zukunft.
Über den Wandel. Über uns./
/Geschäftsbericht
08/09
ThyssenKrupp

„220 PLUS" – EIN MAGAZIN FÜR DIE BESONDERE PERSPEKTIVE

Auftraggeber/Client **Sal. Oppenheim jr. & Cie.** Agentur/Agency **Simon & Goetz Design GmbH & Co. KG**

Aufgabe/Briefing Sal. Oppenheim jr. & Cie. ist eine der führenden Privatbanken in Deutschland. Ziel war es, ein hochwertiges, aufmerksamkeitsstarkes und unterhaltendes Magazin zu schaffen, welches dem anspruchsvollen Selbstverständnis des Hauses Sal. Oppenheim entspricht.

Umsetzung Der Gestaltungsauftritt kommuniziert mit seinem klassischen, repräsentativen Charakter in unaufdringlicher Weise die im Hause Sal. Oppenheim bewusst gelebten Werte Tradition, Individualität, Exklusivität.

Assignment/Briefing Sal. Oppenheim jr. & Cie. is one of Germany's leading private banks. The task was to create a premium, attention-grabbing and entertaining magazine, which communicates the sophisticated self-conception of Sal. Oppenheim.

Implementation With its classic, representative character the magazine's design communicates the consciously lived values, tradition, innovation and exclusiveness in an unintrusive way.

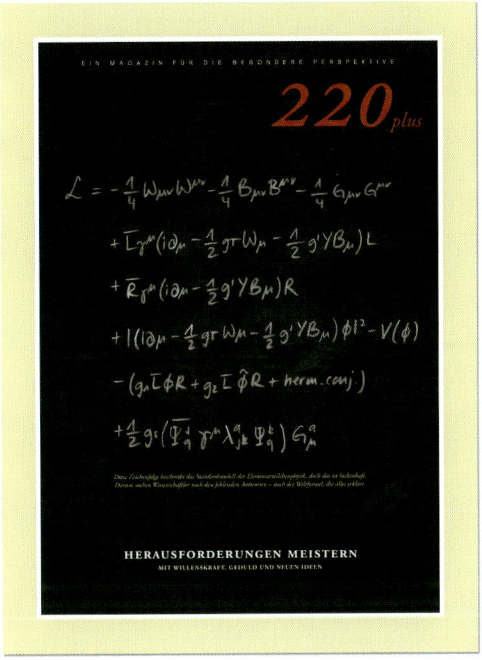

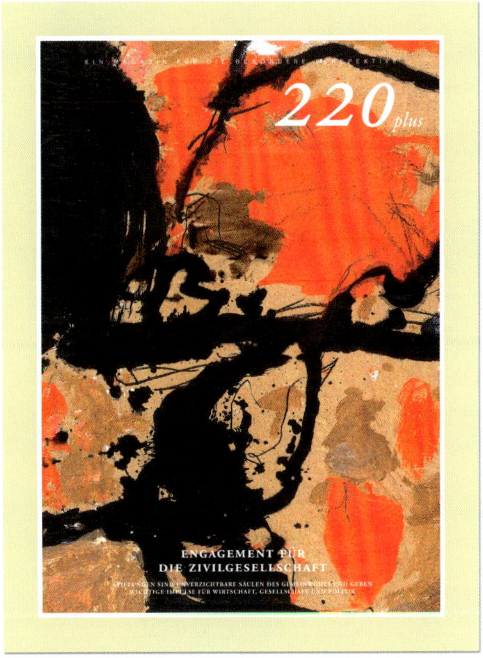

220 plus » April 2009
KULTUR » *Politisches Kabarett*
28

Das große Lachen

PREKÄRE ZEITEN? NICHT FÜR DAS GESCHÄFT MIT DER SATIRE: WIE SICH DAS POLITISCHE KABARETT DURCH DIE WIRTSCHAFTSMISERE MANÖVRIERT

»»» ***Ein Mittvierziger mit himbeerfarbenem Tupfenhemd und gen Himmel gesprayten Haarflusen lümmelt sich auf einer himmelblauen Blechtonne und schießt Gag-Salven ab. Am Ende seines anderthalbstündigen, im WDR ausgestrahlten Polit-Satire-Programms „Der etwas andere Jahresrückblick" hat Urban Priol, der Mann mit dem Wirrhaar und dem saloppen Hemd-über-die-Hose-Charme, zwei Weißbier getrunken (Teil des Programms!) und sich vornehmlich an einem Spott-Opfer schadlos gehalten: der Finanzkrise.***

Er wage gar nicht mehr, seine Sparkasse aufzusuchen, fabuliert der Aschaffenburger Priol in nuschelig-matschigem Fränkisch, „aus Angst, der Kassierer steht da mit vorgehaltener Pistole und schreit: ‚Geldbeutel her!'" Pointe um Pointe feuert er ab: „Wenn du heut' irgendwo ein Konto eröffnen willst, musst du erst mal eine SCHUFA-Auskunft über die Bank einholen!" Oder: „Angela Merkel sagt, wir müssen 2009 den Gürtel enger schnallen – den Gürtel kann ich mir schon lang nicht mehr leisten!"

BANKEN, BÖRSEN UND LEERE BEUTEL

Zugegeben, solche Witzchen sind leicht verdauliche Kost, auffällig aber ist: Nicht das übliche, sich verlässlich zum Affen machende Berliner Polit-Personal gereicht Kabarettisten wie Priol derzeit zum Lieblingsspott, sondern hauptsächlich die Misere um Banken, Börsen und leere Beutel. Zynische Scherze über Rezession und lahmes Regierungskonjunkturpaket, über Ackermann und Autobosse treffen schließlich den Nerv der breiten Masse, ob Manager, Mittelschichtler oder Hartz-IV-Empfänger. „In schwierigen Zeiten boomt das Polit-Kabarett", hat Priols prominenter Kollege Mathias Richling festgestellt. Denn: „Die Leute reagieren Frust ab." Laut Erhebung des Berliner „Tagesspiegel" bejahten neulich rund 55 Prozent der Befragten, dass das politische Kabarett im Fernsehen Zukunft habe. Der ARD-„Scheibenwischer", dienstälteste Kabarettsendung im deutschen TV, erfreut sich stattlicher Quoten von etwa fünf Millionen Zuschauern. Die ZDF-Reihe „Neues aus der Anstalt", nach 27 Jahren die erste Sendung des Genres im Zweiten, gucken seit ihrem Start 2007 regelmäßig gut vier Millionen begeisterte Fans. Szenestar Priol, der für manchen Experten als „Erbe Dieter Hildebrandts" gilt, füllt mit seinen Auftritten gut 250 Mal im Jahr die Hallen. Auch Kollegen wie Mathias Richling, Richard Rogler oder Georg Schramm müssen über Auftragsmangel keineswegs klagen.

MAGERE ZEITEN, MESSERSCHARFE POINTEN

Geht es den Deutschen in diesen klammen Zeiten also schlecht genug, dass sie dem Kabarett zu neuem Aufschwung verhelfen? Oder hat Mathias Richling recht, der kürzlich auch bekundete: „Die Zeiten für politisches Kabarett waren nie so gut wie jeden Tag in den vergangenen 40 Jahren!" Aber vielleicht war das ja als Satire gemeint.

Seit gut hundert Jahren existiert das politische Kabarett in Deutschland als eigenständige Kunst und erlebte gerade in mageren Zeiten, in der Wirtschaftskrise der 1920er- und 1930er-Jahre, eine Blüte – als Literaten wie Kurt Tucholsky die messerscharfen Pointen lieferten, Komödianten wie Werner Finck Kopf und Kragen riskierten und auch dem von der Misere gebeutelten Publikum mitunter das Lachen im Hals stecken blieb. In der Republik der 1950er-Jahre schwächelte der politische Witz dann – es fehlte der Leidensdruck. Das Land rackerte sich ab fürs Wirtschaftswunder, Verhältnisse wurden nicht bemäkelt, sondern neu geschaffen.

In den 1960ern geriet die in einer kleinen Schwabinger Kneipe entstandene Kabarett-Truppe „Münchner Lach- und Schießgesellschaft" rund um Dieter Hildebrandt und Sammy Drechsel »»»

220 plus » April 2009
KULTUR » *Politisches Kabarett*
29

fig. 01

AUGEN ZU UND DURCH

Der US-Präsidentschaftswahlkampf im Jahr 2008 erwies sich als ein Prüfstein für die Humortauglichkeit amerikanischer Politiker. Tina Feys Parodie der Vizepräsidentschaftskandidatin Sarah Palin, bekannt für ihre Fettnäpfchen, erreichte weltweit Kultstatus. Palin zeigte Humor: Zum Wahlkampf-Höhepunkt erschien sie bei „Saturday Night Life", um sich live auf den Arm nehmen zu lassen – wie auch ihr Parteifreund John McCain.

„CANYON BRANDBOOK“ Auftraggeber/Client **Canyon Bicycles GmbH**

Agentur/Agency **KMS TEAM**

Aufgabe/Briefing Aufgabe war für Canyon Bicycles, einen Hersteller von Premium Sport Fahrrädern, der seine Fahrräder nur per Direktvertrieb verkauft, ein Brandbook zu entwickeln. Alle Mitarbeiter sollen sich mit Prinzipien und Haltung von Canyon identifizieren können.

Umsetzung Durch Verwendung von originalen Ausschnitten eines Canyon Versandkartons für den Umschlag des Brandbooks wird nicht nur die Idee des Direktvertriebs aufgegriffen, sondern auch dem Claim „Pure Cycling“ und dem Recyclinggedanken Rechnung getragen.

Assignment/Briefing To develop a brand book for Canyon Bicycles, a manufacturer of premium sports bicycles that only sells its products directly to consumers. All company employees should be able to identify themselves with the principles and attitude of Canyon.

Implementation By using pieces of an original Canyon shipping box for the brand book cover the idea of direct sales is conveyed while incorporating the claim “Pure Cycling” as well as the concept of recycling.

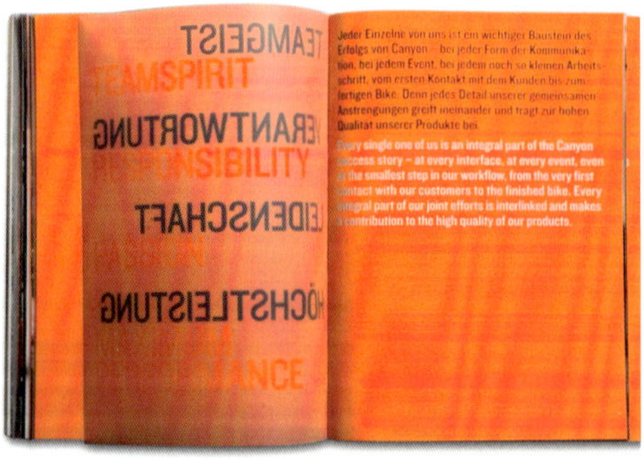

CANYON
PURE CYC

TEAMGEIST
VERANTWORTUNG
LEIDENSCHAFT
HÖCHSTLEISTUNG

HERAUSFORDERUNGEN MEISTERN. ZUKUNFT SICHERN. Auftraggeber/Client **GILDEMEISTER Aktiengesellschaft** Agentur/Agency **Montfort Werbung GmbH**

Aufgabe/Briefing Die Weltwirtschaft muss die größten Erschütterungen seit Jahrzehnten überstehen. Unternehmen und Anleger suchen nach sicherem Halt auf heftig schwankendem Boden – und damit nach starken Partnern. GILDEMEISTER ist ein solcher Partner. Ein breites, flexibles Leistungsspektrum sowie ein ausgeprägtes Gespür für die Märkte der Zukunft eröffnen vielfältige Chancen, die konsequent genutzt werden. Diese wegweisende technisch-wirtschaftliche Intelligenz soll mit dem aktuellen Geschäftsbericht der GILDEMEISTER AG souverän, plausibel und anschaulich kommuniziert werden.

Umsetzung Wir denken voraus und stellen schon heute die Weichen für den Erfolg von Morgen – Herausforderungen meistern. Zukunft sichern. Diese Philosophie wird bildlich und textlich umgesetzt anhand einer schlaglichtartigen Betrachtung dynamischer Branchen bzw. Lebensbereiche. Jeweils eingebettet in diese Momentaufnahmen sind konkrete Produkte und Systeme, die mit Technik von GILDEMEISTER realisiert wurden. Die Botschaft ist klar: Ob Luftfahrt, Medizintechnik oder umweltschonende Energiegewinnung – GILDEMEISTER trägt mit neuen Ideen, höchster Flexibilität und maximaler Effizienz entscheidend zur Lösung anspruchsvoller Aufgaben bei. Das ist zukunftssichere Kompetenz, mit der jede Herausforderung gemeistert werden kann und auf die Partner, Kunden und Investoren dauerhaft vertrauen können.

Assignment/Briefing International business is enduring the most challenging environment in decades. Companies and investors are looking to regain stability – through strong partnerships. GILDEMEISTER is that kind of partner. A broad, flexible range of services and a keen instinct for the markets of the future, open up many opportunities. Groundbreaking technical knowledge of the economy is displayed in a superior, plausible and concrete fashion with the latest GILDEMEISTER AG annual report.

Implementation We think ahead and set the course today for success tomorrow – mastering challenges. Securing the future. This philosophy is conveyed through appearance and text by highlighting dynamic industry segments and real world applications. Concurrently, within each real world snap shot, is embedded concrete examples of the products and systems that are developed with GILDEMEISTER technology. The message is clear: whether aviation, medical technology or environmentally friendly energy solutions – GILDEMEISTER contributes new ideas, great flexibility and maximum efficiency to the development of solutions for demanding tasks. It is competence that partners, customers and investors can rely on to secure the future and master any challenge.

Energy

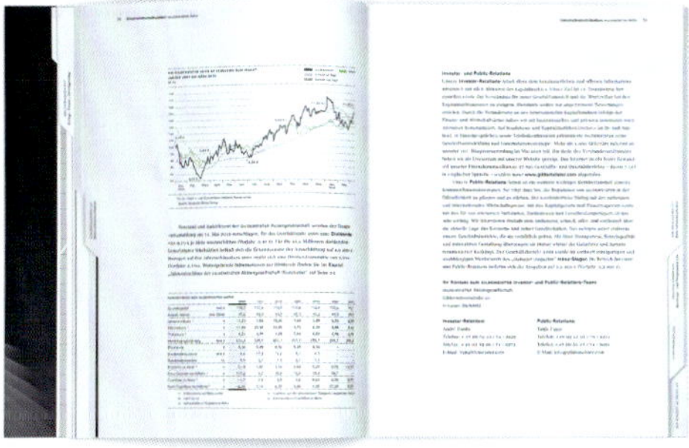

GESCHÄFTSBERICHT 2009
Herausforderungen meistern.
Zukunft sichern!
www.gildemeister.com
GILDEMEISTER

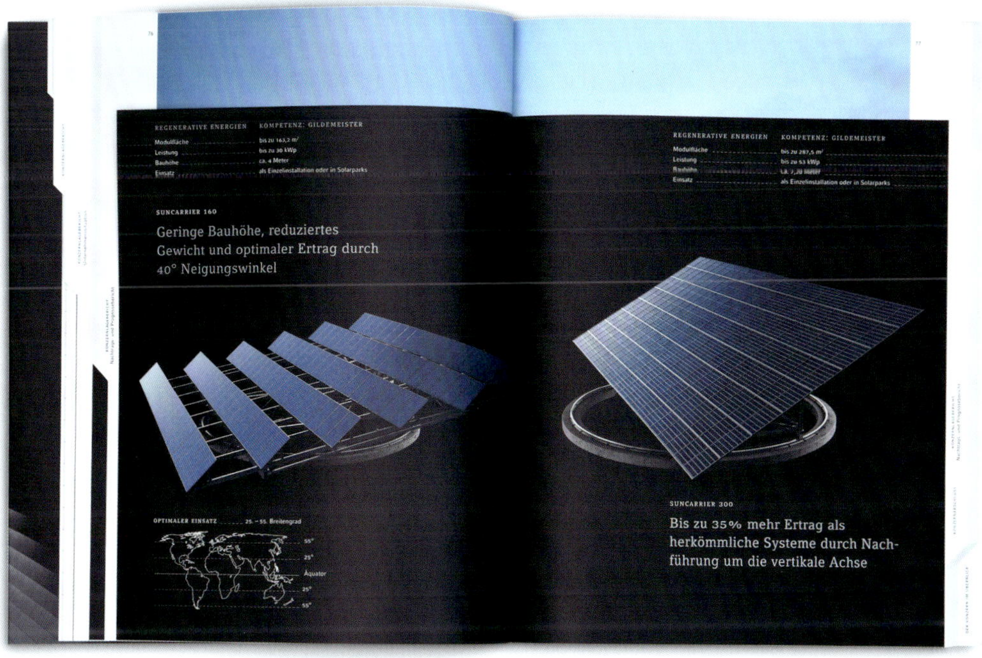
REGENERATIVE ENERGIEN
KOMPETENZ: GILDEMEISTER
Modulfläche
bis zu 163,2 m²
Leistung
bis zu 30 kWp
Bauhöhe
ca. 4 Meter
Einsatz
als Einzelinstallation oder in Solarparks
SUNCARRIER 160
Geringe Bauhöhe, reduziertes Gewicht und optimaler Ertrag durch 40° Neigungswinkel
OPTIMALER EINSATZ
25.–55. Breitengrad
55°
25°
Äquator
25°
55°
REGENERATIVE ENERGIEN
KOMPETENZ: GILDEMEISTER
Modulfläche
bis zu 287,5 m²
Leistung
bis zu 53 kWp
Einsatz
als Einzelinstallation oder in Solarparks
SUNCARRIER 300
Bis zu 35% mehr Ertrag als herkömmliche Systeme durch Nachführung um die vertikale Achse

FEMALE BROSCHÜRE Auftraggeber/Client **Grey G2 Group**
Agentur/Agency **KW43 BRANDDESIGN**

Aufgabe/Briefing Gestaltung einer Broschüre zum Megatrend der Feminisierung im Rahmen der Trendstudien, die Grey regelmäßig publiziert.

Umsetzung Die Vielseitigkeit des Themas Feminisierung wird durch Format, Haptik, Farbigkeit, Illustration und Typografie deutlich gespielt. Die multisinnliche Gestaltung intensiviert die Auseinandersetzung mit dem Thema.

Assignment/Briefing The brochure "World discovers its feminine side" was published as part of the trend surveys issued regularly by Grey and deals with the megatrend of feminization.

Implementation The brochure is intended to communicate the diversity of the topic in an inspiring and sensual way, emphasizing the relevance of the trend to customers for their brand while generating interest in the originator of the brochure as someone to discuss the topic with.

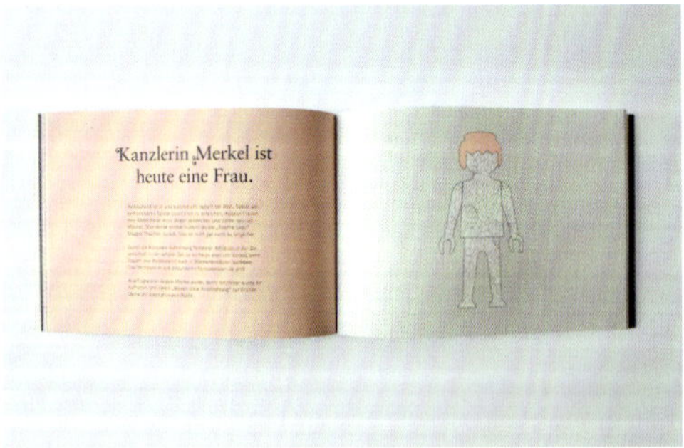

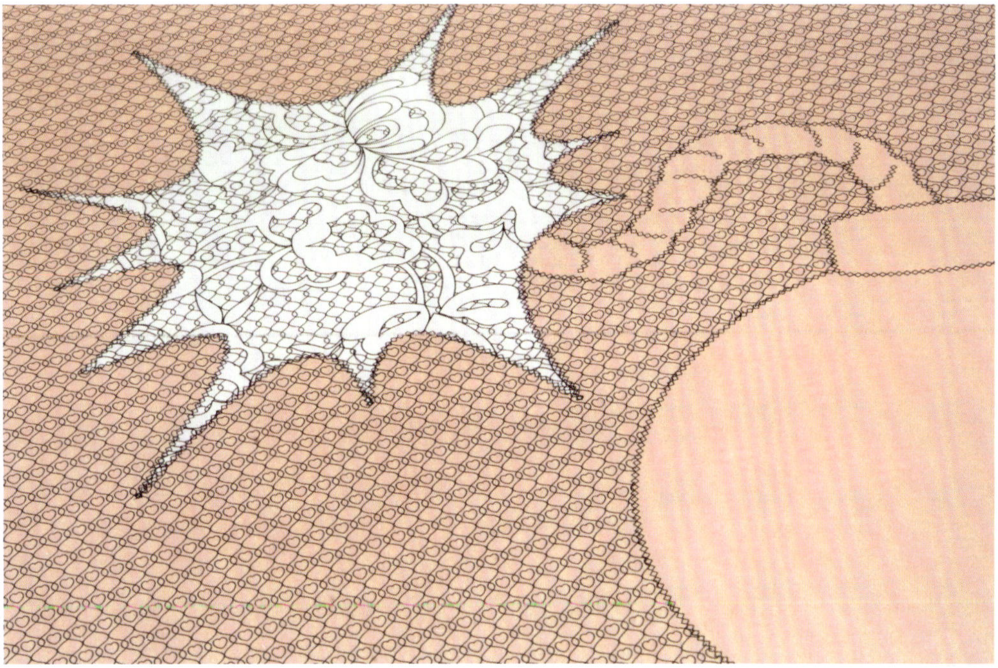

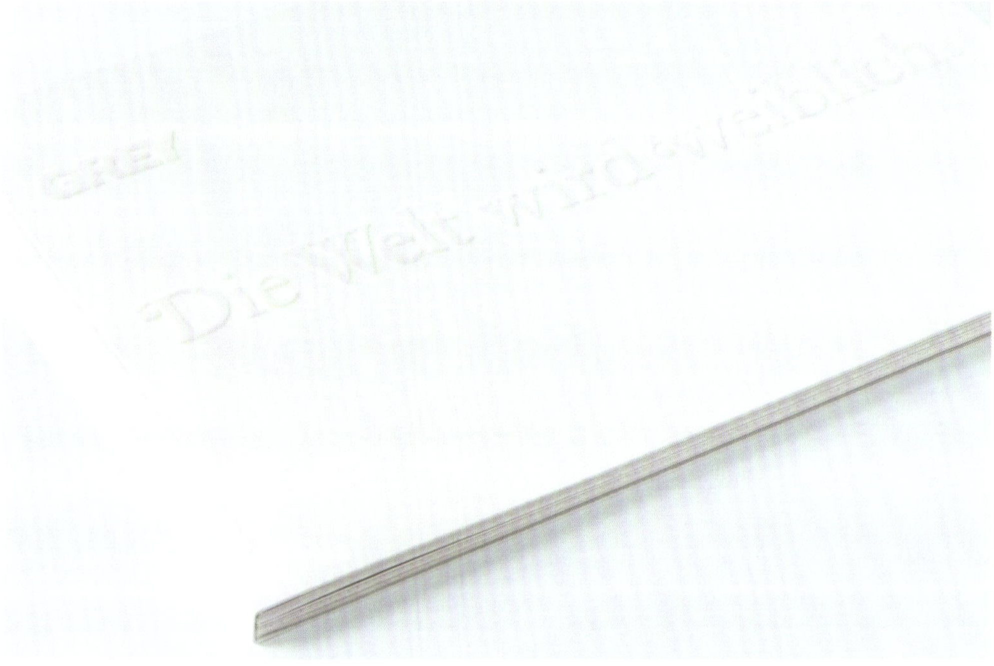
Die Welt wird

AWARD

CORPORATE DESIGN FÜR DIE AUSSTELLUNG „ZEIGEN. EINE AUDIOTOUR DURCH BERLIN VON KARIN SANDER." Auftraggeber/Client **Karin Sander und Temporäre Kunsthalle Berlin** Agentur/Agency **büro uebele visuelle kommunikation**

Aufgabe/Briefing Karin Sander will Kunst „zeigen". Aber nicht so, wie man sie üblicherweise zeigt, sondern sie will die Räume des Sichtbaren über den Gehörsinn erschließen. Über 500 Künstler aus Berlin wurden aufgefordert ein Kunstwerk zu beschreiben oder Tondokumente für die Ausstellung zu liefern.

Umsetzung Die grafische Sprache und lautmalerische Gestalt des Katalogs ist eine sinnfällige Übersetzung des flüchtigen Mediums Ton. Auf über 600 Seiten sind nur die Namen der Künstler auf extrem dünnes Papier gedruckt. Es ist durchscheinend, wie die Geräusche in der Ausstellung. Der Begriff des Ausstellungskatalogs wird zu einem eigenständigen Medium.

Assignment/Briefing "Zeigen" means "to show" and Karin Sander is out to "show" art. But not in the conventional way: she's aiming to access the visual sphere via the sense of hearing. Sander asked over 500 artists from Berlin to describe an art work or provide sounds for the exhibition.

Implementation The catalog, with its graphic design and sound transcriptions, is itself a direct interpretation of the transient medium of sound. Its 600+ pages contain nothing but the artists' names, printed on extremely thin paper. The pages are transparent, like the sounds that can be heard in the exhibition. This is a reinterpretation of the concept of the exhibition catalogue as medium in its own right.

aaaaaaahhhhh
h, ... – rrrrrrroo
ooooaaaarrr –
fffffpppphht
stkrzchrzstckrc.
zzzzztk, – -
zeigen. eine
audiotour durch
berlin von
karin sander.
05.12.09–10.01.10
TEMPORÄRE
KUNSTHALLE
BERLIN
STIFTUNG
ZUKUNFTBERLIN
sanofi pasteur MSD
Wall
vitra.
primeline
MEA
radioeins rbb
95,8

BULLEREI – RESTAURANT & DELI Auftraggeber/Client **Bullerei GmbH & Co. KG**

Agentur/Agency **weissraum.de(sign)°**

Aufgabe/Briefing Entwicklung eines Namens und Corporate Designs für das neue Restaurant von Starkoch Tim Mälzer. Location ist eine alte Fabrikhalle in den ehemaligen Schlachthöfen des Hamburger Schanzenviertels (szeniges Viertel mit linksalternativer Historie). Das Restaurant sollte sich optisch und inhaltlich in seine Nachbarschaft integrieren.

Umsetzung Der Name „Bullerei" nutzt das Spannungsfeld zwischen Tim Mälzers Spitznamen „Küchenbulle", dem Standort im alten Schlachthof sowie dem umgangssprachlichen Wort für Polizei. Das Corporate Design spielt mit der Nähe zum Schlachthof sowie mit Anleihen aus der Welt der Ordnungsmacht.

Assignment/Briefing Development of the name and corporate design of TV-chef Tim Mälzer's new restaurant. The location is a former slaughterhouse in the Schanzen district in Hamburg (a young and urban area with an alternative background). The restaurant is supposed to blend into the neighborhood.

Implementation "Bullerei," the German colloquial for police, points to Tim Mälzer's nickname "Küchenbulle" (kitchen bull) and to the location in the meat district. The artwork combines graphic elements from the historical background, the meat industry and the police force.

BULLEREI

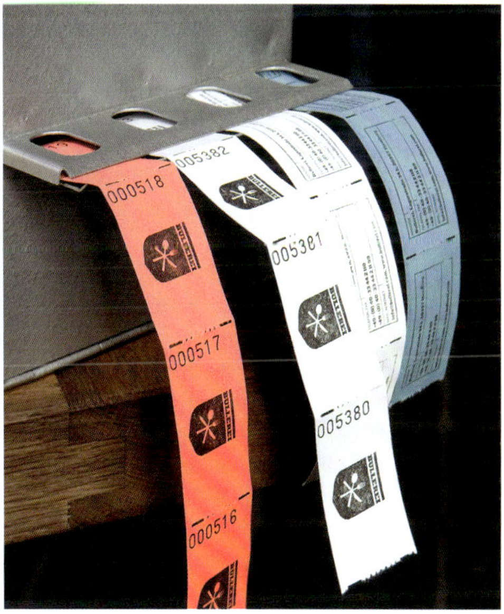
000518
000517
000516
005382
005381
005380

„MUT" GESCHÄFTSBERICHT 2009 FÜR DIE GFK SE Auftraggeber/Client **GfK SE**

Agentur/Agency **Scheufele Hesse Eigler Kommunikationsagentur GmbH**

Aufgabe/Briefing Konzeption, Gestaltung und Umsetzung des Geschäftsberichts für die GfK SE.

Umsetzung Die GfK SE präsentiert Menschen mit ihren Geschichten, die dem schwierigen Jahr 2009 mutig begegnet sind. Mit Stärke, Tapferkeit, Entschlossenheit und Courage.

Assignment/Briefing Conception, design and production of GfK SE's annual report.

Implementation The Gfk SE presents the faces and stories of people who courageously faced the difficult year of 2009. With strength, bravery, determination and courage.

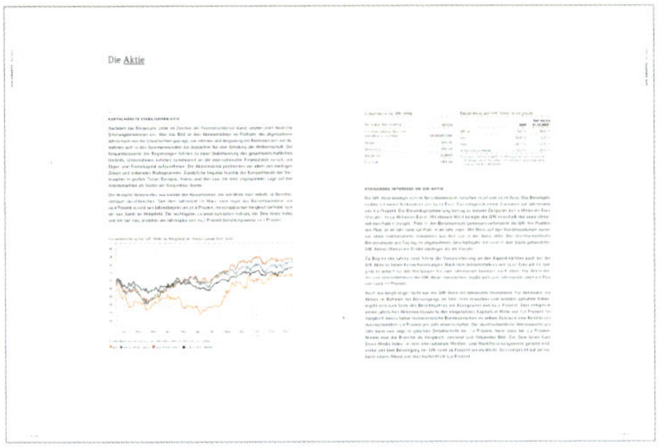

GfK
Mut
GfK Gruppe:
Geschäftsbericht 2009
GfK. Growth from Knowledge

„HEUTE SCHON DIE ENERGIE FÜR MORGEN" MVV ENERGIE GESCHÄFTSBERICHT 08/09 Auftraggeber/Client **MVV Energie AG**

Agentur/Agency **Scheufele Hesse Eigler Kommunikationsagentur GmbH**

Aufgabe/Briefing Konzeption, Gestaltung und Umsetzung des Geschäftsberichts für die MVV Energie AG mit Fokus auf die 6 Geschäftsfelder.

Umsetzung Die MVV Energie AG positioniert sich neu als „Der Zukunftsversorger" und ist Treiber des Fortschritts und Gestalter der Zukunft. Die 6 Geschäftsfelder werden in Form von Fallbeispielen überraschend, menschennah und emotional in Szene gesetzt.

Assignment/Briefing Conception, design and production of MVV Energie AG's annual report, with focus on the 6 business segments.

Implementation The MVV Energie AG, presents itself in a new light as "The Future Provider" and is the driving force of progress and creator of the future. The 6 business segments are presented as case histories in surprising, personal and emotional scenarios.

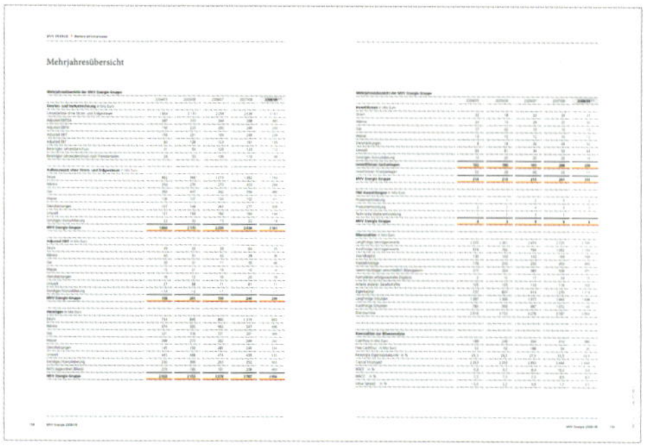

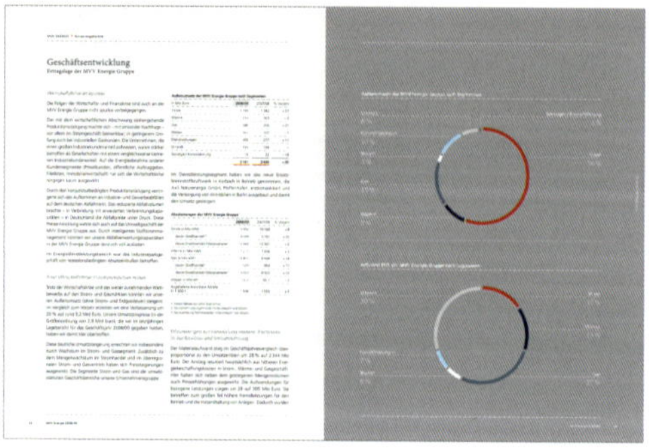

MVV ENERGIE – DER ZUKUNFTSVERSORGER
HEUTE
SCHON
DIE
ENERGIE
FÜR
MORGEN
GESCHÄFTSBERICHT 2008/09
MVV·Energie

WACKER CHEMIE GB 2009 „WEGE ZUR PRODUKTIVITÄT“

Auftraggeber/Client **Wacker Chemie AG** Agentur/Agency **häfelinger+wagner design gmbh**

Aufgabe/Briefing Mit der Zielsetzung von Wachstum und Wertsteigerung ist das Thema Produktivität ein strategischer Eckpfeiler von WACKER. Um global wettbewerbsfähig zu sein, muss das Unternehmen bei gleichzeitiger Kostenreduktion die Qualität der Produkte erhöhen.

Umsetzung Der Introtext verdeutlicht das Grundverständnis des Unternehmens, Gutes noch besser zu machen. Die anschließende Imagestrecke beleuchtet vier Wege von WACKER, die Maßnahmen zur Prozessoptimierung, Zielsetzung und Wirkung aufzeigen.

Assignment/Briefing The theme of productivity is a strategic cornerstone of WACKER along with the goals of growth and value increase. In order to be able to compete on a global level, the company must increase the quality of products whilst simultaneously reducing costs.

Implementation The introtext shows the basic understanding of the company, making something that is good even better. The following image section highlights the four paths of WACKER which identify the measures towards process optimisation, goals and outcome.

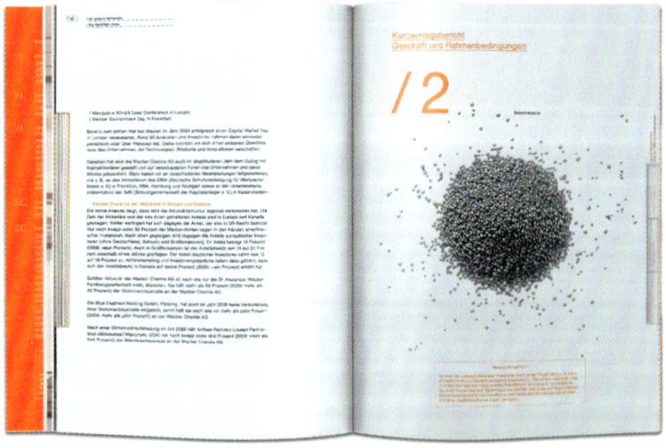

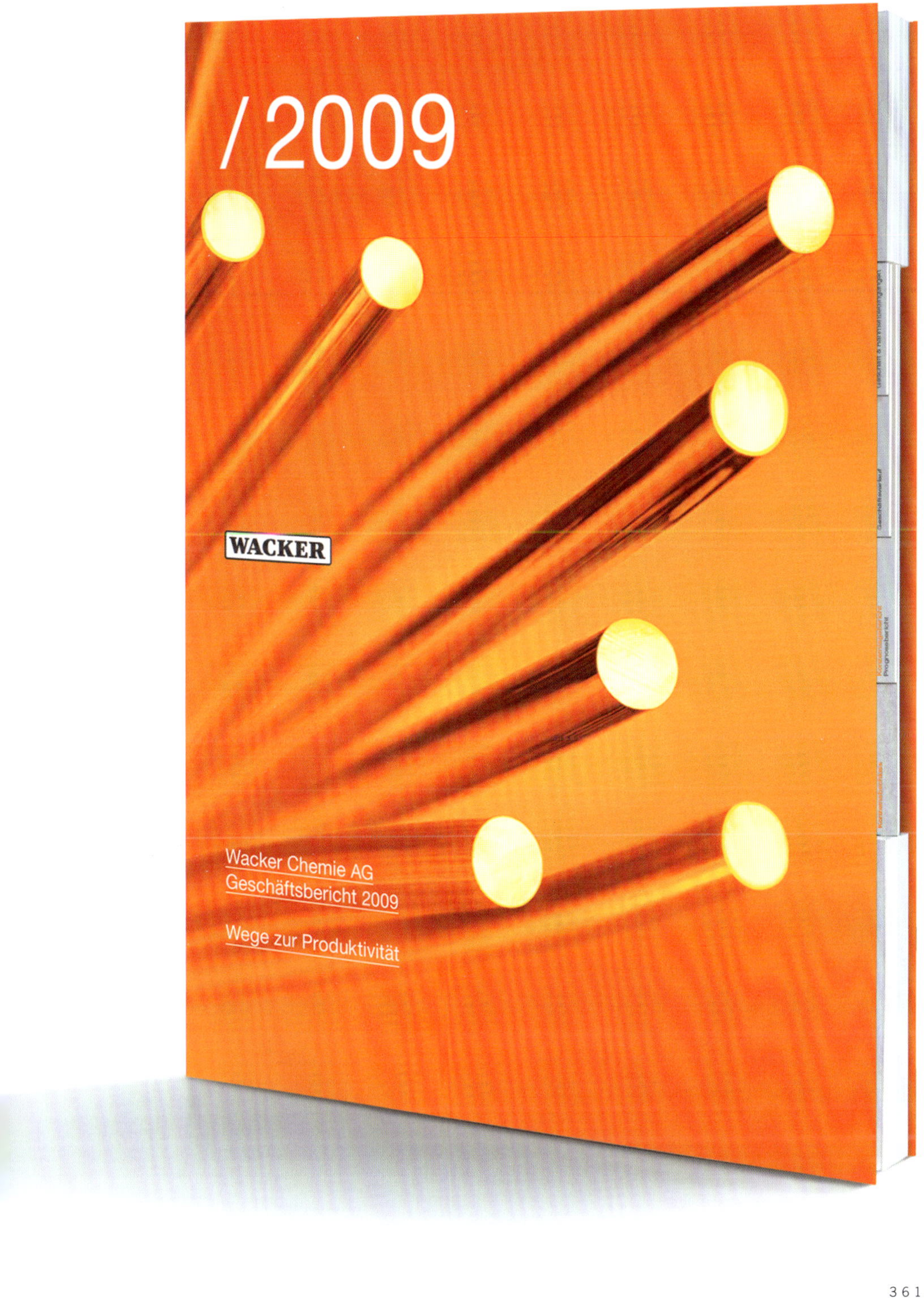
/2009
WACKER
Wacker Chemie AG
Geschäftsbericht 2009
Wege zur Produktivität

METRO GESCHÄFTSBERICHT 2009 „HIER WIRKT SHAPE! UMDENKEN"

Auftraggeber/Client **Metro AG** Agentur/Agency **Strichpunkt Design**

Aufgabe/Umsetzung Der Geschäftsbericht 2009 nimmt den Leser mit auf eine Reise zu den Kunden, Mitarbeitern und Lieferanten der METRO Group. Und es zeigt, wie das Unternehmen mit dem Wert- und Effizienzsteigerungsprogramm Shape 2012 noch kundenorientierter, noch internationaler und noch profitabler wird.

Assignement / Implementation The annual report for 2009 takes readers on a journey to customers, staff and suppliers of the METRO Group. And it shows how Shape 2012, the company's value and efficiency-enhancing program, is going to make it even more customer-orientated, more international and more profitable.

METRO Group
ZUM HANDELN GESCHAFFEN.
UMDENKEN!
HIER WIRKT
SHAPE 2012
GESCHÄFTSBERICHT
KONZERNABSCHLUSS
DER METRO AG
2009

WALDCAFÉ PFULLINGEN CORPORATE DESIGN Auftraggeber/Client **Waldcafé Restaurant & Garten** Agentur/Agency **Projekttriangle Design Studio**

Aufgabe/Briefing Erscheinungsbild für das wunderschöne Waldcafé am Fuße der Schwäbischen Alb. Ein besonderer Wunsch der Betreiber war es, den Charakter der Typografie des halb verwitterten Original-Holzschriftzuges aus den 60er Jahren in überarbeiteter Form beizubehalten.

Umsetzung Entwickelt wurde ein Corporate Design, welches den Namen „Waldcafé" versinnbildlicht. Filigrane Typografie, handgezeichnete Illustrationen, morphologische Transformationen und Fotografien der umliegenden Flora und Fauna prägen die visuelle Identität.

Assignment/Briefing The new image of the beautiful Waldcafé at the foot of the Swabian Alb. It was the café manager's special request to preserve the typography of the weather-beaten original wood lettering from the 60s in a revised version.

Implementation A corporate design that symbolizes the name "Waldcafé" (forest café) was developed. Delicate typography, hand-drawn illustrations, morphological transformations and photos of the local flora and fauna mark the visual identity.

11

waldcafé

Restaurant & Garten

01

verweile doch, du bist so schön ...

02

01 Die Wortmarke
02 Morphologische Transformationsreihe mit Claim
03 Corporate Font: Adobe Caslon Pro Regular / Italic
04 Hinweisgrafik WC
05 Hinweisgrafik WC außen, holzgefräst
06 Das Waldcafé, Ansicht Eingang
07 Das Waldcafé, Ansicht Terrasse

ABCDEFGHIJKLMNOPQRSTUVWXYZ
abcdefghijklmnopqrstuvwxyz
0123456789

ABCDEFGHIJKLMNOPQRSTUVWXYZ
abcdefghijklmnopqrstuvwxyz
0123456789

03

Corporate Color: Kupfer
Pantone 876

Corporate Color: Warm Grey
Pantone 10

04

05

06

07

08

09

10

08 Illustration „Admiral" (Frühling)
09 Illustration „Nieswurz" (Winter)
10 Illustration „Eichhörnchen" (Winter)
11 Menükarte, Vesperkarte, Speisekarten Winter und Frühling mit Veredelungen

IMPOSSIBLE Auftraggeber/Client **Impossible GmbH, Wien**
Agentur/Agency **Heine/Lenz/Zizka Projekte GmbH**

Aufgabe/Briefing The Impossible Project rettete die letzte Polaroid-Filmfabrik der Welt vor der Demontage, um wieder Sofortbildfilme herzustellen. Das Corporate Design der jungen Marke soll die Magie der analogen Instant-Fotografie modern und hochwertig vermitteln.

Umsetzung Das Corporate Design folgt dem Grundgedanken: So wenig wie möglich gestalten. Der Twist im Namen IMPOSSIBLE wird durch ein gespiegeltes „P“ typographisch betont. Aufwändige Verarbeitungsdetails unterstreichen die besondere Qualität des Materials: Jedes Bild ist ein Original.

Assignment/Briefing The Impossible project rescued the world's last Polaroid film factory from being dismantled so as to manufacture instant film again. The young brand's corporate design conveys the magic of analogue instant photography in a modern, high-quality way.

Implementation The corporate design follows the basic idea: design as little as possible. The twist in IMPOSSIBLE is emphasized typographically by a mirrored "P." Extensive processing details underline the material's special quality: each picture is an original.

IMPOSSIBLE

PX
100 ASA
PX 100
Silver Shade / First Flush
8 Monochrome Instant Pictures
for Polaroid SX-70 Cameras
125 ASA
PX
PX 70
Color Shade / First Flush
8 Instant Color Pictures for
Polaroid SX-70 Cameras

PX
2+1 Starter Pack
IMPOSSIBLE
PX 100
Silver Shade
100 ASA
ILFORD

360 GRAD NACHHALTIGKEITSBERICHT 2009 Auftraggeber/Client **Daimler AG**

Agentur/Agency **design hoch drei GmbH & Co. KG**

Aufgabe/Briefing Die ökonomischen Aspekte unternehmerischen Handelns mit den ökologischen und sozialen in einem Magazin zu vereinen. Etablierung einer Brand, die für die ganze Komplexität des Nachhaltigkeitsbegriffs mit inhaltlicher Tiefe und gestalterischer Prägnanz steht.

Umsetzung Zwei integrierte Publikationen mit zielgruppenspezifischen Informationen. Das Magazin steht mit der ganzen Vielfalt journalistischer Formen für Lesespaß und die Begeisterung für die Themen, der Faktenbericht für die nüchterne Bilanzierung der Hintergründe.

Assignment/Briefing To join together the economic aspects of entrepreneurial action and ecological and social issues in one magazine. Establishing a brand that represents the entire complexity of the sustainability concept and perfectly combines profundity regarding content and creative conciseness.

Implementation Two integrated publications providing information for the relevant target groups. The magazine with its great variety of journalistic writing stands for fun of reading and deep enthusiasm for the individual topics. The factual report focuses on the plain assessment of the background.

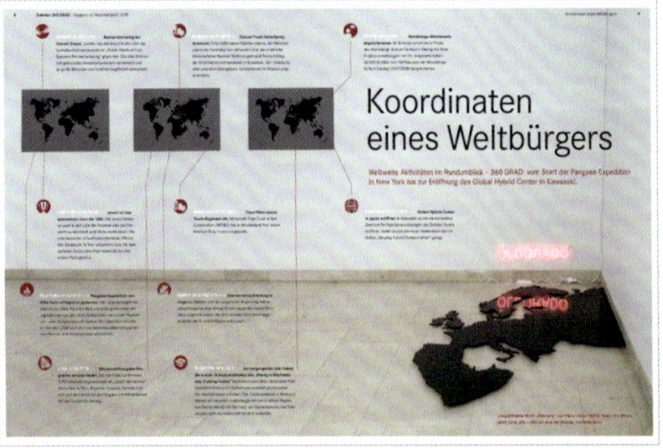

Nachhaltigkeitsbericht 2009
Daimler
360
Magazin
zero emission
driving the future
DAS E-HEFT
Evolution
Noch sauberer: Antriebe der neuen Generation der Daimler-Nutzfahrzeuge
Engagement
Gemeinsam setzen sich Mitarbeiter bei Daimler für soziale Projekte ein
Elektrizität
Daimler testet schon heute die Elektrofahrzeuge der Zukunft – mit Erfolg

CORPORATE DESIGN FÜR WARENDORF Auftraggeber/Client **Warendorf Küchen GmbH**
Agentur/Agency **KMS TEAM**

Aufgabe/Briefing Der Hersteller hochwertiger Küchen „Miele die Küche“ firmiert seit Anfang des Jahres unter dem Namen „Warendorf“. Um die Marke neu im Premiumbereich zu positionieren, war das gesamte Erscheinungsbild neu zu gestalten.

Umsetzung Die Logo-Doppelkrone aus dem Buchstaben „W“ und die Hausfarbe „Titan“, vom gleichnamigen Material abgeleitet, signalisieren edle Wertbeständigkeit. Die Schrift „Univers“ ist für gute Lesbarkeit und moderne Eleganz bekannt.

Assignment/Briefing The manufacturer of high-quality kitchens “Miele die Küche” operates under the name “Warendorf” since the beginning of the year. It was necessary to design an entirely new visual identity to reposition the brand in the premium segment.

Implementation The double-crown logo fashioned from the letter “W” and the corporate color “Titanium” derived from the material of the same name signal exclusive lasting value. The “Univers” typeface is known for clear legibility and modern elegance.

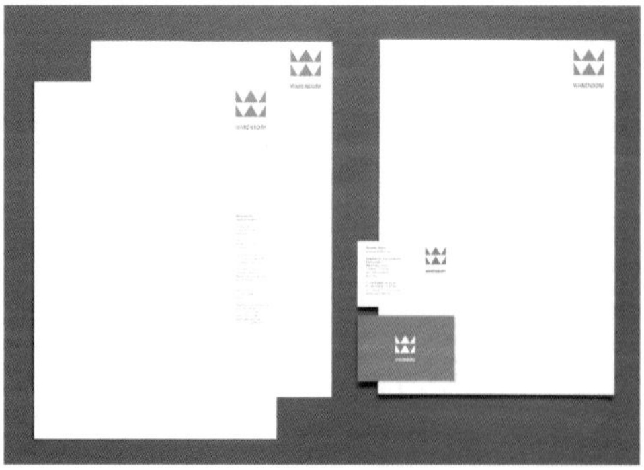

WARENDORF

DUALITY
EINE KÜCHE MIT ZWEISEITIGER PRÄSENZ.
ZURÜCKHALTEND UND DENNOCH IMPOSANT.
EIN MENÜ AUS KLASSE UND PERSÖNLICHKEIT.
ERFAHREN SIE MEHR
WARENDORF
Küchen für
Persönlichkeiten
seit 1973
• AKTUELLES

KEMBO – PHILOSOPHIE CARD Auftraggeber/Client **Beleef Kembo B.V.**

Agentur/Agency **Fuenfwerken Design AG**

Aufgabe/Briefing KEMBO entwickelt Einrichtungskonzepte für den Business-Markt, den Gesundheitsbereich und für zu Hause. Gemeinsam mit Teunen Konzepte hat KEMBO eine ganzheitliche Philosophie entwickelt, die es in Veranstaltungen und mit Printmedien zu begleiten gilt.

Umsetzung Das einfache und lebendige, qualitative und reduzierte Design der Einladungskarte sowie Printpublikationen wie der KEMBO-Philosophie oder dem Vortragsbooklet gestalten die umfassende Bedeutung von Lebens- und Arbeitsraum für KEMBO in Kombination von Nachhaltigkeit, individueller Funktionalität und kreativer Flexibilität visuell aus.

Assignment/Briefing KEMBO produces furnishing concepts – and has developed a consistent philosophy for it with Teunen Konzepte. Fuenfwerken, which manages and supports the KEMBO brand, has translated it into an image for various print media.

Implementation The simple and lively, high quality and minimalist design of the invitation and print publications such as the KEMBO philosophy or the presentation booklet is a visual expression of the broad significance of living and working space for KEMBO. It combines sustainability, individual functionality and creative flexibility.

KEMBO
Koningsschot 55
NL-3905 PR Veenendaal
Nederland
Tel. +31 (0)318 544 444 Fax +31 (0)318 544 333
info@kembo.com www.kembo.com
KEMBO

KEMBO
Tactus.

DEK 21 Auftraggeber/Client **fischerAppelt, relations GmbH**
Agentur/Agency **Ligalux GmbH**

Aufgabe/Briefing fischerAppelt ist eine der führenden Agenturgruppen Deutschlands. Um den eigenen Kern zu stärken und dem gesellschaftlichen und medialen Wandel Rechnung zu tragen, gründet fischerAppelt 2010 eine PR-Agentur: Unter dem Leitgedanken „Schärfen statt glätten" steht fischerAppelt, relations für einen Kurswechsel in der Meinungslandschaft und stellt zur Gründung 21 Thesen für eine schärfere Kommunikation auf.

Umsetzung LIGALUX wurde mit der Gestaltung einer Broschüre mit dem Namen „Dek 21" beauftragt. Jede der 21 Thesen wurde individuell gestaltet und bekommt so inhaltlich und visuell ein eigenes Gesicht. Farbigkeit (Neonfarbe Gelb) und Schrift (aufgepixelte Frakturschrift) wurden zeitgemäß interpretiert, wie auch die 21 Thesen auf eine Neuinterpretation von polarisierender Kommunikation setzen.

Assignment/Briefing fischerAppelt is one of Germany's leading agency groups. In 2010, fisherAppelt founded a PR agency to strengthen their own core business and accommodate a changing social and media landscape. Under the guiding principle of "Sharper not Smoother," fischerAppelt, relations stands for a change of policy in the opinion landscape and, on the occasion of its foundation, formulates 21 position statements for sharper communication.

Implementation LIGALUX was commissioned with the design of a brochure titled "Dek 21." An individual design concept was created for each of the 21 position statements to create unique contextual and visual identities. Color definition (Day-Glo yellow) and typography (pixelated gothic) were interpreted in a contemporary context that relates to the way the 21 position statements place an emphasis on a reinterpretation of polarizing communication.

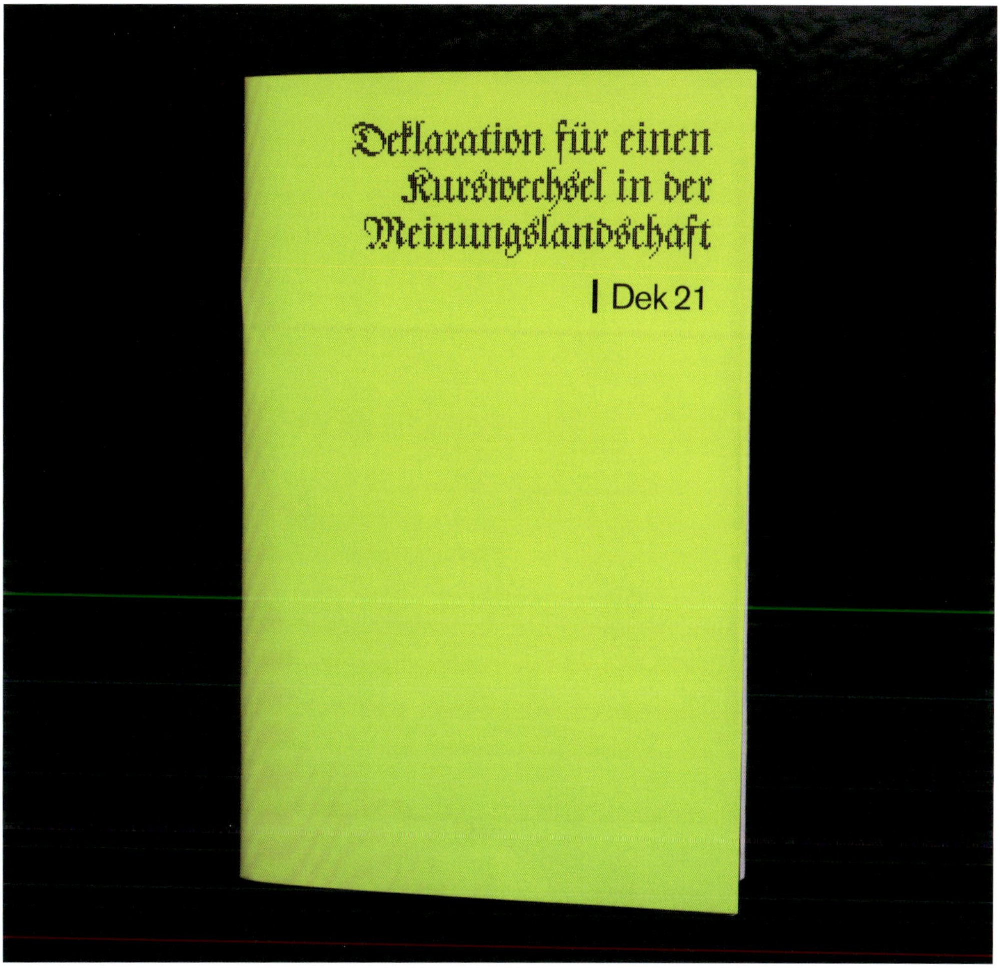
Deklaration für einen Kurswechsel in der Meinungslandschaft
Dek 21

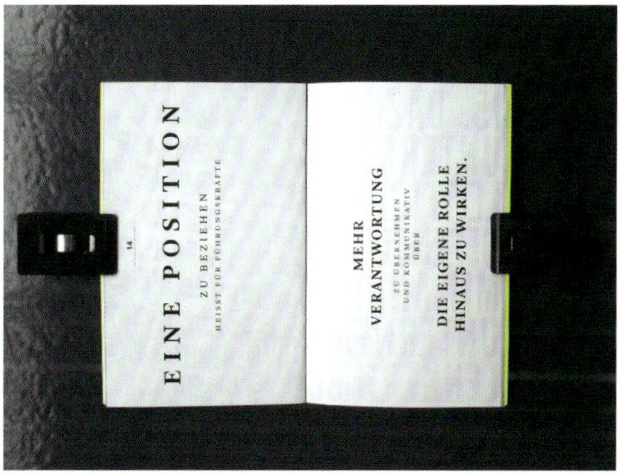
EINE POSITION
ZU BEZIEHEN
MEHR VERANTWORTUNG
DIE EIGENE ROLLE HINAUS ZU WIRKEN.

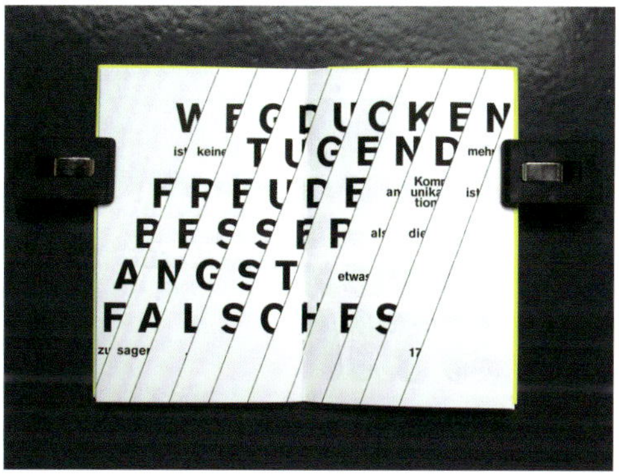

„DAS BESTE BLEIBT FÜR IMMER." J. S. DOUGLAS SÖHNE VINTAGE NOTIZBUCH. Auftraggeber/Client **Parfümerie Douglas GmbH**

Agentur/Agency **SelectNY Berlin**

Aufgabe/Briefing Entwicklung eines ungewöhnlichen VIP-Pressegeschenks im Rahmen des 100-jährigen Jubiläums der Marke Douglas und des Launches einer Vintage-Pflegeserie die auf den schottischen Firmengründer J. S. Douglas zurückgeht, der 1821 eine Seifenfabrik in Hamburg gründete.

Umsetzung Normalerweise nehmen Pressevertreter die für sie konzipierten Materialien mit einem artig bemühten Lächeln entgegen. Doch im Mai 2010 auf der Douglas-Pressekonferenz war das anders. Aktuell sind wir gerade dabei nachzudrucken, weil nicht ein einziges Belegexemplar für die Agentur übrig geblieben ist. Woran das liegt? Vielleicht an einer seltenen Magie, die dafür sorgt, dass mit minimalen Worten und maximaler Wirkung die bisher verborgene Geschichte von Douglas zum Leben erweckt wird.

Assignment/Briefing Development of a special VIP-press gift in the context of the 100-year anniversary of the brand "Douglas" and the launching of a vintage line of skincare products that goes back to the Scottish founder J. S. Douglas, who established a soap factory in 1821 in Hamburg.

Implementation Normally press representatives receive the materials conceived for them with a well-behaved smile. But in May 2010, at the Douglas press conference, it was different. Currently, we are about to reprint the notebook, because not a single copy was left for the agency. And what is the reason for this? Perhaps the rare magic, which ensures that with minimal words and maximum effect, the so far hidden history of Douglas is aroused to life.

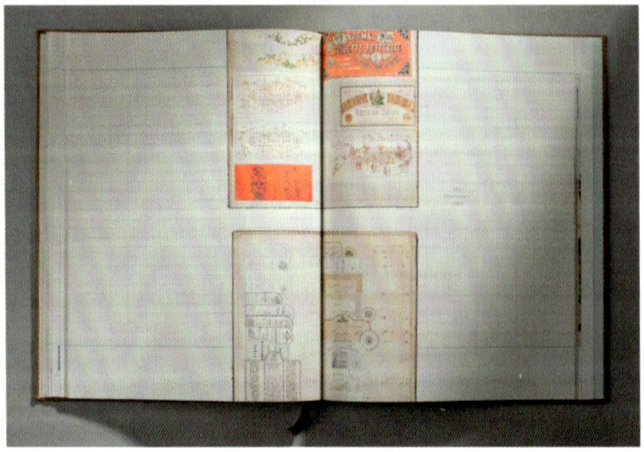

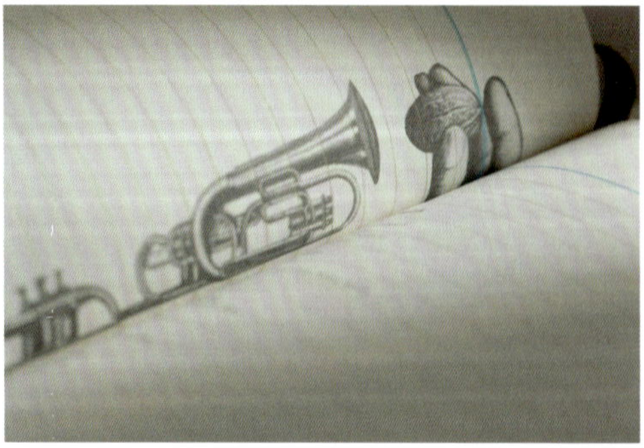

DAS BESTE BLEIBT für IMMER.

DYCKERHOFF GESCHÄFTSBERICHT 2009 Auftraggeber/Client **Dyckerhoff AG**

Agentur/Agency **Heisters & Partner, Corporate & Brand Communication**

Aufgabe/Briefing Der Geschäftsbericht thematisiert die strategischen Investitionen des Unternehmens vor dem Hintergrund der globalen Finanzkrise. Der Bericht zeigt, dass das Unternehmen trotz der schwierigen Situation gezielt strategische Investitionen tätigt und seine Position für die Zukunft stärkt.

Umsetzung Auf plakative Weise stellt der Bericht den ökonomischen und ökologischen Mehrwert dieser Maßnahmen dar und unterstreicht die Verbesserungen mit konkreten Zahlenwerten. Die grafische Anmutung der Bilder nimmt sich bewusst zurück und stellt die wirtschaftlichen Basisfakten in den Mittelpunkt.

Assignment/Briefing This annual report focuses on the company's strategic investments in the light of the global financial crisis. The report shows that, despite the difficult situation, the company makes targeted strategic investments, strengthening its future position.

Implementation In a distinctive way, the report presents the economic and ecological surplus of the actions taken and stresses the improvements by giving clear figures. The graphic impression of the pictures is deliberately unobtrusive and focuses on the basic economic facts.

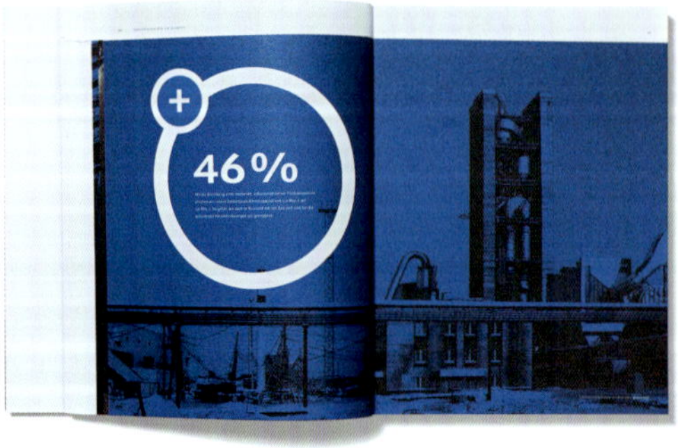

Dyckerhoff
09
„INVESTITIONEN FÜR DIE ZUKUNFT – EFFIZIENT UND STRATEGISCH."

MITARBEITERZEITUNG Auftraggeber/Client **E.ON Ruhrgas**
Agentur/Agency **Lesmo**

Aufgabe/Briefing Konzeption und Entwurf einer Mitarbeiterzeitung/Sonderausgabe „Umzug“.

Umsetzung Gerade in bewegten Zeiten ist es wichtig, die Mitarbeiter zu motivieren. Informationen zur Strategie des Unternehmens, aber auch zu den Kollegen gehören dazu. Dazu wird auch bei E.ON Ruhrgas (ERG) eine Mitarbeiterzeitung herausgegeben. Anlässlich des anstehenden Umzugs entstand die Neubau-Sonderausgabe. Die CD-Vorgaben für Periodika setzen den gestalterischen Rahmen, innerhalb dessen themenspezifische Umsetzungen für Abwechslung sorgen.

Assignment/Briefing Conception and design of a company magazine/special edition on “Relocation.”

Implementation It is important to motivate staff – especially in turbulent times. Such motivation includes information on the company strategy as well as information regarding colleagues. That is why E.ON Ruhrgas (ERG) will now also publish a company magazine. The special edition emerged on the occasion of the upcoming relocation. The CD guidelines for periodicals provide the artistic frame within which theme-specific implementation ensures variety.

20
21
Es ist was los in der Nachbarschaft.
Gibt's hier nicht, gibt's hier nicht!
Egal, ob Sie mittags mal „raus" möchten oder nach Feierabend noch Lust auf einen kleinen Bummel haben: Alles, was Sie suchen, finden Sie in unmittelbarer Nähe. Ganz bequem zu Fuß.

Kunst
im Bau

Alle
Wege
führen
zum
Brüsseler
Platz

PERIODENSYSTEM DER ZUKUNFT

Auftraggeber/Client **Chemische Fabrik Budenheim KG**

Agentur/Agency **KAISER+MORE GmbH**

Aufgabe/Briefing Konzeption und Umsetzung einer Kommunikationsmaßnahme zur Akquisition von Auszubildenden und Präsentation der Chemischen Fabrik Budenheim als menschlicher, moderner Arbeitgeber mit festen ethischen Werten und hohem Verantwortungsbewusstsein.

Umsetzung Meine Zukunft: Budenheim. Das Periodensystem der Zukunft besteht aus vielen einzelnen Karten, die Werte, Mitarbeiter-Statements, Berufsbilder und Informationen über Budenheim als Arbeitgeber ungewöhnlich und anziehend kommunizieren. Die Karten verführen zum anfassen und umdrehen, zum mitmachen und zum nachdenken – darüber, die eigene berufliche Zukunft zu gestalten – bei Budenheim.

Assignment/Briefing Design and implementation of a trainee recruitment campaign, presenting the Chemische Fabrik Budenheim, as a welcoming, modern employer with solid ethical values and a high sense of responsibility.

Implementation My future: Budenheim. The periodic table of the future consists of many individual cards that communicate the values, employee statements, job descriptions and information about Budenheim as employer in an unusual and attractive way. It is tempting to touch the cards and turn them over, to participate and think – about one's professional future at Budenheim.

Respe
kt
meine Zukunft
Budenheim

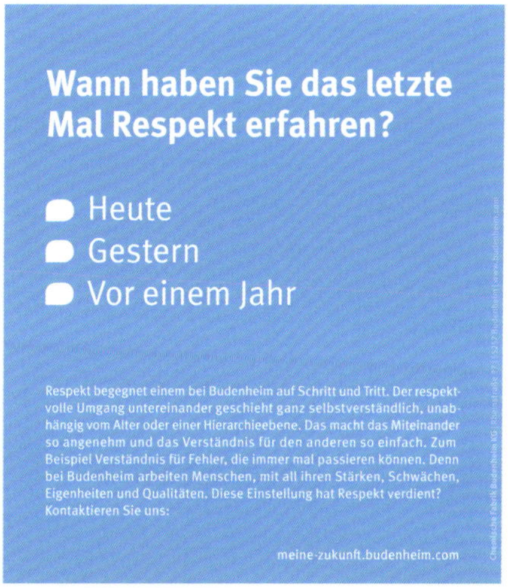
Wann haben Sie das letzte Mal Respekt erfahren?
Heute
Gestern
Vor einem Jahr
Respekt begegnet einem bei Budenheim auf Schritt und Tritt. Der respektvolle Umgang untereinander geschieht ganz selbstverständlich, unabhängig vom Alter oder einer Hierarchieebene. Das macht das Miteinander so angenehm und das Verständnis für den anderen so einfach. Zum Beispiel Verständnis für Fehler, die immer mal passieren können. Denn bei Budenheim arbeiten Menschen, mit all ihren Stärken, Schwächen, Eigenheiten und Qualitäten. Diese Einstellung hat Respekt verdient? Kontaktieren Sie uns:
meine-zukunft.budenheim.com

Fin
Fachinformatiker/-in
meine Zukunft
Budenheim

EAt
Elektroniker/-in
Automatisierungstechnik
meine Zukunft
Budenheim

Ik
Industriekaufmann/-frau
meine Zukunft
Budenheim

Im
Industriemechaniker/-in
Betriebstechnik
meine Zukunft
Budenheim

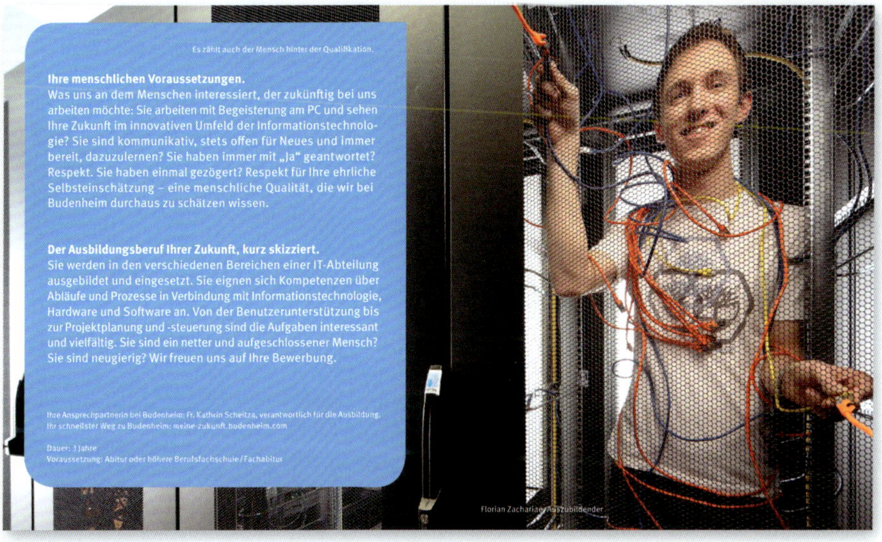
Es zählt auch der Mensch hinter der Qualifikation.
Ihre menschlichen Voraussetzungen.
Was uns an dem Menschen interessiert, der zukünftig bei uns arbeiten möchte: Sie arbeiten mit Begeisterung am PC und sehen Ihre Zukunft im innovativen Umfeld der Informationstechnologie? Sie sind kommunikativ, stets offen für Neues und immer bereit, dazuzulernen? Sie haben immer mit „Ja“ geantwortet? Respekt. Sie haben einmal gezögert? Respekt für Ihre ehrliche Selbsteinschätzung – eine menschliche Qualität, die wir bei Budenheim durchaus zu schätzen wissen.
Der Ausbildungsberuf Ihrer Zukunft, kurz skizziert.
Sie werden in den verschiedenen Bereichen einer IT-Abteilung ausgebildet und eingesetzt. Sie eignen sich Kompetenzen über Abläufe und Prozesse in Verbindung mit Informationstechnologie, Hardware und Software an. Von der Benutzerunterstützung bis zur Projektplanung und -steuerung sind die Aufgaben interessant und vielfältig. Sie sind ein netter und aufgeschlossener Mensch? Sie sind neugierig? Wir freuen uns auf Ihre Bewerbung.
Ihre Ansprechpartnerin bei Budenheim: Fr. Kathrin Scheitza, verantwortlich für die Ausbildung.
Ihr schnellster Weg zu Budenheim: meine-zukunft.budenheim.com
Dauer: 3 Jahre
Voraussetzung: Abitur oder höhere Berufsfachschule / Fachabitur
Florian Zachariae/Auszubildender

EINE IDEE SPRICHT FÜR SICH. DAS CORPORATE DESIGN DER WIRTSCHAFTSAGENTUR WIEN. Auftraggeber/Client **Wirtschaftsagentur Wien. Ein Fonds der Stadt Wien.** Agentur/Agency **Brainds, Deisenberger GmbH**

Aufgabe/Briefing Die Wirtschaftsagentur Wien ist als zentrales wirtschaftspolitisches Instrument der Stadt kompetenter Partner der Wiener Wirtschaft. Mittels Renaming und Neugestaltung des Erscheinungsbilds sollte eine „Premium-Dienstleistungsmarke" geschaffen werden.

Umsetzung Kraft und Bedeutung, aber auch Kreativität und Innovationslust der Agentur standen für das neue Gestaltungskonzept im Vordergrund. Das neue Erscheinungsbild ist klassisch-modern und dabei selbstbewusst elegant.

Assignment/Briefing As a political and economical instrument for the city of Vienna, the Vienna Business Agency (Wirtschaftsagentur Wien) operates as a competent partner to the city's business sector. The agency was renamed and its image overhauled with the intention of creating a "premium service brand."

Implementation The new concept focuses on the agency's strength and significance as well as its creativity and innovative power. The new look is classically modern while self-confidently elegant.

Wir bauen
Zukunft
für Wien.

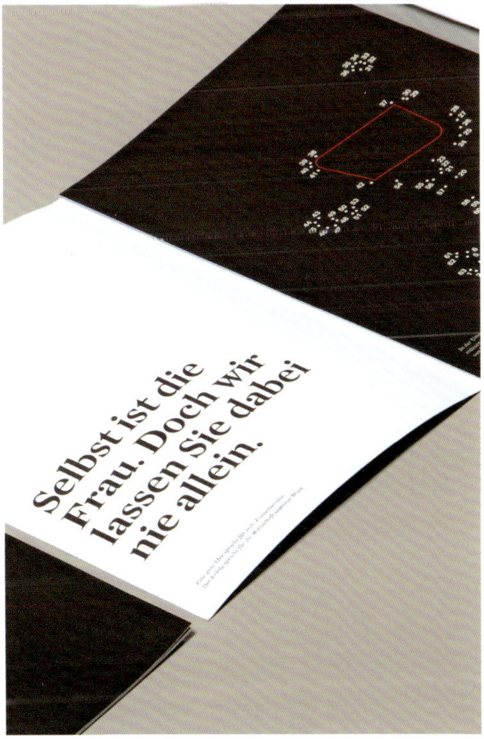
Selbst ist die
Frau. Doch wir
lassen Sie dabei
nie allein.

EIN GUTES FOTO IST EIN FOTO, AUF DAS MAN LÄNGER ALS EINE SEKUNDE SCHAUT. (HENRI CARTIER-BRESSON)

Alexander Beck, Fotograf

www.alexander-beck.de

Kategorie/Category **GRAPHIC FINE ARTS**

VORSITZENDE DER JURY/CHAIRWOMAN OF THE JURY

Bibs Hosak-Robb bibs industrial design consultancy

Neben der meisterlichen Bearbeitung und der Präzision der Designwerke, waren die Genialität und deren Inszenierungen das Beindruckende an Graphic Fine Arts.
Der Wert der Arbeit liegt nicht im Produkt alleine sondern in den Geschichten, die sie erzählen.

Next to the masterful handling and precision of the design objects the genius and the staging thereof were the most impressive in the Graphic Fine Arts category.
The value of the work lies not only in the products themselves but also in the stories they tell.

Petra Vogt MetaDesign AG

Beate Weller Büro Weller Innenarchitektur

Lisa Schulze Oechtering Feine Werbung

Sascha Lötscher Gottschalk+Ash International

GOLD

MONKEY 47 – SCHWARZWALD DRY GIN

Auftraggeber/Client **Black Forest Distillers**
Agentur/Agency **Discodoener Grafik-Design**

Aufgabe/Briefing Gestaltung von einem Etikett für den ersten Gin aus dem Schwarzwald. In Anlehnung an die englische Gin-Tradition diente eine alte Kolonialbriefmarke als Inspiration. Der Affe, die Schwarzwald-Landschaft und das exotisch-indische Panorama wurden im Stil alter Kupferstiche illustriert.

Umsetzung Das Etikett wurde mit zwei Sonderfarben gedruckt und mit einem für Briefmarken typischen Zackenrand versehen. Der Gin wird in eine extra angefertigte Flasche, die an alte Apothekerflaschen erinnert, abgefüllt. Ein spezieller Korken mit Metallring rundet das Gesamtbild ab.

Assignment/Briefing Label design for the first gin from the Black Forest. In recognition of England's gin tradition, we took our inspiration from an old colonial stamp. The monkey, the Black Forest landscape, and the exotic Indian panorama are depicted in the style of old etchings.

Implementation The label is printed in two special colors and features a perforated edge just like a stamp. The bottle for our gin is especially designed to look like an old pharmaceutical bottle. A special cork with a metal ring completes the look.

MONKEY 47
SCHWARZWALD DRY GIN

MONKEY 47
47%VOL
500 ML
HANDCRAFTED
UNFILTERED
SCHWARZWALD DRY GIN

THE HAITI POSTER PROJECT

Auftraggeber/Client **The Haiti Poster Project**
Agentur/Agency **Pentagram Design Ltd, Berlin**

Aufgabe/Briefing: Das Poster für „The Haiti Poster Project" ist Teil einer Benefizaktion für das vom Erdbeben zerstörte Land. Designer aus der ganzen Welt wurden aufgerufen, eine limitierte Auflage von 25 bis 100 Postern zu gestalten.

Umsetzung Die hier abgebildete Motiv-Kreation basiert auf der eindrücklichen Visualisierung von Erdstößen. So wie Haiti plötzlich und überraschend von dem Beben erschüttert wurde, widerfährt es auf dem Plakatmotiv dem Wort „Haiti": Mit Füllfederhalter handgeschrieben, ist es in der Mitte von heftigen seismographischen Ausschlägen gezeichnet.

Assignment/Briefing The poster for "The Haiti Poster Project" is part of a goodwill benefit campaign for the country devastated by an earthquake. Designers from all over the world were asked to design a limited edition of 25 to 100 posters.

Implementation The poster motif depicted here is based on the impressive visualization of earth tremors. Just like Haiti was suddenly and surprisingly shaken and destroyed by the earthquake, the word "Haiti" in the poster is suddenly subject to strong jolting and vibrations: handwritten with a fountain pen, it shows strong seismographic deflections in the middle.

HELP REBUILD HAITI!
POSTER DESIGNED BY JUSTUS OEHLER FOR
THE HAITI POSTER PROJECT

SILBER

GESCHÄFTSAUSTATTUNG MALTE M. POHL

Auftraggeber/Client **Malte M. Pohl**

Agentur/Agency **KW43 BRANDDESIGN**

Aufgabe/Briefing Entwicklung einer hochwertig schlichten Geschäftsausstattung für einen Anwalt.

Umsetzung Entwicklung eines Signets (abstrakteste Umsetzung der Justitia Waage), das ausschließlich materialhaft (Wasserzeichen, Blindprägung) umgesetzt wird. Zweiseitig kaschierte Umsetzung der Visitenkarte aus durchgefärbtem hellem und dunklem Karton. Umsetzung der Typografie in Prägedruck.

Assignment/Briefing Development of high-quality, unpretentious business stationery for a lawyer.

Implementation Development of an emblem (featuring a very abstract rendition of the scales of Justitia) for use exclusively on stationery materials (watermark, embossing). Business card with dyed light and dark card laminated front and back. Relief-printed typography.

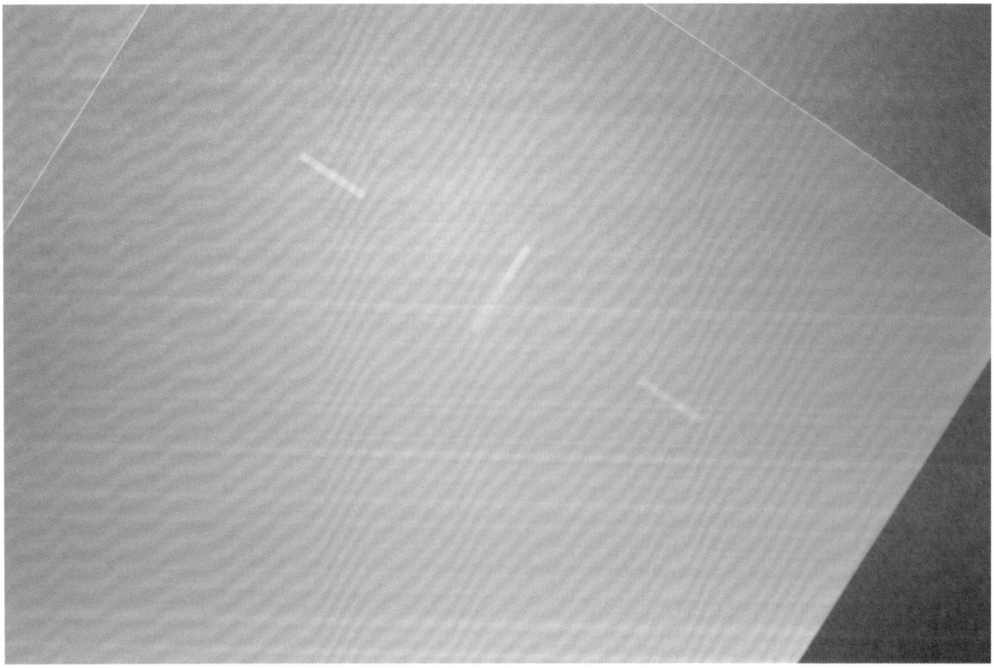

Malte M. Pohl
Rechtsanwalt und Strafverteidiger
Worringer Straße 61 . 40211 Düsseldorf
Tel. 0211 . 46 82 94 46
Fax 0211 . 46 82 94 47
24h Tel. 0176 . 6 888 0 444
www.pohl-rechtsanwalt.de

HERBSTKALENDER 2010 Auftraggeber/Client **STIHL Vertriebszentrale AG & Co. KG**
Agentur/Agency **Euro RSCG Düsseldorf**

Aufgabe/Briefing Stihl bat die Agentur, eine promotionale Werbeaussendung für Stihl Blasgeräte zu entwickeln. Bedingung: Das Mailing sollte „state of the art“ sein.

Umsetzung Die Agentur entwickelte nicht nur – sie machte eine ganz neue Erfindung: Den Herbstkalender 2010 – den ersten Abreißkalender, der seine Blätter automatisch verliert. Abgesehen von seiner innovativen Funktionsweise überrascht der Kalender aber auch bei der Gestaltung. Mit Kalenderblättern, die wie Herbstblätter aussehen – genauso vielfältig in Farbe und Struktur, wie die Natur selbst. So zeigt er die Notwendigkeit von Stihl Blasgeräten auf eine sehr abwechslungsreiche und unterhaltsame Weise – und das Tag für Tag. Passend zu der Tatsache, dass Blätter eigentlich nur im Herbst fallen, gilt unser Kalender auch nur für den Zeitraum vom 23.09. bis zum 21.12.

Assignment/Briefing STIHL asked the agency to develop a calendar promoting the product range of leaf blowers. Explicit request: make something never seen before.

Implementation The agency created an invention. Introducing the autumn calendar 2010 – the first tear-off calendar that looses its leaves automatically. Apart from the invention the design of the calendar is also absolutely unusual. Because its leafs are directly inspired by nature – adapting nature leafs in many different colors and structures. So it shows the necessity of STIHL Handheld Blowers in an entertaining way – day by day. Due to the fact that leafs fall in autumn only, our calendar covers the time period from 09/23 to 12/21.

STIHL
LEAF BLOWERS
FALL IS COMING.
AUTUMN
CALENDAR
2010
09/23 – 12/21

BRONZE

BEISSER PACKAGING

Auftraggeber/Client **Beisser GmbH & Co KG**

Agentur/Agency **MUTABOR Design GmbH**

Aufgabe/Briefing Die Beisser GmbH & Co KG ist das Traditionshaus für feinste Fleischwaren in Hamburg. Seit über 175 Jahren steht das Familienunternehmen für höchste Qualität. Tradition und Innovation gehen bei Beisser seit jeher Hand in Hand. Ziel war es, einen Markenauftritt zu schaffen, der diese beiden Werte vereint.

Umsetzung Für den Zweiklang der Markenwerte wurden diese zu allererst im Corporate Design gespiegelt und mit einem provokanten Slogan unterstrichen: „Beisser – the new fleisch". Das Traditionelle wurde auf authentische und originelle Weise neu interpretiert und gibt somit die Grundwerte der Marke wieder. Sowohl die Geschäftsausstattung als auch das komplette Packaging wurden ganzheitlich im neuen Markenauftritt redesignt. Jedes Produkt erhält sein eigenes Icon, das sich in seiner Optik an Motive aus der Gründerzeit anlehnt. Die moderne Interpretation der antiken Illustrationen, die den Themen Hamburg, Handwerk und Tradition eine Bildsprache geben, wurden vor allem auch der Geschichte von Beisser entnommen, die bereits die kaiserlichen Schiffe von Wilhelm II belieferten. So gibt es zum Beispiel eine Wurst mit der Illustration vom Kaiser, die „Kleiner Wilhelm" und „Großer Wilhelm" heißt. Ironisch wird auch „Der edle Wiener" – Bezeichnung für die Wiener Würste – verpackt.

Assignment/Briefing Beisser GmbH & Co KG is a traditional company with a reputation for the finest meat products in Hamburg. For over 175 years the family-owned business has stood for outstanding quality. At Beisser, tradition and innovation have always gone hand in hand. The aim was to create a brand identity that combines both these values.

Implementation The dual symbolism of the brand values is incorporated into the corporate design and reinforced with a provocative slogan: "Beisser – the new fleisch." Tradition has been re-interpreted in an authentic and original way, reflecting the fundamental philosophy of the brand. Both the shop interior and all packaging have been redesigned to match the new brand identity. Each product has its own icon, the look is reminiscent of late 19th century motifs. The modern interpretation of antique illustrations lends a visual language to the themes of Hamburg, craftsmanship and traditions. These images come mostly from the history of Beisser company, who were already supplying their goods to the ships of Kaiser Wilhelm II. One example is the illustration of the Kaiser used for a type of sausage called "Kleiner Wilhelm" (Small Wilhelm) and "Grosser Wilhelm" (Big Wilhelm). The name "Der edle Wiener" (The noble Viennese) on the packaging of Beisser's Viennese sausage is also ironic.

BEISSER
HAMBURG 1836

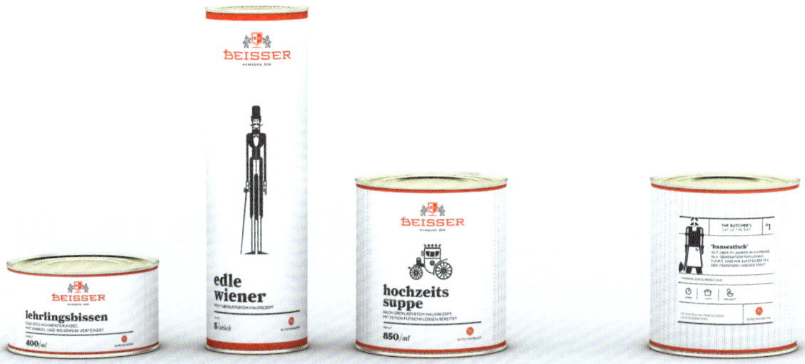

DOKUMENT DESIGNFORUM WIEN 2006–2010 Auftraggeber/Client **designforum Wien**

Agentur/Agency **Alexander Egger, Isolde Fitzel**

Aufgabe/Briefing Das Buch dokumentiert die Aktivitäten des designforum Wien in den ersten vier Jahren seines Bestehens. Es erweist sich als vielschichtige Dokumentation mit Work-in-Progress Charakter, konzipiert als verhandelbares Statement, das Philosophie und Grundausrichtung des designforum unterstreicht.

Umsetzung Rauh und kraftvoll, mit Hang zum offenen Diskurs. Der konzeptionelle Ansatz spiegelt sich in der Gestaltung wider: Eine dicke Arbeitsmappe zwischen schweren Buchdeckeln, offenem Rücken, rohes Cover, Prägung, Spiel mit Typografie, Codes, Raum, eingeschlagen in ein zweiseitig bedrucktes Poster, das ihm Variation im Aussehen gibt.

Assignment/Briefing The book documents activities of designforum Vienna in the first four years of its existance. It comprehends itself as a multilayered documentation of work in progress, conceived as open platform for discourse, just as attentive recipient and estimator of trends and developments of design in a fast and everchanging world.

Implementation Rough and strong, with a tendency to an open discourse. A conceptual approach which is also reflected in the design: thick bound portfolio of work encased by two heavy cardboard covers, embossment, open spine, playful typography, experiments of codes and space. The book comes infolded in a double-sided poster which gives variation in appearance.

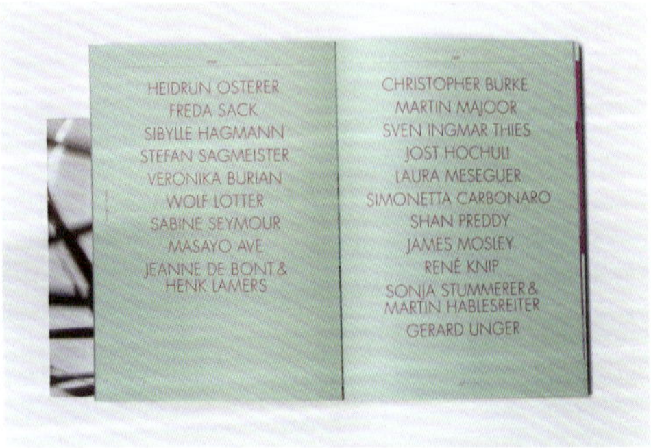

DESIGNFORUM WIEN
2006–2010
designforum
DESIGNFORUM WIEN
2006–2010
designforum

JOACHIM WISSLER KOCHBUCH „JW 4" Auftraggeber/Client **Wissler Group**
Agentur/Agency **häfelinger+wagner design gmbh**

Aufgabe/Briefing J. Wisslers Anspruch an die Weiterentwicklung der kreativen Küche bewegte ihn zu Menükreationen mit mehr als 20 Gängen. Sein ganzheitliches Verständnis der Gourmetküche schließt die Präsentation der Speisen und das Raumambiente für seine Gäste mit ein.

Umsetzung „JW 4", benannt nach den vier saisonalen Menüs, beabsichtigt tiefst mögliche Einblicke in seine Kochwerkstatt. Wisslers Herangehensweise, traditionelle Küche modern und immer wieder neu zu interpretieren greift das Buch in seiner Gestaltung auf.

Assignment/Briefing J. Wissler's claim to develop the creative kitchen moved him to create menus with more than 20 courses. His integrated understanding of the gourmet kitchen also includes the presentation of the dishes and the room ambience for the guests.

Implementation "JW 4," named after the four seasonal menus, intends giving the deepest possible insight into Wissler's cooking area. The cookbook shows Wissler's approach to interpreting the traditional kitchen in a modern and constantly new way.

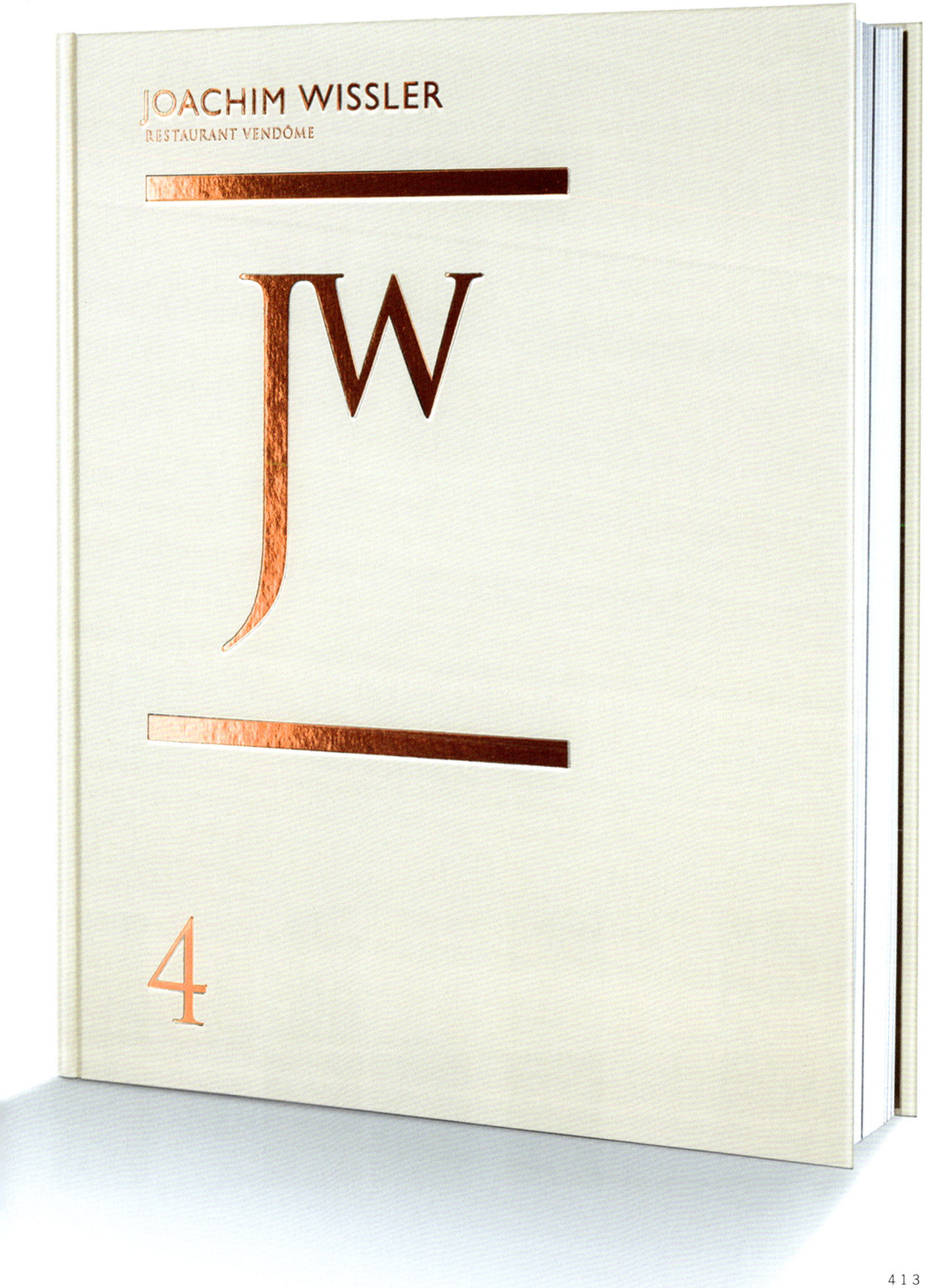
JOACHIM WISSLER
RESTAURANT VENDÔME
JW
4

„CHEESE" WANDKALENDER 2010 Auftraggeber/Client **Eberl Medien GmbH**

Agentur/Agency **Strichpunkt Design**

Aufgabe/Umsetzung Strichpunkt entwickelte gemeinsam mit dem Management eine neue Firmenstruktur, Naming und Erscheinungsbild. Das Corporate Design spielt dabei mit exakt positionierter, aber vielfältig eingesetzter Typographie. Unser Beispiel zeigt den Kalender 2010, der eine weitere Unternehmenstradition feiert: Die der Käseherstellung, mit der geballten Druckkompetenz des Hauses Eberl auf 24 Blättern aufwändig in Szene gesetzt – schön, dass das Wort ChEEsE außerdem drei E's beinhaltet – eines für Eberl Medien, eins für Eberl Print und eins für Eberl Online.

Assignment/Implementation Strichpunkt developed a new corporate structure, name and image together with their management. The corporate design plays with exactly-positioned yet versatile typography. Our example depicts the 2010 calendar which celebrates another company tradition: that of cheese production, staged by the entire printing competence of Eberl on 24 pages – it's a good thing the word chEEsE has three Es – one for Eberl Media, one for Eberl Print and one for Eberl Online.

CHEESE
2010
das Käse~jahr

„THINK BIG!" WANDKALENDER 2010 Auftraggeber/Client **Papierfabrik Scheufelen GmbH & Co. KG** Agentur/Agency **Strichpunkt Design**

Aufgabe/Umsetzung „Good business is the best art“: Ganz im Sinne Andy Warhols sind die Strichpunkt Designer zu dem Schluss gekommen, dass große Marken sich, im Detail betrachtet, von großer Kunst nicht unterscheiden. Im Gegenteil: Entstanden sind dabei abstrakte Kunstwerke, die nichts anderes sind als unveränderte Ausschnittsvergrößerungen winziger Details der Markenzeichen von Weltmarken. Der Kalender beweist, dass nichts schöner ist als Erfolg – erst recht auf Scheufelen Markenpapieren.

Assignment/Implementation “Good business is the best art:” entirely in line with Andy Warhol, the Strichpunkt designers have come to the conclusion that major brands are no different to major art when examined in detail. On the contrary, abstract works of art have evolved which are nothing more than unchanged magnifications of excerpts of tiny details of international brand trademarks. The calendar proves that there is nothing sweeter than success – especially on Scheufelen brand paper.

12
01 02 03 04 05 06 07 08 09 10 11 12 13 14 15 16 17 18 19 20 21 22 23 24 25 26 27 28 29 30 31

WILD BAG® BOX Auftraggeber/Client **winwood48 KG** Agentur/Agency **identis GmbH**

Aufgabe/Briefing Wild Bag® Box out_of_ark ist eine Taschenkollektion in 3 Basismodellen mit 15 verschiedenen Tiermotiven aus 5 Kontinenten. Die Crossover bags werden in der ausbruchsicheren Wild Bag Box transportiert – wie es sich für wilde Taschen gehört.

Umsetzung Die Wild Bag Box ist somit mehr als eine Verpackung. Sie ist Teil der Story und bestätigt die Lebendigkeit der Produkte. Die Wellpappe wird im Rohzustand belassen. Der lebendige Inhalt bleibt sicher verwahrt, lässt sich aber durch das Gitter schnell entdecken. Das Innenleben wird Teil des Packungsbildes. Die Packung verstärkt das Produktprofil.

Assignment/Briefing Wild Bag® Box out_of_ark is a bag collection with 3 basic models and 15 different motifs featuring animals from 5 continents. The crossover bags are transported in an escape-proof Wild Bag Box – as is befitting of wild bags.

Implementation This makes the Wild Bag Box so much more than just packaging. It becomes part of the story and affirms the vitality of our products. The corrugated board is left in its natural state. The lively contents are kept safe, but are still clearly visible through the bars. What's inside becomes part of the packaging, which in turn strengthens the product profile.

WILD BAGS!

DAS GEHEIME LEBEN DER BÜCHER VOR DEM ERSCHEINEN Auftraggeber/Client **Verlag Hermann Schmidt Mainz GmbH & Co. KG** Agentur/Agency **Verlag Hermann Schmidt Mainz GmbH & Co. KG**

Aufgabe/Briefing Hinter den Kulissen und Verlagstüren, vom Leser unbemerkt, leben Buchideen und Buchstaben lange bevor das Buch das Licht der Buchhandlung erblickt. Die Autoren nehmen Grundschulkinder mit auf eine Reise in die geheime Welt der Entstehung von Büchern.

Umsetzung Thermosensitive Farbe auf dem Cover wird unter warmen Kinderhänden transparent und enthüllt die an der Buchproduktion Beteiligten. Natur- und Hochglanzpapier werden im Buch verwendet, um den Unterschied deutlich zu machen. Ein Buchrückenfenster gibt den Blick frei auf die gebundene Lage.

Assignment/Briefing Behind the doors of publishing houses, unnoticed by the reader, live the book ideas and letters long before they see the light of bookstores. The authors take primary-school kids on a journey through the secret world of the evolution of books.

Implementation The thermosensitive color of the cover becomes visible underneath warm children's hands and reveals those involved in the bookmaking process. The book uses high gloss paper as well as natural paper in order to highlight the difference. A window in the book's back shows its binding.

RON HEUSSEN, ANNE MIKUS, FARID RIVAS MICHEL
DAS GEHEIME LEBEN DER BÜCHER
vor dem Erscheinen
Das geheime Leben der Bücher
VERLAG HERMANN SCHMIDT MAINZ

Hast du eine Idee, wo die ganzen Bücher herkommen?

DER MAUSETOD 2.0 Auftraggeber/Client **Ogilvy Deutschland**

Agentur/Agency **Ogilvy Frankfurt**

Aufgabe/Briefing Jeder, der mit Photoshop und InDesign arbeitet, braucht sie: Kurzbefehle. Sie sind komfortabel und erhöhen die Effizienz beim Arbeiten. Nur: Es sind verdammt viele.

Umsetzung Ogilvy Frankfurt und Corbis wollen Art Direktoren mit diesem Buch helfen. Jedes Bild ist eine Eselsbrücke für einen Tastatur Kurzbefehl und macht die Maus ein bisschen überflüssiger. Und da alle Bilder Corbis Bilder sind, demonstriert das Buch gleichzeitig die immense Vielfalt des Corbis-Archivs.

Assignment/Briefing Everyone who works with Photoshop and InDesign needs them: keyboard shortcuts. They are convenient and speed up the working process. But – there are so many of them.

Implementation Ogilvy Frankfurt and Corbis aim to help budding Art Directors with this book. Every picture works as an aide-mémoire for one keyboard shortcut and makes the use of the mouse increasingly obsolete. All pictures in this book are provided courtesy of Corbis and demonstrate the richness of the Corbis archive.

Mouse Death 2.0
R.I.P.

SCALE TOOL

GROUP OBJECTS

TO COVER Auftraggeber/Client **Peyer Graphic** Agentur/Agency **JUNO**

Aufgabe/Briefing Peyer Graphic will seine in der Verlagsbranche bereits bekannten Verpackungsmaterialen auch Kreativen in Werbe- und Designagenturen vorstellen.

Umsetzung Wir entwickeln dazu ein mehrteiliges Mailing in Form einer liebevoll gestalteten Notizbuchreihe gefüllt mit gutem Lesestoff für kreative Köpfe: Termine, nützliches Gestaltungswissen und die spannendsten Ideen und Fakten zum Thema „Grünes Denken und Handeln".

Assignment/Briefing Peyer Graphic wants to introduce its cover materials to creative workers in design and advertising agencies. Within the book and publishing sector the materials are already well known.

Implementation We developed a multi-piece mailing consisting of lovingly designed notebooks filled with good reading stuff for creative workers like: appointments, useful design knowledge and the best ideas and facts concerning green thinking and acting.

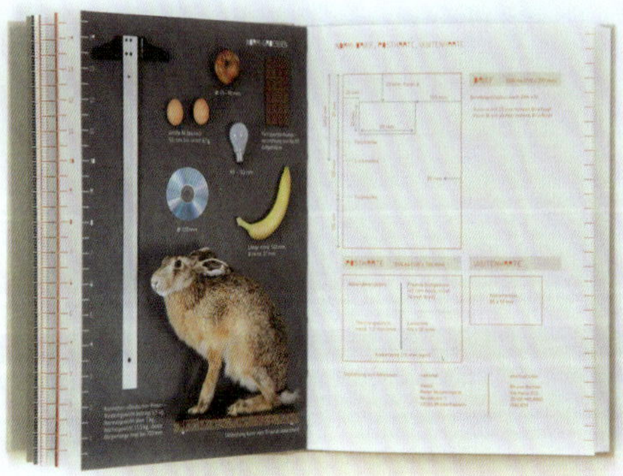

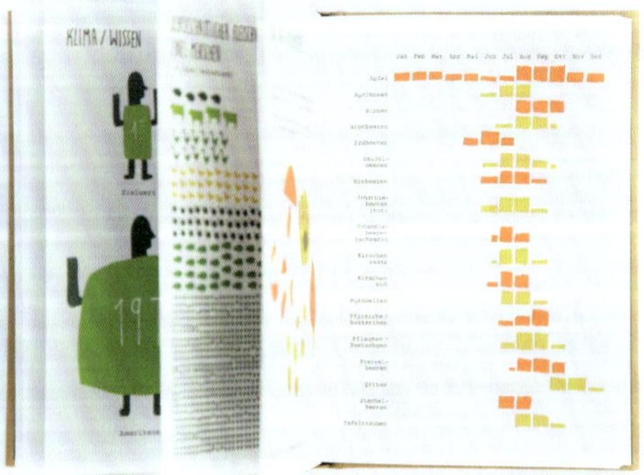

ver
PLANT
2010
TO COVER // VOL 01

JUNI
DESIGNBUILD MELBOURNE
BURG UND HERRSCHAFT IM MITTELALTER
Donauinselfest
MODEPREIS FH HANNOVER 26.06.
16. Hamburger Halbmarathon 27.06.

AWARD

LICHTPOSITIONEN ZWISCHEN KULTUR UND TECHNIK

Auftraggeber/Client **ERCO GmbH** Agentur/Agency **ERCO GmbH**

Aufgabe/Briefing Welche Qualitäten sind Licht zu eigen? Wie lassen sie sich technisch erzeugen und planerisch einsetzen? Aber auch: Wie lassen sich Inhalte mit Hilfe von Lichtqualitäten transportieren? All das sind Fragen, die das Buch beantwortet.

Umsetzung In 21 Kapiteln – gegliedert in die drei Abschnitte Licht, Raum und Positionen – werden die Lichtqualitäten an sich, das Verhältnis von Licht zu Raum und schließlich die inhaltlich-kulturelle Dimension von Licht beschrieben.

Assignment/Briefing What are the intrinsic qualities of light? How are the techniques and design approaches implemented in architecture? And, how are concepts conveyed with the help of lighting qualities? These are questions that the book answers.

Implementation The 21 chapters – divided into the three sections Light, Space and Perspectives – cover the actual qualities of light, the relationship between light and space and, finally, the intrinsic dimension of light as it relates to culture.

Architecture and theatre
Lighting concepts

ERCO
Lichtpositionen
zwischen Kultur und Technik

Spatial patterns and lighting patterns
The ability to identify patterns in our surroundings is one of the core perceptual skills. Natural light produces patterns of light and shadow that, although they are caused by spatial patterns, develop their own autonomy. Artificial lighting can similarly enhance the patterns within architecture or introduce its own layers of meaning using patterns of luminaires and light.

X-U „100 BESTE SCHRIFTEN" PLAKAT ANLÄSSLICH DER PRÄSENTATION STUDENTISCHER ARBEITEN AN DER FACHHHOCHSCHULE DÜSSELDORF

Auftraggeber/Client **fachhochschule düsseldorf fachbereich design** Agentur/Agency **büro uebele visuelle kommunikation**

Aufgabe/Umsetzung Wenn jemand einem „ein x für ein u vormacht", dann lügt er. Die zwei Buch staben können nichts dafür, denn Schrift lässt alles zu: Geschichte und Geschichten. Aber die Wahrheit ist: Es gibt keine Wahrheit. Denn Schriften und Geschichten ändern sich im Laufe der Zeit. Und die Wahrheit von heute ist morgen vielleicht schon Geschichte.

Assignment/Implementation "Selling someone an x for a u" is German for pulling wool over someone's eyes. The two letters themselves can't help it – typefaces can't distinguish between fact and fiction, between story and history. But the truth is: there is no truth. Because like typefaces, history is refashioned by time. And today's story could well be tomorrow's history.

eine handvoll guter schriften
ist ausreichend. mehr gibt es
nicht, mehr braucht man nicht.
welche das sind, sehen sie
am mittwoch, den 4. februar 2009,
14.00 uhr, im foyer. plakatiert
von 34 studenten des 1. semesters.
ob das quatsch ist, sagt ihnen
uwe loesch, der ihnen kein x
für ein u vormacht.
zuhörer sind willkommen.
präsentation der arbeiten
aus der lehrveranstaltung
von andreas uebele:
»die 100 besten schriften«
FH D FB 2

ART PROJECT #2 BY HWDESIGN „MAUER≠BLÜMCHEN, INVENTUR MINIMALISTISCHER INTERVENTIONEN" Auftraggeber/Client **art project by hwdesign in Kooperation mit der Künstlerin Gabrielle Voisard** Agentur/Agency **häfelinger+wagner design gmbh**

Aufgabe/Briefing Für die Reihe art projects by hwdesign setzte die Künstlerin monochrome Gegenstände aus Kunststoff zusammen, die sie als Fundstücke sammelte. Durch minimalistische Veränderungen erfahren sie einen Bedeutungswechsel, gleich einem neuen Leben.

Umsetzung Die Umsetzung des Buches greift diesen Ansatz auf und verbindet Buch und Heft durch eine „alltägliche" Abheftung. Es interpretiert die Objektmaterialität neu, während das aus Recyclingpapier produzierte Heft minimalistisch gestaltet wurde.

Assignment/Briefing For the series art projects by hwdesign the artist put together monochrome objects made from plastic which she collected as "finds." Through minimalistic changes they experience a change of meaning, almost a whole new life.

Implementation The transformation seizes upon this background and links a book and a booklet with an almost "everyday" binding technique. The book interprets the material qualities of the objects whilst the booklet of recycled paper was designed to be minimalist.

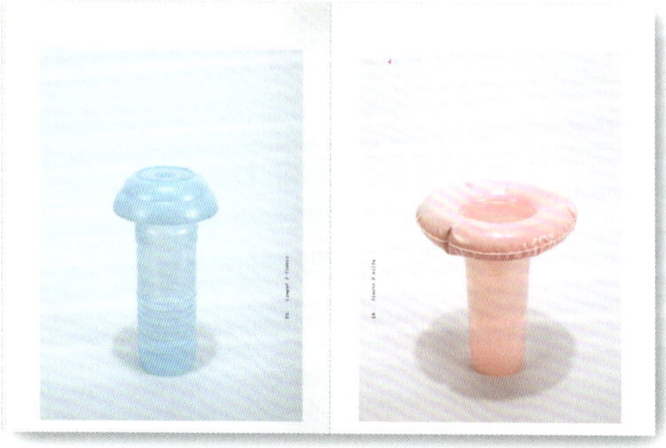

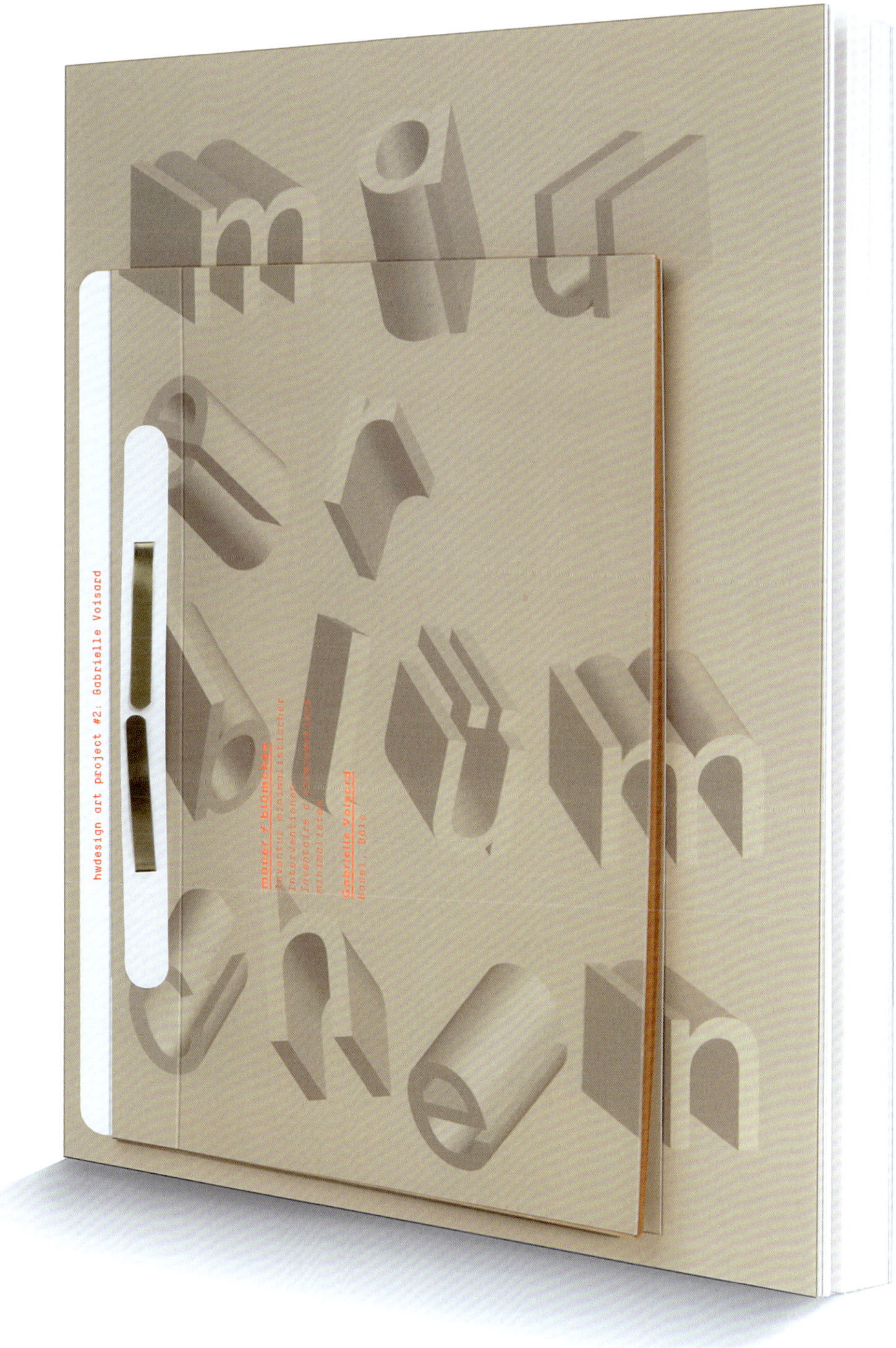
hwdesign art project #2: Gabrielle Voisard
mauer / blümchen
Gabrielle Voisard

PROGRAMM-MAGAZIN DER BIENNALE BAMBERG 2010 „DER SPÄTE MAHLER"

Auftraggeber/Client **Stiftung Bamberger Symphoniker – Bayerische Staatsphilharmonie**

Agentur/Agency **Simon & Goetz Design GmbH & Co. KG**

Aufgabe/Briefing Die Biennale Bamberg ist ein neues Festival der Bamberger Symphoniker – Bayerische Staatsphilharmonie, das sich alle zwei Jahre schwerpunktmäßig mit einem Komponisten oder einem spezifischen Werk auseinandersetzt. Die Biennale Bamberg 2010 stand unter dem Motto „Der späte Mahler".

Umsetzung Das Programm-Magazin stellt die Musik Gustav Mahlers in einen zeitgeschichtlichen Kontext. Es will Musikfreunden und Interessierten auf spannende Weise, unterhaltend und weniger belehrend, die Zeit nahe bringen, in der Gustav Mahler wirkte und die er musikalisch so nachhaltig beeinflusste.

Assignment/Briefing The Biennale Bamberg is a new festival by the Bamberg Symphony Orchestra – Bavarian State Philharmonic that makes one composer or a specific work its focal point every other year. The Biennale Bamberg 2010 was themed "The late Mahler."

Implementation The program magazine places Gustav Mahler's music into historical context. It aims to familiarize music lovers and other interested parties with the period during which Mahler lived and worked in an entertaining, not educational fashion.

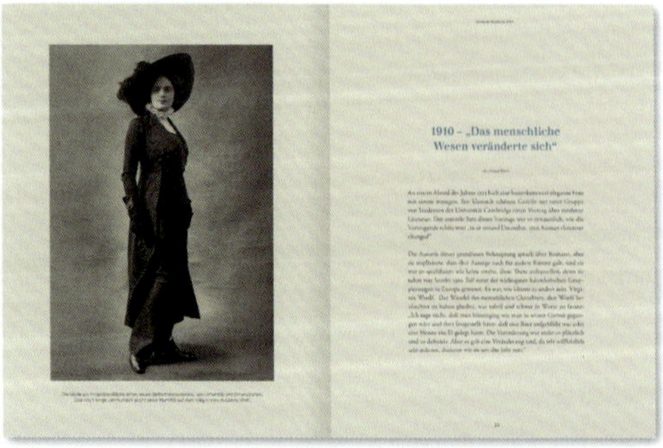

biennale
bamberg
der späte mahler
AUFBRUCH IN EIN NEUES ZEITALTER

PARCOURS Auftraggeber/Client **Verlag Hermann Schmidt Mainz GmbH & Co. KG**
Agentur/Agency **Verlag Hermann Schmidt Mainz GmbH & Co. KG**

Aufgabe/Briefing Viele Designer träumen von der Selbständigkeit, doch der Weg ist ein Hindernislauf über verschachtelte Gesetzestexte und wirtschaftliche Stolperfallen. Wie aber bringt man Gestaltern diese Fakten nahe – durch einen Ratgeber von Gestaltern für Gestalter.

Umsetzung Leuchtende Schmuckfarben, verkürzte Seiten, zielgerichtetes Layout und ein Poster, das Kreativen den Weg weist, Checklisten, ein Glossar, das die juristischen und wirtschaftlichen Fachbegriffe erklärt, und Erfahrungsberichte aus der Branche helfen, versteckte Hindernisse und Stolperfallen zu enttarnen.

Assignment/Briefing Self-employment is a dream of many designers, but getting there is like a steeplechase through intricate legal texts and economical tripping hazards. But how do designers learn those important facts? By a how-to manual by designers for designers.

Implementation Bright spot colors, shortened pages, target-oriented layout and a poster that guides the way, check lists, a glossary explaining legal and economical terms, and experiential reports from the industry will help to expose hidden obstacles and tripping hazards.

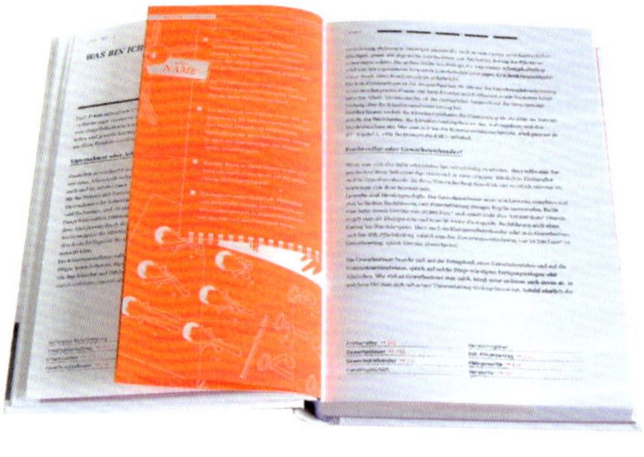

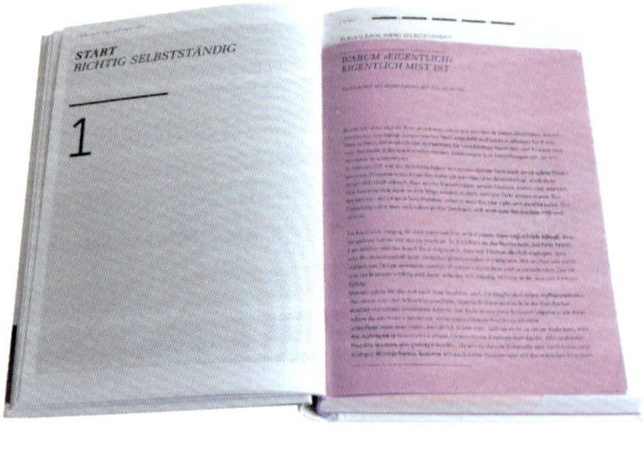

PARCOURS
Existenzgründung für Designer
unabhängig
eigenverantwortlich
selbstständig
Sophia Muckle

DIE ESSENZ DER DINGE Auftraggeber/Client **Vitra Design Museum**

Agentur/Agency **MAGMA Brand Design GmbH & Co. KG**

Aufgabe/Briefing Plakate (DIN A1, F4 Weltformat) für die Ausstellung „Die Essenz der Dinge" im Vitra Design Museum in Weil am Rhein. Die Ausstellung zeigt Zusammenhänge zwischen Entwurfsstrategien wie Reduktion oder Abstraktion und der Rationalisierung von Verfahren und Materialien auf – eine Komplexität des Prinzips der Einfachheit. Das Plakat wendet sich an Design- und Architekturinteressierte aus der näheren Umgebung (Basel, Freiburg, Mülhausen) sowie ein überregionales und internationales Publikum.

Umsetzung Gestalterische Grundidee: Plakativer Ausdruck des Ausstellungsthemas, wobei die Schwierigkeit darin lag, eine Komplexität des Einfachen (= widersprüchlich) zu visualisieren. Das findet statt durch eine Verdoppelung der Silhouette des minimalistischen Stuhls sowie der Informationsblöcke. Die flache Erscheinung der Stühle wird in eine Räumlichkeit überführt, die einen womöglich unendlichen Raum vorstellbar macht. Die Farbe Rot reichert den reduzierten Entwurf an, ein Signaleffekt für das Plakat.

Assignment/Briefing Poster for the Exhibition "The Essence of Things" at Vitra Design Museum, Weil am Rhein, Germany. The Exhibition shows connections between design strategies like reduction or abstraction and rationalization of production and material – the complexity of the principle of simplicity. The poster addresses interested people, designers and architects from the region (Basel, Freiburg, Mulhouse) as well as an international audience.

Implementation The basic idea behind the poster's design is to communicate the theme of the exhibition. The challenge was to picture the complexity of the simple, which is a contradiction in terms. The design repeats the silhouette of the minimalist chair and the information at a smaller scale. The flatness of the chair's reproduction is transformed into a space that can be imagined as endless. The color red extends the reduced design – a signal effect for the poster.

DIE
ESSENZ
DER
DINGE
Vitra Design Museum
20.3.–
19.9.10
Vitra Design Museum
Charles-Eames-Straße 1
79576 Weil am Rhein
Germany
T +49 (0)7621/702 3200
www.design-museum.de
Worldwide Sponsor
HI-CONE

GEWÜRZKALENDER Auftraggeber/Client **Clormann Design GmbH**

Agentur/Agency **Clormann Design GmbH**

Aufgabe/Briefing Kreative, designaffine und hochwertig produzierte Weihnachtsüberraschung für Kunden und Neukunden. Intelligente Kombination von Tradition und Innovation. Hochwertiges Tool zur Kundenbindung, beziehungsweise Neugewinnung. Verbindung zur Unternehmensphilosophie von Clormann Design und den hochwertig gestalteten und produzierten Projekten.

Umsetzung Frei nach dem Motto „Kein Genuss ist vorübergehend, denn der Eindruck, den er hinterlässt ist bleibend“ vereint der Adventskalender viele Ansprüche in einem Produkt. Das reduzierte, edle Design mit Heißfolienprägung überrascht zusätzlich mit raffinierten Gewürzen. Hinter jedem Türchen verbirgt sich ein Glas mit edlem Gewürz und einem Beipackzettel mit Informationen zu Herkunft und Einsatz des Gewürzes sowie einem passenden Rezeptvorschlag. Die Gläser sind nachfüllbar.

Assignment/Briefing Creative Christmas surprise for clients of Clormann Design. Intelligent combination of tradition and innovation. High quality tool for customer retention. Link to the company philosophy of Clormann Design and the high quality designed and produced print projects.

Implementation No indulgence is temporary because the impression it leaves is unforgettable. The Christmas calendar's plain, distinctive arrangement and embossed premium paper fits in every stylish household. From the 1st to 24th of December it delights you every day with various high quality herbs, spices and information regarding their origins and suggestions how to use them in different accompanying recipes. The jars are refillable and a pleasure to use all year.

13
23
5
15
6

clormann

KYRRÐ (STILLE) Auftraggeber/Client **Galerie Mono (PX2)** Agentur/Agency **Kolle Rebbe/ KOREFE**

Aufgabe/Briefing Entwicklung eines Ausstellungskatalogs zur multimedialen Foto-Ausstellung „kyrrð – 31 Perspektiven der Stille“, der das Thema Stille für den Betrachter des Katalogs erfahrbar macht.

Umsetzung „kyrrð“ ist der isländische Begriff für „Stille“. Die Ausstellung zeigte 25 fotografische Landschaftsimpressionen Islands, die in fünf Themenfelder gegliedert waren. Dazu wurde eine Schallplatte abgespielt, auf der nur Stille zu hören war.

Assignment/Briefing Develop an official catalog for the multimedia photography exhibition “kyrrð – 31 Perspektiven der Stille” (kyrrð – 31 Perspectives of Silence) which lets the viewer fully experience the topic of silence.

Implementation “kyrrð” is the Icelandic word for “silence.” The exhibition showed 25 photographic landscape impressions of Iceland, structured into five topics. Simultaneously, a record was played with a recording of silence.

BIO-BOX: 10 EURO UND GUT.

Auftraggeber/Client **Wein & Vinos oHG, Berlin**
Agentur/Agency **Ruska, Martín, Associates, Berlin**

Aufgabe/Briefing Unsere selbstgestellte Aufgabe: Einen Wein nur über PR zu verkaufen ohne Anzeigen, Broschüren oder sonstige Werbemittel. Und das allein über ein aufmerksamkeitsstarkes Packaging, in dem das Produkt selbst die Kampagne ist. Das besondere Ziel war also, eine Produktkampagne in ein Produkt selbst zu integrieren.

Umsetzung Die Box wurde zusammen mit Pressematerial deutschlandweit an sämtliche Tageszeitungen, Zeitschriften und Magazine verschickt. Die engagiert kalkulierte Erstauflage von 3.000 Stück war innerhalb von 6 Wochen allein durch diese Presseveröffentlichungen ausverkauft. Die Zielgruppe: Nicht die klassische Weinzielgruppe, sondern eher junge, designaffine Menschen, die Wert auf Nachhaltigkeit legen. Inzwischen gehört die Box zum festen Sortiment von Wein & Vinos.

Assignment/Briefing Our self-imposed task: to sell a wine only by PR without ads, brochures or other advertising. Just an eye-catching packaging, in which the product is the campaign. Therefore the specific aim was to integrate a product campaign into the product itself.

Implementation The box was sent together with press material to all German newspapers, periodicals and magazines. The first edition of 3,000 copies was sold out within 6 weeks just due to these press releases. The target group: not the classic wine audience, but rather young, design-oriented people who value sustainability. Meanwhile, the box is part of the standard range of the company Wein & Vinos.

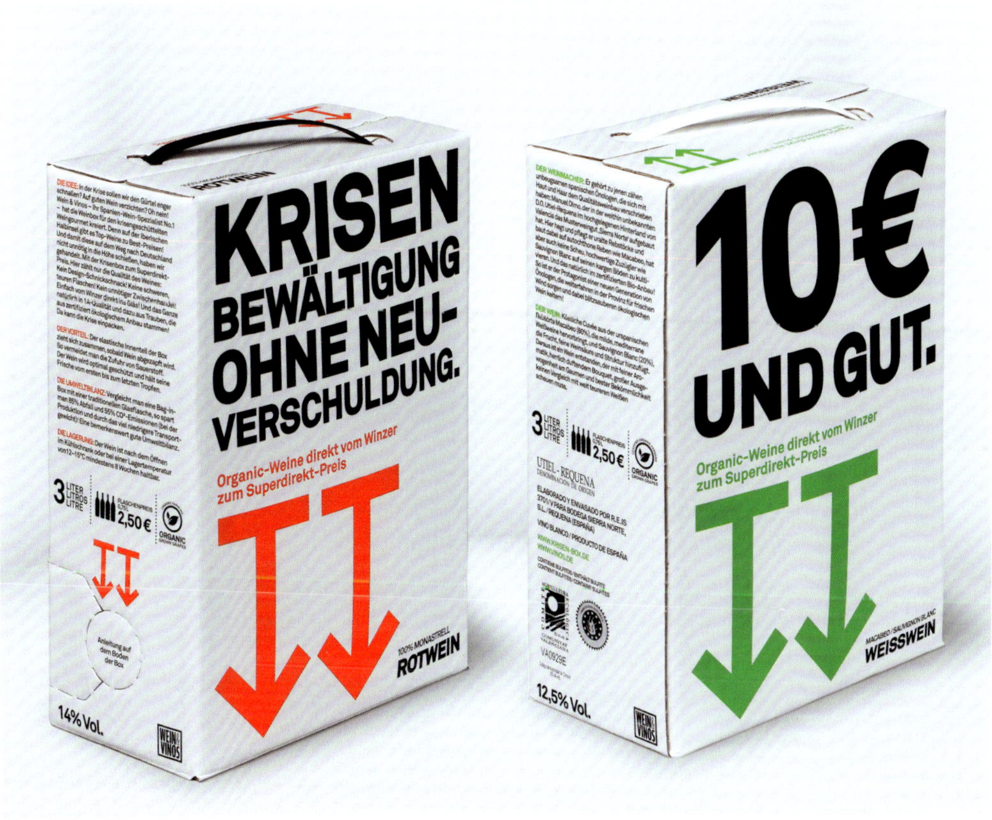
KRISEN
BEWÄLTIGUNG
OHNE NEU-
VERSCHULDUNG.
Organic-Weine direkt vom Winzer
zum Superdirekt-Preis
100% MONASTRELL
ROTWEIN
14% Vol.
10€
UND GUT.
Organic-Weine direkt vom Winzer
zum Superdirekt-Preis
MACABEO / SAUVIGNON BLANC
WEISSWEIN
12,5% Vol.

MESA/8: PRODUKT-KONZEPTION Auftraggeber/Client Wein & Vinos oHG, Berlin Agentur/Agency Ruska, Martín, Associates, Berlin

Aufgabe/Briefing Design für eine White-Label Eigenmarke. Ein erstklassiger Wein, der eigentlich über 25 Euro kostet, kann als „Tafelwein“ zu einem sehr günstigen Preis angeboten werden. Wobei wir „White Label“ und „Tischwein“ wörtlich genommen haben und daraus die Gestaltungsidee entwickelten.

Umsetzung Das Motiv wurde mit weißer glänzender Heißfolie auf das Etikett aus weißem Naturpapier geprägt. „Mesa/8“ („Tisch 8“) ist eine Anspielung auf den Jargon der Gastronomie und die „Tischnummer“ entspricht dem Verkaufspreis. Die Herkunft des Weins bleibt ein Geheimnis, das Etikett verrät nur die geografischen Koordinaten des spanischen Anbaugebiets. Die Auflage von 18.500 Flaschen war innerhalb von zwei Tagen ausverkauft. Die Mesa-Serie ist inzwischen die bekannteste und erfolgreichste Weinserie bei Wein & Vinos.

Assignment/Briefing Design for a white-label private brand. A premium wine that actually costs more than 25 Euros can be offered as a “table wine” at a very reasonable price. In doing so we took “White Label” and “table wine” literally and hence developed the design idea.

Implementation The subject was stamped with white shiny hot foil on the label of white uncoated paper. “Mesa/8” (“Table 8”) is a reference to the jargon of the gastronomy and the “table number” corresponds to the sales price. The origin of the wine remains a secret, the label betrays only the geographical coordinates of the Spanish region. The edition of 18,500 bottles was sold out within two days. After “Mesa/8” will follow in the coming weeks “Mesa/6,” “Mesa/7” and “Mesa/20.”

15% VOL.
750ML e
MESA 8

HÖCHSTLEISTUNGEN WANDKALENDER 2011 Auftraggeber/Client Papierfabrik Scheufelen GmbH + Co. KG Agentur/Agency Strichpunkt Design

Aufgabe/Umsetzung Was haben der tiefste Tauchgang, die Erzeugung des hellsten Lichtstrahls, der Bau des stärksten Teleskops und die Produktion von Scheufelen-Papieren gemeinsam? Ganz einfach: Das Verschieben von Grenzen. Den kreativen Anspruch, Besonderes zu leisten. Das Streben nach Perfektion. Und das Bewusstsein, anders als andere zu sein. Mit einem Wort: Höchstleistung. Damit widmen sich die Kalenderblätter der Papierfabrik Scheufelen 2011 genau den Werten, für die unsere Marke konsequent steht: Unabhängigkeit, Kreativität, Premiumanspruch und Differenzierung.

Assignment/Implementation What do the deepest dive, the creation of the brightest beam of light, the construction of the most powerful telescope and the production of Scheufelen paper have in common? It's quite simple, it's all about moving boundaries. The creative aspiration to be the best. To strive for perfection. And the awareness of being different from others. In two words: Peak Performance. With this the 2011 Papierfabrik Scheufelen calendar pages are dedicated to those precise values which our brand stands for: independence, creativity, premium requirements and sophistication.

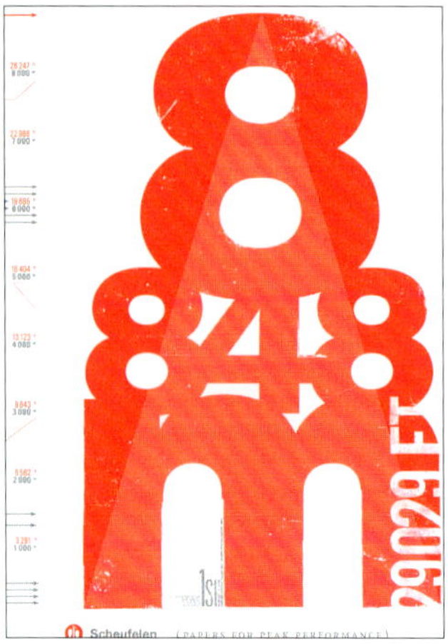

V
7 Te
teraelektronenvolt
Scheufelen
(PAPERS FOR PEAK PERFORMANCE)
WWW.SCHEUFELEN.COM
— Papiere für Höchstleistungen

ENTSPANNTE WEIHNACHTEN Auftraggeber/Client **Lesmo** Agentur/Agency **Lesmo**

Aufgabe/Briefing Konzeption und Entwurf eines Weihnachtsgeschenks für Kunden und Partner.

Umsetzung Weihnachten ist ein ganz besonderes Fest auf das sich jeder freut. Aber manchmal läuft nicht alles wie gewünscht. In diesen Momenten gilt es zu improvisieren und dafür sind im Lesmo-Weihnachtsbuch ein paar helfende Kniffe zusammengestellt. Diese werden durch Collagen aus Weihnachtspapier illustriert.

Assignment/Briefing Conception and design of a Christmas present for customers and partners.

Implementation Christmas is a very special occasion that everyone looks forward to. But sometimes not everything goes as planned. In such moments we have to improvise and that is why a few helping tricks have been put together in the Lesmo Christmas book. These are illustrated through collages made of Christmas paper.

Die Kamera macht
echt gute Fotos!

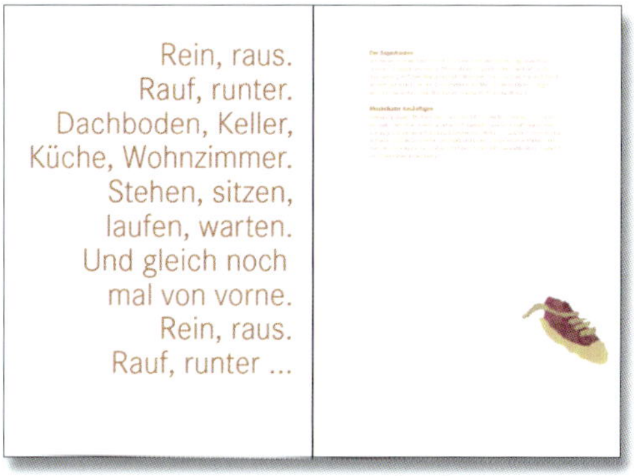
Rein, raus.
Rauf, runter.
Dachboden, Keller,
Küche, Wohnzimmer.
Stehen, sitzen,
laufen, warten.
Und gleich noch
mal von vorne.
Rein, raus.
Rauf, runter ...

Spontaner Besuch?

Hilfe, es brennt!

Au, backe ...!

Und nach dem Fest ...

DESIGNZUKUNFT
DENKEN UND GESTALTEN
DESIGNER
UND UNTERNEHMER.

www.designersbusiness.de

Joachim Kobuss · DesignersBusiness®

Kategorie/Category **ZUKUNFT**

ELEVEN
CORPORATE DESIGN
COLOUR RHAPSODY
DESIGNAUTOMATISIERUNG
KONZEPT FÜR MULTI DEVICE SUPPORT
VON WEBANWENDUNGEN

Nicolas Markwald Markwald & Neusitzer Kommunikationsdesign GbR

Design soll unsere Zukunft gestalten. Dessen Ausbildung wird gefordert und gefördert. Der Wunsch nach einem messbaren Ergebnis ist immens. Dementsprechend werden in einer Jury neben den einzelnen Arbeiten auch Situationen und Perspektiven der verschiedenen Generationen in der Ausbildung und dem Beruf in den Gesprächen thematisiert. Der Schluss zu dem diese Diskussion kommen muss, ist nicht dass alles besser war; sondern vielmehr das vieles anders ist.

In schnelllebigeren Zeiten ist es eine Herausforderung mit einer Arbeit inhaltlich wie formal den Betrachter zu überraschen und zu berühren. Doch sobald eine solche Arbeit auftaucht, freut man sich über das Engagement und den Willen nach Veränderung.

Design should shape our future. Education therefore is in demand and is supported. The wish for a measurable result is huge. The jury in conversations is broaching the subject of individual works but also of situations and perspectives of different generations in training and on the job accordingly. This discussion must come to the conclusion that not everything was better but that much is different.

In times changing faster and faster it is a challenge to surprise and to touch the viewer with an assignment content-wise and technically. But as soon as such an assignment shows up one is pleased about the commitment and the will for change.

Manuela Schiffner Wirtschaftsförderung Frankfurt GmbH

Prof. Kai Bergmann Bergmann Studios

Martin Breuer Euro RSCG

Ursel Schiemann Ursel Schiemann Gestaltung

GOLD

PRA FORA/OUTWARD Gestaltung/Design **Thomas Lupo** Hochschule/University **DESIGN PF/ Hochschule für Gestaltung, Pforzheim** Betreuende Professoren/Advisory Professors **Prof. Michael Throm, Dipl.-Des. Lars Harmsen**

Aufgabe/Umsetzung Drogen, Gewalt, Armut, Arbeitslosigkeit sind trauriger Alltag in den Favelas (Elendsvierteln) Brasiliens. Ausgelöst durch einen Urlaubsaufenthalt entstand die Idee, für fünf Monate in diese fremde Welt einzutauchen. Mein Ziel: Eine künstlerische Darstellung des Favela-Lebens aus der Innensicht, speziell aus den Augen der Kinder. Mit einfachen Mitteln (Camera Obscura, Stoffreste, Kartons, ...) bildeten die 8–15 Jährigen unter meiner Anleitung ihren Alltag ab. Anfangs noch zögerlich, gewannen sie an Selbstvertrauen und schufen tief bewegende Zeichnungen und Fotos. Ich habe die Materialien bereitgestellt, Ihnen einen Rahmen in Form von Workshops gegeben und sie motiviert, an sich zu glauben. PRA FORA/OUTWARD ist die feinsinnig komponierte, abschließende Dokumentation des Schaffens der Kinder.

Assignment/Implementation Drugs, violence, poverty and unemployment dominate the sad daily routines in the Brazilian ghettos called favelas. It was a vacation trip, which sparked the idea to dive into this strange and foreign world for five months. My goal was to artistically portray life in these favelas from an inside point of view – especially through the eyes of the children. With simple tools (camera obscura, pieces of cloth, cardboard boxes, ...) the 8–15 year olds illustrated their life, following my instructions. After a hesitant start they gained self-confidence throughout the process and finally created deeply moving drawings and photographs. I provided the materials, gave guidance through workshops and motivated them to believe in themselves. PRA FORA/OUTWARD finally is a sophisticatedly composed documentation about the children's creative work.

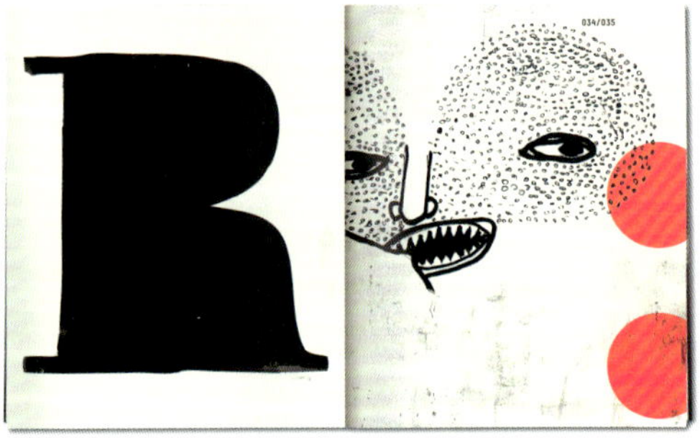

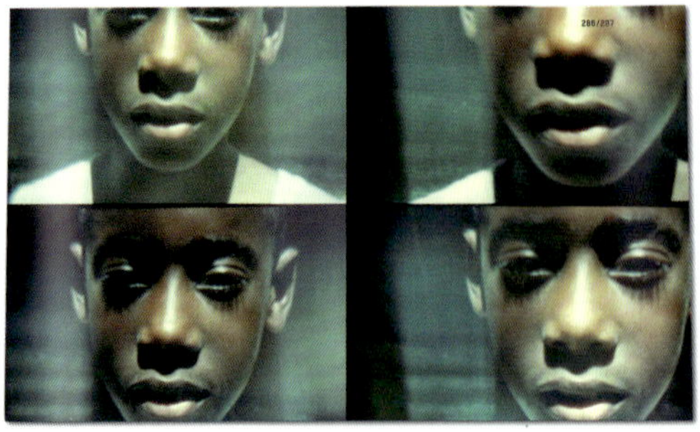

PRA
FORA
/OUTWARD

SILBER

DIE HOLZERNTE – PROZESSE UND HILFSMITTEL DES FORSTWIRTS

Gestaltung/Design **Jonas Ceppa** Hochschule/University **Kunsthochschule Kassel**

Betreuende Professoren/Advisory Professors **Prof. Hardy Fischer, Dipl.-Des. Jörg Gimmler**

Aufgabe/Briefing Entwurf eines forstwirtschaftlichen Hilfsmittels unter Berücksichtigung des manuellen Arbeitsprozesses. Dieses soll den Forstwirt unterstützen und bei der Holzernte helfen.

Umsetzung Die Komponenten von LOGKIT ermöglichen dem Forstwirt alle Hilfsmittel am Körper zu tragen. Die Produktfamilie bedient sich spezieller Materialien und verschiedener Herstellungsmethoden, die die besondere Funktion der Hilfsmittel unterstützen.

Assignment/Briefing Design of a forestry aid in consideration of the work process. This aid should support the lumberjack and help him with harvesting wood.

Implementation The components of LOGKIT allow the lumberjack to carry each tool close to his body. The product family uses special materials and different manufacturing methods that support the specific functions of the tools.

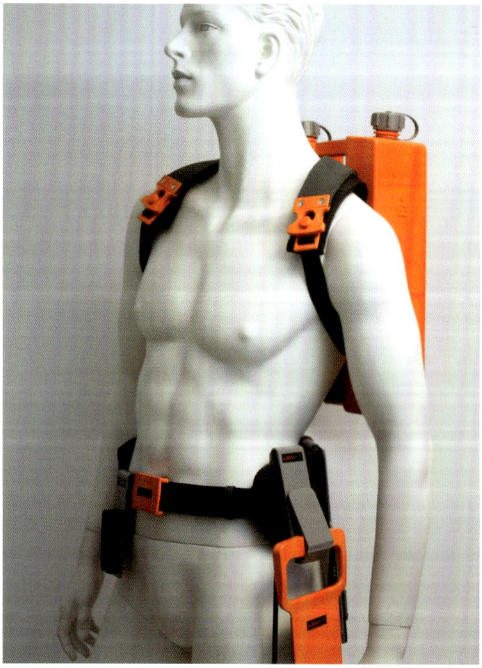

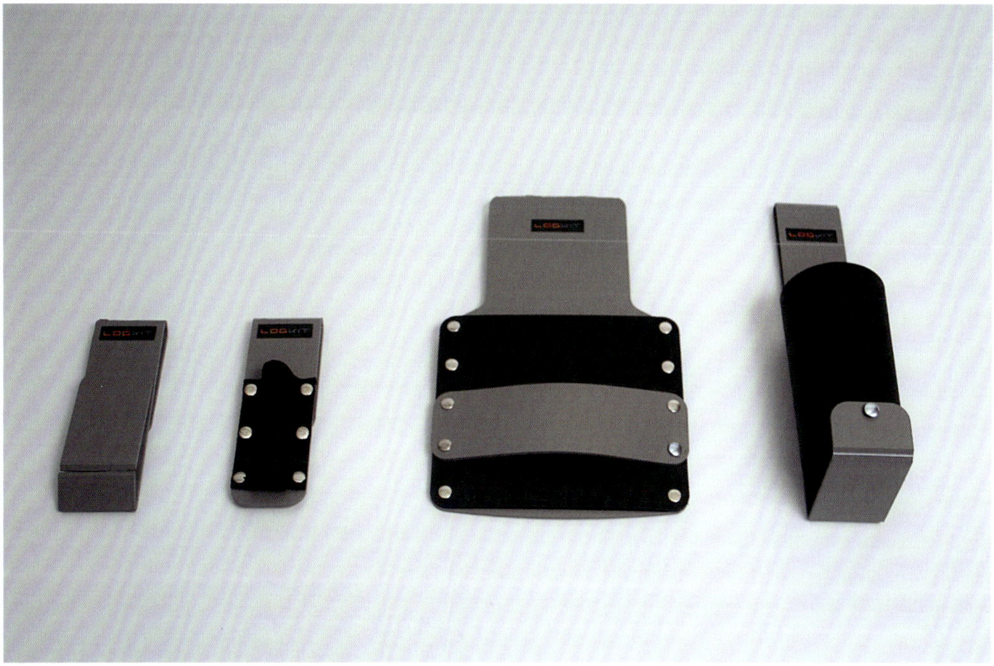

BRUCKLYN – HEIMAT IM ABRISS Gestaltung/Design **Carina Linnemann und Karoline Borsch** Hochschule/University **Fachhochschule Düsseldorf** Betreuende Professoren/Advisory Professors **Prof. Gerhard Vormwald, Prof. Harald Fuchs**

Aufgabe/Briefing Unser Ziel war es im Rahmen unserer Diplomarbeit innerhalb eines Semesters ein Produkt beziehungsweise ein Medium zu entwickeln, das den Leser durch eine offene und interessante Aufbereitung von Kontext und Fotografie „menschlich" und gleichzeitig informativ in eine von uns gewählte Thematik einführt.

Umsetzung Wie lebt es sich in einem Stadtteil, der fast aufgegeben wurde und nun im Rahmen des Projektes „Grüngürtel Duisburg-Nord" teilweise abgerissen werden soll? Wie ist das, seine Heimat zu verlieren? Und was sagt die Stadt? Diese Fragen haben in „Brucklyn" einen künstlerischen Ausdruck gefunden: Eine Reportage in Buchform, die über den Stadtteil Duisburg-Bruckhausen im Ruhrgebiet und seine Einwohner im Jahre 2010 berichtet. Entwickelt wurde dafür ein mehrschichtiges Format, das es den Lesern ermöglicht „hinter die Fassaden" zu schauen. www.brucklyn.info

Assignment/Briefing Within our design-diploma we have set ourselves the task of developing a format that allows people from the outside to literally "look behind the facade," for once. The result is "Brucklyn," a report in book form about a district in the Ruhr area and its inhabitants in the year 2010.

Implementation What's life like in a district that has been almost given up and now is supposed to be almost knocked down completely as part of the "Grüngürtel Duisburg-Nord" project? What is it like to lose your home? And what does the city council say about this? These questions have found an artistic expression in "Brucklyn," a report in book form about the Duisburg-Bruckhausen district in the Ruhr area and its inhabitants in 2010. For this publication a multi-layered format was developed, which allows readers to see "behind the curtain." www.brucklyn.info

BRUCKLYN
BRUCKLYN
Heimat im Abriss

BRUCKHAUSEN
&
THYSSENKRUPP

„Typisch Bruckhausen is für mich ein Stück Freiheit. Also dat is für mich Bruckhausen. Ich glaube, dat die Menschen sich hier ein bisschen freier bewegen als
in nobleren Bereichen von Duisburg oder überhaupt. Dat die Menschen hier einfacher gestrickt sind. Trotzdem sind hier alle zusammen an einem Tisch."

BRONZE

KÖNIG BANSAH Gestaltung/Design **Julian Zimmermann** Hochschule/University **Hochschule Mannheim, Fakultät für Gestaltung** Betreuende Professoren/Advisory Professors **Prof. Kai Beiderwellen, Bernhard Pompeÿ**

Aufgabe/Briefing König Bansah ist ein afrikanischer König, der als Kfz-Meister in Ludwigshafen lebt und von dort aus sein Volk in Ghana regiert. Um Geld für seine Hilfsprojekte zu sammeln, singt er Schlager und tritt in Fernsehshows auf. Das neue Corporate Design soll seine Echtheit betonen, denn sie macht seine Auftritte für den guten Zweck erst möglich.

Umsetzung Im Printbereich wird die königliche Exotik durch goldene Heißfolienprägung auf schwarzem beziehungsweise chamoisfarbenem Naturpapier wiedergegeben. Die Geschichte des alten Wappens wurde beibehalten und wie das ganze neue Design mit den kantigen und ursprünglichen Formen der gewebten Stoffe des Ewe-Volkes gestaltet.

Assignment/Briefing King Bansah is a African King. He lives and works in Ludwigshafen, Germany as a car mechanic and governs his people from there. King Bansah does a lot of activities and performances to collect money for his aid projects. He is a singer and a guest in TV-shows. The new corporate design should underline his authenticity which is essential for his activities.

Implementation The exotic and royal look is expressed on the printed matters through golden hot foil embossing on black and chamois-colored uncoated paper. The story of the old emblem was kept und redesigned with the edged and primal shapes of the woven clothes of the Ewe people.

KÖNIG BANSAH
AKOSOMBO
PREMIUM LAGERBIER
GEBRAUT NACH DEM DEUTSCHEN REINHEITSGEBOT VON 1516
BIER · BEER · BIÈRE · CERVEZA · CERVEJA · BIRRA
0,33L
ALC. 5,5%

LEERZEICHEN FÜR APPLAUS – GESTALTER SEIN. EINE MOMENTAUFNAHME

Gestaltung/Design **Jenna Gesse** Hochschule/University **Fachhochschule Bielefeld**
Betreuende Professoren/Advisory Professors **Prof. Dirk Fütterer, Peter Zickermann**

Aufgabe/Briefing Gestalter bevorzugen häufig ein Umfeld, in dem sie sich verstanden fühlen. Noch lange nach Feierabend ereifern sie sich über verschwitzte Exportiervorgänge und Flattersatzkrisen. Das Buch ist eine Zusage, mit diesem Wahnsinn nicht allein zu sein.

Umsetzung „Leerzeichen für Applaus“ ist eine inhaltliche und typografische Arbeit. In Gedicht- und Prosaform beschreiben die Texte Alltag und Gedanken eines Gestaltungsstudenten. Den Inhalten folgen die formalen Mittel, die gezielt mit dem „Gestalter-Auge“ spielen.

Assignment/Briefing Designers (usually) appreciate the company of similarly-minded people. Even in their free time their minds never stray too far from their professional peculiarities. To these people this book is an assurance that there are a lot of like-minded designers out there.

Implementation “Leerzeichen für Applaus” is not only focused on lyrical content (poems and prosaic texts about a graphic design student’s life), but on its formal execution as well. Typographically it follows the contents and specifically caters to the fabled “designer’s eye.”

schlechtgeredet
gefiel mir alles
gleich viel besser.

FORM IST INHALT.

Gerrit Terstiege, Chefredakteur der Zeitschrift form

www.form.de

INDEX

Kategorie/Category
GRAND PRIX

Seite 16–29

Unternehmen/Company
Vitra AG

Chief Design Officer
Eckart Maise

Der Deutsche Designer Club verleiht der Vitra AG den Grand Prix des Jahres. Der Grand Prix ist die Auszeichnung des DDC für die vorbildliche Leistung eines Unternehmens. Vitra erfüllt die Kriterien Originalität, Meisterschaft, Unternehmensethik, Nachhaltigkeit und den Gedanken vernetzter Gestaltung in einer für die Branche vorbildlichen Weise.

The German Designer Club bestows the Grand Prix Award of the year to the Vitra AG. The Grand Prix is awarded by the DDC for the outstanding achievement of a company. Vitra meets the criteria of originality, mastery, company ethics, sustainability, and the idea of cross-linked design in an exemplary manner for this field of business.

Kategorie/Category
PRODUKT

GOLD

Seite 64–65

Titel der Arbeit
Audi Pylon

Einsender
Mutabor Design GmbH

Auftraggeber
Audi AG

Verantwortlich
Jutta Carina Frisch, Markenentwicklung/ Corporate Identity

Projektleitung
Bruno Redelberger, Manuela Schneider

Agentur/Studio
Mutabor Design GmbH

Geschäftsführer
Heinrich Paravicini

Creative Direction
Paul Neulinger

Art Direction
Holger Schardt, Andrea Wald

Design
Holger Schardt

Client Service Direction
Andreas Koch

Seite 66–67

Titel der Arbeit
THONET Stuhlprogramm 130

Einsender
Thonet GmbH

Auftraggeber
Thonet GmbH

Verantwortlich
Peter Thonet, Produktentwicklung

Agentur/Studio
Naoto Fukasawa

SILBER

Seite 70–71

Titel der Arbeit
DeLight CLICK 'N' CHARGE

Einsender
FUN FACTORY GmbH

Auftraggeber
FUN FACTORY GmbH

Verantwortlich
Dirk Bauer, Geschäftsführung

Agentur/Studio
FUN FACTORY GmbH

Produktdesign
Heinrich-Maria Brüggemann

Seite 72–73

Titel der Arbeit
Interactive Wall

Einsender
Burkhardt Leitner constructiv GmbH & Co. KG

Auftraggeber
Burkhardt Leitner constructiv GmbH & Co. KG, Stuttgart

Verantwortlich
Andreas Dober, Geschäftsführer, leitender Designer, Architektonische Konstuktion

Agentur/Studio
Technische Universität, Delft, Projekt Hyperbody Architekturgruppe / Hard- und Software für die Interaktivität Kas Oosterhuis

Produktdesign
Festo AG, Esslingen

Automatisierungs- und Steuerungstechnik
Markus Fischer, Leiter Corporate Design

Seite 74–75

Titel der Arbeit
Rosenbauer AT

Einsender
Spirit Design/ Innovation and Branding

Auftraggeber
Rosenbauer AG

Verantwortlich
Alexander Ronacher, Projektleiter Fahrzeugentwicklung

Agentur/Studio
Spirit Design/ Innovation and Branding

Managing Partner Product
Daniel Huber

Seite 76–77

Titel der Arbeit
TWINLINE 2

Einsender
GP designpartners GmbH

Auftraggeber
Artweger GmbH & Co. KG

Verantwortlich
Wolfgang Zierler, Entwicklung und Technik

Agentur/Studio
GP designpartners GmbH

Design
Christoph Pauschitz, Christian Rukower

Seite 78–79

Titel der Arbeit
Homme (Kollektion)

Einsender
BREE Collection GmbH & Co. KG

Auftraggeber
BREE Collection GmbH & Co. KG

Agentur/Studio
Stefan Diez

Design
Stefan Diez

BRONZE

Seite 82–83

Titel der Arbeit
TAO

Einsender
KAHLA/ Thüringen Porzellan GmbH

Auftraggeber
KAHLA/ Thüringen Porzellan GmbH

Verantwortlich
Holger Raithel

Agentur/Studio
speziell®

Verantwortlich
Sybille Fleckenstein, Jens Pohlmann, Thilo Schwer

Seite 84–85

Titel der Arbeit
Kurt

Einsender
Seefelder Möbelwerkstätten GmbH

Auftraggeber
Seefelder Möbelwerkstätten GmbH

Verantwortlich
Gabi Meyer-Brühl, Geschäftsführung

Agentur/Studio
Jan Armgardt Design

Designer
Jan Armgardt

Seite 86–87

Titel der Arbeit
addcube – presentation information store

Einsender
ID4 MARKENAGENTUR

Auftraggeber
ID4 MARKENAGENTUR/ p&p Gmbh

Verantwortlich
Thomas Poth, Partner – Produktion

Agentur/Studio
byte 5

Homepage
Christian Wendler

Programmierung
Christian Waardt

Druckerei
Printello

Printpartner
Werner Dinauer

Messedesign
Frank Europe

Vitrinen
Wolfgang Frank

Fotografie
Markus Palzer

Seite 88–89

Titel der Arbeit
Merino-Strickjacke mit Raffung

Einsender
Kerstin B. Nägler Mode- und Textildesign

Auftraggeber
CALIDA

Verantwortlich
Sabina Gasser, Produktmanagement

Agentur/Studio
Kerstin B. Nägler Mode- und Textildesign

Design/Inhaber
Kerstin B. Nägler

AWARD

Seite 92–93

Titel der Arbeit
COBRA libre

Einsender
FUN FACTORY GmbH

Auftraggeber
FUN FACTORY GmbH

Verantwortlich
Dirk Bauer, Geschäftsführung

Agentur/Studio
FUN FACTORY GmbH

Produktdesign
Heinrich-Maria Brüggemann

Seite 94–95

Titel der Arbeit
Gewürzkalender

Einsender
Clormann Design GmbH

Auftraggeber
Clormann Design GmbH

Verantwortlich
Marc M. Clormann

Agentur/Studio
Clormann Design GmbH

Kreation
Marc M. Clormann

Seite 96–97

Titel der Arbeit
opus

Einsender
Hirschmann Laborgeräte GmbH & Co.KG

Auftraggeber
Hirschmann Laborgeräte GmbH & CoKG

Verantwortlich
Dr. Hans-Jürgen Bigus, In-House Design

Agentur/Studio
Phoenix Design

Design
Andreas Haug, Tom Schönherr

Seite 98–99

Titel der Arbeit
Munken Cube

Einsender
JUNO

Auftraggeber
Arctic Paper

Verantwortlich
Wolfgang Lübbert, Geschäftsführer

Agentur/Studio
JUNO

Kategorie/Category

DIGITAL MEDIA

GOLD

Seite 110–111

Titel der Arbeit
CHANEL N°5 Nachtzug

Einsender
Syzygy Deutschland GmbH

Auftraggeber
Chanel Corporation

Verantwortlich
Cyril Benoit-Latour, Project Manager

Agentur/Studio
Syzygy Deutschland GmbH/ Hi-Res! London

Creative Director
Florian Schmitt (Hi-ReS!)

Art Director
Rachel Hunt (Hi-ReS!)

Computer Graphics
Marc Khachfe (Hi-ReS!)

Designer
Margaux Renaudin (Hi-ReS!)

Creative Director
Dominik Lammer

Art Director
Peter Sellinger, Volker Schramm, Jin-Kyoung Hu

Screen Designer
Sebastian Hilscher, Alexander Otto, Julian Ernst, Oliver Boje

Web Developer
Simon Jockers

Software Architect
Markus Löbig

Project Management
Shabnam Shahi, Fiene Kütscher

SILBER

Seite 114–115

Titel der Arbeit
Genf Mediawall

Einsender
Mutabor Design GmbH

Auftraggeber
Audi AG

Verantwortlich
Bernhard Neumann, Head of Marketing

Agentur/Studio
Mutabor Design GmbH (Konzept & Kommunikation), Schmidhuber + Partner (Konzept & Architektur)

Creative Direction
Alexander Hanowski (Mutabor)

Art Direction
Malte Schweers (Mutabor)

Project Management
Ben Kunze (Mutabor)

Seite 116–117

Titel der Arbeit
Scene Ungarn Website

Einsender
nodesign Schellnack & Partner

Auftraggeber
NRW KULTURsekretariat Wuppertal

Verantwortlich
Internationale Kulturarbeit Sabine Köhncke (Projcktleitung), Elgin Wolf, Larisa Snjegota

Agentur/Studio
nodesign Schellnack & Partner

Creative Direction
HD Schellnack

Art Direction
Katharina Mönkemöller

Programmierung
Marian Ruberg

Redaktion
Beate Blaschczok, Christian Hampe

DIE MITGLIEDER DES DDC.

Seite 118–119

Titel der Arbeit
Heine/Lenz/Zizka Website

Einsender
Heine/Lenz/Zizka

Auftraggeber
Heine/Lenz/Zizka

Agentur/Studio
Heine/Lenz/Zizka

Kreativdirektion
Heine/Lenz/Zizka

Art Direktion
Joel Carneiro

Programmierung
Zum Kuckuck:
Daniel Rothaug,
Sebastian Lenz,
Georg Reil

BRONZE

Seite 122–123

Titel der Arbeit
Pritt Paper Gang

Einsender
Syzygy Deutschland GmbH

Auftraggeber
Henkel AG & Co. KGaA

International
Project Manager
Verena Brokamp

Agentur/Studio
Syzygy Deutschland GmbH

Creative Director
Dominik Lammer

Senior Art Director
Alexander Meinhardt

Art Direction
Christina Metzler,
Wolfgang Schröder

Screen Designer
Sonja Johnke,
Thorsten Binder

Senior Texter/Konzeptioner
Dorothee Zoll

Junior Texter/Konzeptioner
Sarah Winkler

Project Manager
Susanne Lehr

Seite 124–127

Titel der Arbeit
Runderneuerung der ZDFmediathek

Einsender
Syzygy Deutschland GmbH, ZDF

Auftraggeber
ZDF

Verantwortlich
Tina Kutscher,
Redaktionsleiterin

Multimediaredaktion
Michaela Immel

Projektleiter Neue Medien
Eckart Köberich

Agentur/Studio
Syzygy Deutschland GmbH

Creative Director
Dominik Lammer

Art Director
Micheal Geissler

Konzeption
Dr. Claudia Armbrüster,
Katharina Horst

Project Manager
Marco Langer

Usability
Claudia Armbrüster

Programmierung
Christoph Fischer,
Heiko Müller

Seite 128–129

Titel der Arbeit
Lufthansa A380

Einsender
Scholz & Volkmer GmbH

Auftraggeber
Deutsche Lufthansa AG

Verantwortlich
Claudia Dreismann
Jens Polkowski
Direktmarketing FRA EI/K

Agentur/Studio
Scholz & Volkmer GmbH

Projektleitung/
Account Management
Eva Dyck

Creative Direction/Screen Design
Motion Design
Philipp Bareiss

Screen Design
Vatsala Murthy

Motion Design/
Flash Programming
Mario Dold

Technical Direction
Denis Richard

Flash Programming
Christian Leitschuh

Text
Tim Sobczak

Konzept/IA
Georg Cockburn

Projekt Management
Christoph Preukschat

2D/3D-Komposition/
Postproduktion
mo cgi GmbH

3D-Animation
Pixomondo Studios GmbH&CoKG

Sound
metadesign GmbH

Seite 130–131

Titel der Arbeit
www.gassner-zarecky.de

Einsender
Zum Kuckuck/
Büro für digitale Medien

Auftraggeber
Gassner & Zarecky
Architekten und
Ingenieure Partnerschaft BDA

Verantwortlich
Peter Zarecky, Geschäftsführer

Agentur/Studio
Zum Kuckuck/
Büro für digitale Medien

Creative Direction
Daniel Rothaug

Art Direction
Christian Schäfer

Programmierung
Steven Schmidt

Projektmanagement
Alexander Dees,
Lea Späth

AWARD

Seite 134–135

Titel der Arbeit
IAA 2009 Technikpark

Einsender
Mutabor Design GmbH

Auftraggeber
Audi AG

Verantwortlich
Bernhard Neumann,
Head of Marketing

Agentur/Studio
Mutabor Design GmbH
(Konzept & Kommunikation),
Schmidhuber + Partner
(Konzept & Architektur)

Creative Direction
Christian Dworak,
Axel Domke (Mutabor)

Art Direction
Corinna Rödel, Maxie Pantel,
Patrick Molinari (Mutabor)

Graphic Design
Max Toth (Mutabor)

Seite 136–137

Titel der Arbeit
Hasenkopf Corporate Website

Einsender
Martin et Karczinski GmbH

Auftraggeber
Hasenkopf GmbH & Co. KG

Verantwortlich
Roland Hasenkopf, Inhaber
und Geschäftsführer

Agentur/Studio
Martin et Karczinski GmbH

Creative Direction
Peter Martin

Art Direction/Concept/
Graphic Design
Meike Rott

Concept/Graphic Design
Christian Begusch

Concept/Programming
Max Beutel

Text
Wolfgang Wirsching

Seite 138–139

Titel der Arbeit
www.goin.de

Einsender
Zum Kuckuck/
Büro für digitale Medien

Auftraggeber
GO IN GmbH

Verantwortlich
Maurus Reisenthel,
Geschäftsführer

Programmierung Typo3
Werner Hövelmanns

Marketing und Vertrieb
Jens Müller

Agentur/Studio
Zum Kuckuck/
Büro für digitale Medien

Creative Direction
Daniel Rothaug

Art Direction
Christian Nath,
Werner Goldbach

Programmierung
Steven Schmidt,
Georg Reil

Projektmanagement
Alexander Dees,
Vera Baierlein

Seite 140–141

Titel der Arbeit
Lange²

Einsender
Fuenfwerken Design AG

Auftraggeber
Cornelius und Fabian Lange

Verantwortlich
Cornelius und Fabian Lange

Agentur/Studio
Fuenfwerken Design AG

Seite 142–143

Titel der Arbeit
ZELLULOID – Film ohne Kamera

Einsender
Scholz & Volkmer GmbH

Auftraggeber
SCHIRN KUNSTHALLE
FRANKFURT

Verantwortlich
Maximilian Engelmann,
Marketing/Kommunikation

Agentur/Studio
Scholz & Volkmer GmbH

Creative Direction
Nicole Holzenkamp

Senior Art Direction
Sebastian Kraus

Junior Art Direction
Monika Schneider,
Vatsala Murthy

Art Direction
Kirsten Becken

Technical Direction
Denis Richard

Flash Programming
Niklas Armbruster

Programming/Executive
Technical Direction
Peter Reichard

Senior Concept/IA
Uwe Todoroff

Senior Project
Management
Irmgard Weigl

Konzeption
Nicola Wassner

Text
Claudia Bauer

Flash Programming
Joachim Fraatz,
Vincent Reebers,
Jörg Schüler

Videoproduktion
WE CAN DANCE
Animation Studio OHG

Seite 144–145

Titel der Arbeit
Mammut Safety App

Einsender
Scholz & Volkmer GmbH

Auftraggeber
Mammut Sports Group AG

Verantwortlich
**Marc Huber,
Head of Marketing and Sales
Services Switzerland**

Agentur/Studio
Scholz & Volkmer GmbH

Projektleitung/
Projektmanagement
Patrick Peter

Geschäftsführung
**Christian Daul
Peter Post**

Creative Direction
Katja Rickert

Unitleitung
Felix Schröder

Art Direction
Sebastian Zirfas

Programmierung
**Markus-Oliver Morgenstern,
Sebastian Ludwig**

Seite 146–147

Titel der Arbeit
Softinos Foot Camp

Einsender
Scholz & Volkmer GmbH

Auftraggeber
GLOBALUTIONS Europa LTD

Freier Texter/Creative Coach
Florian Kähler

Agentur/Studio
Scholz & Volkmer GmbH

Projektleitung/Text/
Konzept/IA/Sound Design
Tim Sobczak

Creative Direction
Katja Rickert

Senior Art Direction
Philipp Bareiss

Art Direction
Kirsten Becken

Junior Art Direction
Vatsala Murthy

Motion Design
Konstantin von Rhein

Flash Programmierung
**Christian Leitschuh,
Mario Dold**

Programmierung
**Markus-Oliver Morgenstern,
Matthias Volland**

Projekt Management
Irmgard Weigl, Donika Lilova

Seite 148–149

Titel der Arbeit
Thomas Cook: My Travelguide

Einsender
denkwerk GmbH

Auftraggeber
THOMAS COOK AG

Verantwortlich
**Michael Wöhler
Projektleiter
Business Solutions**

Agentur/Studio
denkwerk GmbH

Technischer Leiter
Steffen Trenkle

Projektmanagement
Isabelle Born

Design
Julia Bange

Konzept
Charlotte Block

Technik/Programmierung
**Rainer Berndt,
Joerg Vanderhoeven**

Seite 150–151

Titel der Arbeit
Website für atelierkontrast.de

Einsender
think moto

Auftraggeber
Atelier Kontrast

Verantwortlich
Wolfram Glatz

Agentur/Studio
think moto

Creative Direction
Katja Wenger

Kategorie/Category

FOTO/FILM

GOLD

Seite 162–163

Titel der Arbeit
Darwin and his fabulous Orchids

Einsender
Ralph Heinsohn

Auftraggeber
VolkswagenStiftung

Verantwortlich Leitung Öffentlichkeitsarbeit
Dr. Henrike Hartmann

Agentur/Studio
Ralph Heinsohn

Creative Direction
Ralph Heinsohn

Firma
Botanischer Garten der Christian-Albrechts-Universität Kiel

Wissenschaftliches Konzept
Dr. Martin Nickol

Firma
Zentrum für Kultur- und Wissenschaftskommunikation der Fachhochschule Kiel

Herstellungsleitung
Eduard Thomas

Musik/Sounddesign
Sven Lütgen

SILBER

Seite 166–167

Titel der Arbeit
Form follows Fußballfieber

Einsender
A&W Architektur&Wohnen, Jahreszeiten Verlag GmbH

Auftraggeber
Redaktion Architektur&Wohnen, Jahreszeiten Verlag GmbH

Verantwortlich
Barbara Friedrich, Chefredakteurin

Art Director
Thomas Elmenhorst

Agentur/Studio
Jessica Hilltout

Fotografin
Jessica Hilltout

Seite 168–169

Titel der Arbeit
Das neue Private Banking

Einsender
Euro RSCG Muenchen

Auftraggeber
quirin bank AG

Verantwortlich
Kathrin Kleinjung, Leiterin Unternehmenskommunikation & Marketing

Agentur/Studio
Euro RSCG München

Chief Creative Officer
Felix Glauner

Creative Director
Michael Brepohl

Art Director
Andrea Zeiller

Copywriter
Jürgen Geiger, Harald Linsenmeier

Director Client Services
Harald Jäger

Account Director
Lothar Marx

Producer
Christoph vom Bauer

Editor
Alan Rexroth

Film Production Company
Wolff Brothers GmbH

Seite 170–171

Titel der Arbeit
Mercedes-Benz „Sculpture"

Einsender
Elastique. GmbH

Auftraggeber
Daimler AG/Oliver Schrott Kommunikation GmbH

Verantwortlich
Koert Groeneveld, Global Communications Mercedes-Benz Cars | Senior Manager Events & International Activities

Agentur/Studio
Elastique. GmbH

Geschäftsführer/Creative Director/Director
Andreas Schimmelpfennig

Geschäftsführer/Art Director
Betty Schimmelpfennig

Designer
Thomas von den Driesch

Videoproduktion
The Marmalade – High Speed Special Effects

Geschäftsführer
Philipp Giradet

DOP
Eike Rieche

Producer
Niels Thomsen

High Speed Special Effects
Daniel Feuerhake, Jan Gwiasda, Boris Frey

Videoproduktion
Deine Freunde

Geschäftsführer/
Supervising Digital Artist
Swen Linde

Digital Artist
Peter Pannes, Axel Hamacher, Min Tesch

Komposition
Shake Up Music

Komponist
Volker Pannes

Seite 172–173

Titel der Arbeit
Form and Function – The Battle

Einsender
Kemper Kommunikation GmbH

Auftraggeber
Porsche Lizenz- und Handelsges. mbH & Co. KG

Verantwortlich
Inga Hofmann, Marketing Manager

Agentur/Studio
Kemper Kommunikation GmbH

Creative Director
Lars Vollert, Silke Telgen

CEO
Brigitte Kemper

Geschäftsführer
Klaus Erich Küster

Account Manager
Annika Weese

BRONZE

Seite 176–177

Titel der Arbeit
Treppe

Einsender
Young & Rubicam GmbH

Auftraggeber
BFF Frauenberatungs-stellen und Frauennotrufe

Verantwortlich
Katja Grieger, Client Account Director

Agentur/Studio
Young & Rubicam GmbH

Executive Creative Director
Uwe Marquardt

Art Director
Helge Kniess

Copywriter
Manuel Rentz

Account Manager
Lennart Wittgen

Agency Producer
Thorsten Rosam

Videoproduktion
Raketenfilm Film Produktion

Regisseur
Andreas „Titus“ Gust

Producer
Sophia Rosa Schwert

Videoproduktion
seed digital vision

2D Artist
Andreas Steinlein

Flame Artist
Klaus Blaser, Sven Peters

Musik
Tinseltown Music

Musik-Komponist
Claudio Pagonis

Kameramann
Andrés Marder

Seite 178–179

Titel der Arbeit
Design Report Award 2010 – Fotografie

Einsender
Projekttriangle Design Studio

Auftraggeber
Design Report

Verantwortlich
Juliane Grützner

Agentur/Studio
Projekttriangle Design Studio

Fotografie
Martin Grothmaak

WIR SETZEN KREATIVITÄT UM.

Seite 180–181

Titel der Arbeit
Sky Ameisen

Einsender
Heye Group GmbH

Auftraggeber
Sky Deutschland GmbH & Co. KG

Verantwortlich
Michael Jaeger, Werbeleitung

Agentur/Studio
Heye & Partner GmbH

Creative Director
Ulrich Lützenkirchen

Art Director
Justin Pettit

Copywriter
Thomas Schwarz

Creative Director
Jan Okusluk

Agency Producer
Milena Milic

Account Director
Dirk Kartes

AWARD

Seite 184–185

Titel der Arbeit
Cellulose

Einsender
CAEPSELE_HotCold Film

Auftraggeber
CAEPSELE_visuelle Strategien

Verantwortlich
Stephan. J. Swierczyna,
Drehbuch Regie, Set-Design

Produktion/Grafik Design
Sigrid Ortwein/
CAEPSELE_HotCold Film

Agentur/Studio
CAEPSELE_visuelle Strategien

Schauspieler
Ulrike Sperberg,
Karsten Cizmowski,Taikka Tirok,
Janusz Gromek

Make-up
Dagmar David, C.I.S.E.L

Poster-Art
ougrapo.de

Seite 186–187

Titel der Arbeit
Fotografie für Wolfram Siebeck

Einsender
Projekttriangle Design Studio

Auftraggeber
EDITION BRAUS
Berlin Heidelberg GmbH

Verantwortlich
Jonas Braus

Agentur/Studio
Projekttriangle Design Studio

Fotografie
Martin Grothmaak, Tom Ziora

Seite 188–189

Titel der Arbeit
IKEA „30 Jahre Billy" – Fotografie

Einsender
Projekttriangle Design Studio

Auftraggeber
IKEA Deutschland

Verantwortlich
Claudia Willvonseder

Agentur/Studio
Projekttriangle Design Studio

Fotografie
Martin Grothmaak, Tom Ziora

Seite 190–191

Titel der Arbeit
Zeit gewinnen

Einsender
Ogilvy Frankfurt

Auftraggeber
DB Mobility Logistics AG

Verantwortlich
Ulrich Klenke,
Leiter Konzernmarketing

Beteiligt
Gabriele Handel-Jung,
Leiterin Marketing
Kommunikation und Media,
Gina P. Roeder,
Leiterin Kampagnen Management

Agentur/Studio
Ogilvy Frankfurt

CCO/Creative Direction
Dr. Stephan Vogel

Executive Creative Director
Christian Mommertz

Art Direction
Christian Mommertz

Account Management
Roland Stauber

Agentur Producer
Norman Strohmaier

Text
Catrin Farrenschon, Daniel de Leuw, Bent Kroggel, Sabina Hesse, Albert S. Chan, Marcus Weber

Filmproduktion
Erste Liebe Filmproduktion

Regie
Cadmo Quintero

Kamera
Fanz Lustig

Schnitt
Alex Kuttka

Komponist/Musik
J.A.W.Brouwer@Massive Music, Amsterdam

Ton
FunDeMental Studios, Frankfurt

Seite 192–193

Titel der Arbeit
Elektrisches Pferd

Einsender
Euro RSCG Düsseldorf

Auftraggeber
Peugeot Deutschland GmbH

Verantwortlich
Anne Blomeier, Head of Marketing Communication

Agentur/Studio
Euro RSCG Düsseldorf

Chief Creative Officer
Felix Glauner

Executive Creative Director
Karl König

Creative Director
Martin Venn

Art Director
Alexandros Antoniadis

Illustrator
Siegfried Diersch

Art Buyer
Nicole Arnold

Director Client Services
Guido Körfer

Seite 194–195

Titel der Arbeit
Mercedes-Benz F800 Style

Einsender
Barbecue Mediendesign GmbH

Auftraggeber
Daimler AG

Verantwortlich
Robert Ehmann

Agentur/Studio
Atelier Markgraph GmbH

Art Director
Martin Pesch

Agentur Producer
Peter Eberhard

Videoproduktion
Barbecue Mediendesign GmbH

Director/Editor
Rüdiger Chmielus

3D Artist
Daniel Schulz

Musik-Komponist
Marco Lehmann

Kategorie/Category

MARKETING-KOMMUNIKATION

GOLD

Seite 206–207

Titel der Arbeit
Die ZMG Imagebroschüre „Die Zeitung macht wohl Witze?!"

Einsender
Ogilvy Frankfurt

Auftraggeber
Zeitungs Marketing Gesellschaft mbH & Co. KG

Verantwortlich
Dr. Joachim Donnerstag, Marketingleitung

Agentur/Studio
Ogilvy Frankfurt

Account Management
Michael Fucks, Sabina Pal

Creative Direction
Lars Huvart

Art Direction
Till Schaffarczyk

Text
Lothar Müller

Illustration
Greser & Lenz

Grafik
Jo Bacherl

SILBER

Seite 210–211

Titel der Arbeit
Kopiert ruhig weiter.

Einsender
Ogilvy Frankfurt

Auftraggeber
RollingStone Magazin

Verantwortlich
Rainer Schmidt,
Chefredakteur

Agentur/Studio
Ogilvy Frankfurt

CCO/Executive Creative Director
Dr. Stephan Vogel

Creative Director
Helmut Meyer

Text
Taner Ercan,
Dr. Stephan Vogel

Art Direction
Eva Stetefeld

Art Buying
Christina Hufgard

Consultant
Peter Heinlein

Projekt Consultant
Georg Fechner

Seite 212–213

Titel der Arbeit
Elektrisches Pferd

Einsender
Euro RSCG Düsseldorf

Auftraggeber
Peugeot Deutschland GmbH

Verantwortlich
Anne Blomeier,
Head of Marketing
Communication

Agentur/Studio
Euro RSCG Düsseldorf

Chief Creative Officer
Felix Glauner

Executive Creative Director
Karl König

Creative Director
Martin Venn

Art Director
Alexandros Antoniadis

Illustrator
Siegfried Diersch

Art Buyer
Nicole Arnold

Director Client Services
Guido Körfer

BRONZE

Seite 216–217

Titel der Arbeit
Scene Ungarn Programm

Einsender
nodesign Schellnack & Partner

Auftraggeber
NRW KULTURsekretariat
Wuppertal

Verantwortlich
Internationale Kulturarbeit
Sabine Köhncke (Projektleitung)
Elgin Wolf, Larisa Snjegota

Agentur/Studio
nodesign Schellnack & Partner

Creative Direction
HD Schellnack

Art Direction
Katharina Mönkemöller,
Stefanie Schröder

Grafik
Julia Vater

Redaktion
Beate Blaschczok,
Christian Hampe

Seite 218–219

Titel der Arbeit
Hier spricht der Text

Einsender
bilekjaeger

Auftraggeber
bilekjaeger

Verantwortlich
Michael Bilek, Inhaber

Agentur/Studio
bilekjaeger

Konzept
Uli Weber

Grafik
Jasmin Beham

Typografie
Franz Geis

Seite 220–221

Titel der Arbeit
Imagebroschüre
„before light & beyond"

Einsender
KMS TEAM

Auftraggeber
feno GmbH

Verantwortlich
Karl Weinhold, Geschäftsführer

Agentur/Studio
KMS TEAM

Managing Partner/Design
Knut Maierhofer

Team Manager/Design
Patrick Märki

Designer
May Kato, Claire Chiquet

Text
Dr. Àxel Sanjosé

Client Manager
Sandra Ehm

Projektmanager
Julia Sadlo

Produktion
Christina Baur, Anja Wilczek

Druckvorstufe
Angela Keesman

Seite 222–223

Titel der Arbeit
modular Jugendfestival

Einsender
KW Neun Grafikagentur

Auftraggeber
Stadtjugendring Augsburg KdÖR

Projektleitung
Sebastian Kochs, Annette Voss

Agentur/Studio
KW Neun Grafikagentur

Creativ Director
Artur Gulbicki

Art Direction
Mara Weyel,
Christoph Sauter

Grafik
Anja Geier,
Marta Marek

Projektmanager
Tobias Sommer

AWARD

Seite 226–227

Titel der Arbeit
Spielzeitheft Theater
Ingolstadt 2010/2011

Einsender
xhoch4 | design plus kultur

Auftraggeber
Theater Ingolstadt

Verantwortlich
Peter Rein, Intendant

Agentur/Studio
xhoch4 | design plus kultur

Art Director
Boris Schmelter
René Arbeithuber

Seite 228–229

Titel der Arbeit
Erscheinungsbild, Plakate,
Katalog und Print-Werbung für
die Ausstellung „Less and More.
Das Designethos von Dieter
Rams“

Einsender
Museum für Angewandte Kunst
Frankfurt

Auftraggeber
Museum für Angewandte Kunst
Frankfurt

Verantwortlich
Prof. Dr. Klaus Klemp

Agentur/Studio
Shimada Design Inc.,
Osaka, Japan

Art Director
Tamotsu Shimada

Grafik-Design
Tamotsu Shimada,
Miyuki Amemiya,
Yusuke Fujisawa,
Naofumi Ishida,
Yasunori Sanai,
Nobuhiko Omata

Fotografie
Koichi Okuwaki

Verantwortlich
Tamotsu Shimada, Keiko Ueki

Ko-Studio/Ausstellungstypografie
Büro für Gestaltung
Christoph Burkhardt &
Albrecht Hotz, Offenbach

Verlag
Die Gestalten Verlag
GmbH & Co. KG, Berlin

Druckerei (Katalog)
Offsetdruckerei Grammlich,
Pliezhausen und Graffiti
Siebdruck, Reutlingen,
Elisabeth Honerla

Druckerei
(Plakate und Werbung)
Druckerei und Verlag
Otto Lembeck, Frankfurt,
Friedhelm Schwenz

Seite 230–231

Titel der Arbeit
Audi A8 Mailings

Einsender
Gingco.Net Werbeagentur GmbH & Co. KG

Auftraggeber
AUDI AG

Verantwortlich
Ingo Artelt, Marketingkommunikation/CRM

Agentur/Studio
Gingco.Net Werbeagentur GmbH & Co. KG

Geschäftsführer
Friedhelm Kranz

Seite 232–233

Titel der Arbeit
Digital Paper Collection

Einsender
EIGA Design

Auftraggeber
RÖMERTURM Feinstpapier GmbH & Co. KG

Verantwortlich
Petra Roß, Projektleitung

Agentur/Studio
EIGA Design

Art Direction
Henning Otto

Creative Direction
Elisabeth Plass

Design
Katrin Adamaszek, Nicola Janssen

Seite 234–235

Titel der Arbeit
Aus Respekt vor Dir, Papier

Einsender
FREIE RADIKALE

Auftraggeber
Heidelberger Druckmaschinen AG

Verantwortlich
Adriana M. Nuneva, SVP Global Marketing

Agentur/Studio
Freie Radikale

Geschäftsführer Art
Karlheinz Müller

Geschäftsführer Text
Paul Wagner

Seite 236–237

Titel der Arbeit
Brechtfestival Augsburg 2010

Einsender
KW Neun Grafikagentur

Auftraggeber
Kulturamt der Stadt Augsburg

Verantwortlich
Thomas Weitzel, Leiter des Kulturamts

Künstlerische Leitung
Dr. Joachim Lang

Agentur/Studio
KW Neun Grafikagentur

Creativ Director
Artur Gulbicki

Art Direction
Christoph Sauter, Mara Weyel

Grafik
Markus Hasel, Daniel Schäfer, Anja Geier, Nelli Gulbicki

Projektmanager
Tobias Sommer

Seite 238–239

Titel der Arbeit
„Praktikant gesucht"

Einsender
Fuenfwerken Design AG

Auftraggeber
Fuenfwerken Design AG

Agentur / Studio
Fuenfwerken Design AG

Seite 240–241

Titel der Arbeit
HKS Colourmatch (Nr. 9–12)

Einsender
CLMNZ

Auftraggeber
HKS Warenzeichenverband e.V.

Verantwortlich
Evelyn Hahn, Vice President/ Chief Marketing & Communications Officer

Agentur/Studio
CLMNZ

Idee/Konzeption/Inhalt/ Gestaltung/Umsetzung
Clemens Hartmann

Seite 242–243

Titel der Arbeit
Leica M9

Einsender
argonauten G2 GmbH – a member of Grey | G2 Group

Auftraggeber
Leica Camera AG

Verantwortlich
Johannes Fischer, Marketingleitung

Agentur/Studio
argonauten G2 GmbH – a member of Grey | G2 Group

Creative Director
Anita Stoll, Felix Dürichen

Art Director
Sabine Brinkmann

Fotografie
Maik Scharfscheer, freier Fotograf

Copy Writer
Sabine Weber, Anita Stoll

Account Director
Maik Hofmann

Account Manager
Silvana Meyer

Strategic Planning
Judd Labarthe

Kategorie/Category

RAUM/ ARCHITEKTUR

GOLD

Seite 254–255

Titel der Arbeit
Ihr und Wir

Einsender
jangled nerves

Auftraggeber
Haus der Geschichte Baden-Württemberg

Verantwortlich
Dr. Paula Lutum-Lenger, Kuratorin

Agentur/Studio
jangled nerves

Creative Direction
Prof. Thomas Hundt, Ingo Zirngibl

Projektleitung
Gesina Geiger

Innenarchitektur
Christian Wessolowski, Dirk Hennemann

Grafik
Daniel Naegele, Anina Stocker, Gerd Häußler

Kamera/Schnitt
Fabiola Maldonado

Seite 256–257

Titel der Arbeit
„Weltholz on Tour"

Einsender
KMS TEAM

Auftraggeber
Klöpferholz GmbH & Co. KG

Verantwortlich
Karl Becker, Geschäftsführer

Leitung operatives
Marketing
Annette Tomas

Agentur/Studio
KMS TEAM

Managing Partner/Kreation
Michael Keller

Team Manager/Design
Julia Oesterle

Designer
Susanne Elhardt

Client Manager
Alexandra Schneiderhan

Projektmanager
Nina Albrecht, Katharina Andrzejewski

Produktion
Alexander Walz

Druckvorstufe
Isabelle Bieler

Messebau
Messebau Tünnissen GmbH

Projektleiter
Wilhelm Thünnissen

SILBER

Seite 260–261

Titel der Arbeit
Glockenturm Taschkent

Einsender
Ippolito Fleitz Group GmbH

Auftraggeber
Republik Usbekistan

Agentur/Studio
Ippolito Fleitz Group – Identity Architects

Geschäftsführung
Peter Ippolito, Gunter Fleitz

Beteiligt
Tilla Goldberg, Steffen Ringler, Alexander Fehre, Christian Kirschenmann

Lichtplanung
Pfarré Lighting Design

Seite 262–263

Titel der Arbeit
voestalpine „Stahlwelt“

Einsender
KMS TEAM

Auftraggeber
voestalpine AG

Verantwortlich
Gerhard Kürner, Head of Corporate Communications

Agentur/Studio
KMS TEAM, jangled nerves

Managing Partner/Kreation
Michael Keller (KMS TEAM)

Managing Direktor/Beratung
Armin Schlamp (KMS TEAM)

Team Manager/Design
Birgit Rose Vogel (KMS TEAM), Marc Ziegler (KMS TEAM)

Senior Designer
Susana Frau (KMS TEAM)

Designer
Moritz Pongratz (KMS TEAM)

Client Manager
Christine Schauer (KMS TEAM)

Projektmanager
Katrin Schiese (KMS TEAM)

Technik
Wahan Mechitarian (KMS TEAM)

Produktion
Christina Baur (KMS TEAM)

Druckvorstufe
Angela Keesman (KMS TEAM)

Creative Direction Multimedia
Prof. Thomas Hundt (jangled nerves), Ingo Zirngibl (jangled nerves)

Projektmanager Multimedia
Gesina Geiger (jangled nerves)

Animationsdesign Multimedia
Kristian Labusga (jangled nerves)

Technik
Inscena
Rudi Hennies

Licht
Lighting Design & Consulting Wilfried Kresiment

Seite 264–265

Titel der Arbeit
Deutsches Currywurst Museum

Einsender
Atelier Markgraph

Auftraggeber
E.I. Edutainment International GmbH (Ausstellungskonzeption, Inhaltsentwicklung, Brand Edutainment)

Agentur/Studio
Atelier Markgraph (Ausstellungsgestaltung und Szenographie)

Realisierung
Kubix (Werkplanung und Werkrealisierung)

PR
unic Marken.Märkte. Kommunikation (Gesamt-PR und Kommunikation)

Seite 266–267

Titel der Arbeit
Licht am Ende des Tunnels – Luminale 2010

Einsender
Atelier Markgraph

Auftraggeber
Eine Kooperation von Schauspiel Frankfurt, Verkehrsgesellschaft Frankfurt am Main (VGF) und Atelier Markgraph

Agentur/Studio
Atelier Markgraph (Ideengeber, Gestaltung und Koordination der Umsetzungsmaßnahmen)

Sponsoring Licht und Medientechnik
Martin Professional

Realisierungspartner
Meso Digital Interiors, Ströer, HELI Showequipment

BRONZE

Seite 270–271

Titel der Arbeit
Area 1 Roadshow

Einsender
Mutabor Design GmbH

Auftraggeber
Audi AG

Verantwortlich
Bernhard Neumann, Head of Marketing

Agentur/Studio
Mutabor Design GmbH (Konzept & Kommunikation), Schmidhuber + Partner (Konzept & Architektur)

Creative Direction
Johannes Plass (Mutabor)

Design
Maxie Pantel, Martin Steiner (Mutabor)

Project Management
Jessica Hoppe (Mutabor)

Customer Advisory Services
Holger Fischer (Mutabor)

Seite 272–273

Titel der Arbeit
Urban Planet

Einsender
Triad

Auftraggeber
Bureau of Shanghai World Expo Coordination

Verantwortlich
Mrs. Zhang Lee

Agentur/Studio
Triad Berlin Projektgesellschaft mbH

Künstlerische Leitung/Konzept und Inhalt/Architektur/Design/Grafik/Szenografie/Medienproduktion/Medientechnik
Triad Berlin Projektgesellschaft mbH

Seite 274–275

Titel der Arbeit
Occhio Messestand: „One source – one system – Lichtqualität in allen Lebensbereichen“

Einsender
Martin et Karczinski GmbH

Auftraggeber
Occhio GmbH

Verantwortlich
Axel Meise, general manager Mark Joseph Müller, managing director

Agentur/Studio
Martin et Karczinski GmbH

Creative Direction/Konzept
Peter Martin

Grafikdesign
Matthias Lackus, Tobias Wibbeke, Annabelle Lyhs

Messedesign/Messearchitektur
Drändle Design 70|30 GmbH

Projektmanagement/Konzept
Jürgen Drändle

Seite 276–277

Titel der Arbeit
CERN I Universe of Particles

Einsender
ATELIER BRÜCKNER GmbH

Auftraggeber
CERN (Conseil Européen pour la Recherche Nucléaire)

Verantwortlich
Bernard Pellequer, Director Visitor Centre „Globe of Science and Innovation“

Agentur/Studio
ATELIER BRÜCKNER GmbH

Creative Director
Prof. Uwe R. Brückner

Projektleitung
Matt Schwab

Projektleitung Grafik
Jana Fröhlich

Seite 278–279

Titel der Arbeit
Messeauftritt der Firmengruppe Liebherr auf der bauma München 2010

Einsender
Kauffmann Theilig & Partner Freie Architekten BDA, Ostfildern

Auftraggeber
Liebherr International Deutschland GmbH, Biberach

Verantwortlich
Kristian Koch, Jürgen Schröder

Agentur/Studio
Kauffmann Theilig & Partner, Freie Architekten BDA, Ostfildern Prof. Andreas Theilig, Dieter Benz Kauffmann, Rainer Lenz

Konzept
Lars Kruse

Planung/Bauleitung
Florian Pleyer, Heiko Webert

Messebau
Display International Schwendinger GmbH & Co. KG, Würselen Michael Caspari

Tragwerk
form TL, ingenieure für tragwerk und leichtbau GmbH, Radolfzell Gerhard Fessler

HLSE und Energiekonzept
Transsolar Energietechnik GmbH, Stuttgart Thomas Auer Henne & Walter, Ingenieurbüro für technische Gebäudesysteme, Reutlingen Frank Braun

Seite 280–281

Titel der Arbeit
Lebensmittelsupermarkt 2010

Einsender
DEGENER Architekten

Auftraggeber
Gretenkord Bau

Projektentwicklung
Dr. Hesse & Partner GmbH

Agentur/Studio
DEGENER Architekten

Architekt
Frank Degener

AWARD

Seite 284–285

Titel der Arbeit
You Say You Want A Revolution

Einsender
Atelier Markgraph

Auftraggeber
Schauspiel Frankfurt

Agentur/Studio
Atelier Markgraph (Ideengeber, Gestaltung und Koordination der Umsetzungsmaßnahmen)

Grafikdesign
Double Standard

Seite 286–287

Titel der Arbeit
Art in Progress, Audi Design Miami 2009

Einsender
Mutabor Design GmbH

Auftraggeber
Audi AG

Verantwortlich
Bernhard Neumann, Head of Marketing

Agentur/Studio
Mutabor Design GmbH

Creative Direction
Johannes Plass, Frederike Putz

Art Direction
Nils Zimmermann

Design
Silvia Bubel, Stefan Mückner, Hendrik Biesenbach, Sarah Gossner

Concept
Holger Schardt, Tobias Huber, Maxie Pantel

Printing
Susanne Weber

Seite 288–289

Titel der Arbeit
„balancity" – Der deutsche Pavillon EXPO 2010, Shanghai

Einsender
Schmidhuber + Partner

Auftraggeber
Bundesministerium für Wirtschaft und Technologie vertreten durch Koelnmesse International GmbH

Verantwortlich
Dietmar Schmitz, Generalkommissar – German Pavilion Expo 2010 Shanghai

Agentur/Studio
Schmidhuber + Partner/ Milla & Partner/Nüssli (Deutschland) GmbH

Architektur und Generalplanung
Lennart Wiechell (Schmidhuber + Kaindl GmbH)

Ausstellungs- und Mediengestaltung
Peter Redlin (Milla & Partner)

Ausführung und Projektmanagement
Harald Dosch (Nüssli (Deutschland) GmbH)

Seite 290–291

Titel der Arbeit
Palace of International Forums „Uzbekistan"

Einsender
Ippolito Fleitz Group GmbH

Auftraggeber
Republik Usbekistan

Agentur/Studio
Ippolito Fleitz Group – Identity Architects

Geschäftsführung
Peter Ippolito, Gunter Fleitz

Beteiligt
Steffen Ringler, Tilla Goldberg, Silke Schreier, Alexander Fehre, Christian Kirschenmann, Tim Lessmann, Jakub Pakula, Michael Bertram, Elena Nuthmann-Maysyuk, Klaus-Dieter Nuthmann, Swetlana Wagner, Christine Ackermann, Hakan Sakarya, Jörg Schmitt, Moritz Köhler, Daniela Schröder, Julia Weigle, Frank Faßmer, Axel Knapp, Yuan Peng

Lichtdesign
Pfarré Lighting Design, München

Theaterplanung
Theapro Planungsgesellschaft, München

Raumakkustik
DS-Plan, Stuttgart

Seite 292–293

Titel der Arbeit
Conradt Optik

Einsender
Ippolito Fleitz Group GmbH

Auftraggeber
Conradt Optik GmbH

Verantwortlich
Julia Conradt, Inhaberin

Agentur/Studio
Ippolito Fleitz Group – Identity Architects

Geschäftsführung
Peter Ippolito, Gunter Fleitz

Beteiligt
Alexander Fehre, Tim Lessmann, Christian Kirschenmann, Vincent Gabriel, Anne Lambert

Graphic Design
Axel Knapp, Yuan Peng

Seite 294–295

Titel der Arbeit
State Grid Pavillon Magic Box

Einsender
ATELIER BRÜCKNER GmbH

Auftraggeber
IDM China Company Limited, Shanghai für SGCC, State Grid Corporation of China

Verantwortlich
Ben Mitchell, Media Relations

Agentur/Studio
ATELIER BRÜCKNER GmbH

Creative Director
Prof. Uwe R. Brückner

Projektleitung
Dominik Hegemann

Seite 296–297

Titel der Arbeit
Ausstellung „Tiefendesign“

Einsender
KMS TEAM

Auftraggeber
KMS TEAM GmbH

Verantwortlich
Knut Maierhofer,
Michael Keller
Christoph Rohrer
(Managing Partner)
Armin Schlamp
(Managing Director)

Agentur/Studio
KMS TEAM

Managing Partner/Design
Knut Maierhofer

Managing Partner/Kreation
Michael Keller

Team Manager/Design
Marc Ziegler, Nadine Vicentini

Designer
Susanne Platzer,
Chris Goennawein,
Christian Schmid, Gabriel Weiss

Projektmanager
Alexandra Schneiderhan

Seite 298–299

Titel der Arbeit
Im Reich der Schatten –
Leben und Lieben im römischen
Trier/ein mediales Raumtheater

Einsender
Tamschick Media+Space GmbH

Auftraggeber
Generaldirektion Kulturelles Erbe
Rheinland-Pfalz, Direktion
Rheinisches Landesmuseum Trier

Verantwortlich
Dr. Eckart Köhne,
Idee und Projektleitung

Agentur/Studio
Tamschick Media+Space GmbH

Konzept/Creative Direction/
Regie der Gesamtinszenierung
Charlotte Tamschick,
Marc Tamschick

Multimediaagentur
Talking Animals
Animation Studio, Berlin

Regie Animation
Jan Koester

Komposition/Kreative Leitung
BLUWI Music & Sounddesign,
Hamburg

Verantwortlich
Timo Blunck

Seite 300–301

Titel der Arbeit
Bocom Messestand
light & building 2010

Einsender
Ueberholz GmbH
Büro für temporäre
Architektur

Auftraggeber
bocom GmbH

Verantwortlich
Bosko Papric,
Geschäftsführer

Agentur/Studio
Ueberholz GmbH
Büro für temporäre
Architektur

Design/Realisation
Nico Ueberholz

Seite 302–303

Titel der Arbeit
Sounds. Radio – Kunst –
Neue Musik

Einsender
id3d-berlin
gesellschaft für
themengestaltung mbH

Auftraggeber
Neuer Berliner
Kunstverein (n.b.k.)

Verantwortlich
Marius Babias,
Projektleitung, Konzeption

Konzeption
Gaby Hartel, Frank Kaspar,
Katrin Klingan

Projektassistenz
Silvia Ploner

Technik
Klaus Sagi

Agentur/Studio
id3d-berlin
gesellschaft für
themengestaltung mbh

Projektleitung/Ausstellungs- und Sounddesign/Grafik/Medien
Ruudi Beier,
Peter Wellach

Projektmanagement
Birte Schramm

Grafikumsetzung
Ilona Marti

Medientechnik
Jörg Scherrmann

Seite 304–305

Titel der Arbeit
Messestand und kinetische Lichtinstallation zur „100% Design London 2010" für Roca Sanitario

Einsender
WHITEvoid interactive art & design /// Christopher Bauder

Auftraggeber
Roca Sanitario, S.A.

Verantwortlich
Chiara Ticchi, head of fairs and events

Agentur/Studio
WHITEvoid interactive art & design

Creative Director
Christopher Bauder

Designer
Christian Perstl, Michel David

Software Engineer
Armin Purkrabek

Seite 306–307

Titel der Arbeit
Albrechtsburg Meißen – Jubiläumsausstellung

Einsender
Gerhards & Glücker

Auftraggeber
Staatliche Schlösser, Burgen und Gärten Sachsen

Verantwortlich
Dr. Christian Striefler, Generaldirektor

Agentur/Studio
Gerhards & Glücker – Architekten und Designer

Geschäftsführung
Prof. Carsten Gerhards, Dipl. Ing. Architekt BDA, Andreas Glücker, Dipl. Ing. MSc Architekt BDA

Projektleiter Architektur
Dirk Borchering

Projektleiter Medien
Jan Köpper

Seite 308–309

Titel der Arbeit
Händel-Haus Halle – Dauerausstellung

Einsender
Gerhards & Glücker

Auftraggeber
Stiftung Händel-Haus Halle

Verantwortlich
Dr. Philipp Adlung, Direktor

Agentur/Studio
Gerhards & Glücker – Architekten und Designer

Geschäftsführung
Prof. Carsten Gerhards, Dipl. Ing. Architekt BDA, Andreas Glücker, Dipl. Ing. MSc Architekt BDA

Projektleiter
Dirk Borchering

Seite 310–311

Titel der Arbeit
Orientierungs- und Leitsystem Tiefgarage Hochhaus am Park, Frankfurt

Einsender
quandel design und kommunikation

Auftraggeber
MMZ Architekten GmbH

Verantwortlich
Sarah Wille, Projektleitung

Agentur/Studio
quandel design und kommunikation

Art Direction
Marcel Staudt

Kategorie/Category

UNTERNEHMENS-KOMMUNIKATION

GOLD

Seite 322–323

Titel der Arbeit
Perfect Moments

Einsender
Büroecco Kommunikationsdesign GmbH

Auftraggeber
Kuoni Reisen Holding AG

Verantwortlich
Simon Marquard, Projektleiter

Agentur/Studio
Büroecco Kommunikationsdesign GmbH

Creative Direction
Stephan Beißer

Seite 324–325

Titel der Arbeit
HOWTO Magazin

Einsender
Ogilvy Frankfurt

Auftraggeber
Ogilvy Deutschland

Verantwortlich
Delle Krause, Creative Direction

Agentur/Studio
Ogilvy Frankfurt

Creative Direction
Delle Krause, Helmut Meyer

Art Direction
Thomas Knopf

Strategische Planung
Ralph Poser

Art Buying
Valerie Opitz, Nathalie Schulz

Bildbearbeitung
Alexander Pfaff, Johanna Wötzel

Produktion
Knud Schlaudraff

Text
Ogilvy Mitarbeiter

SILBER

Seite 328–329

Titel der Arbeit
Fresenius Medical Care Geschäftsbericht 2009 „Nähe“

Einsender
häfelinger+wagner design gmbh

Auftraggeber
Fresenius Medical Care AG & Co. KGaA

Verantwortlich
Oliver Maier

Agentur/Studio
häfelinger+wagner design gmbh

Geschäftsführung/Creative Direction
Frank Wagner

Art Direction
Sandra Gieseler

Design
Christina Strenger

Projektmanagement
Sandra Loebich

Seite 330–331

Titel der Arbeit
Corporate Design für feno

Einsender
KMS TEAM

Auftraggeber
feno GmbH

Verantwortlich
Karl Weinhold, Geschäftsführer

Agentur/Studio
KMS TEAM

Managing Partner/Design
Knut Maierhofer

Managing Partner/Kreation
Michael Keller

Team Manager/Design
Patrick Märki

Designer
May Kato, Claire Chiquet

Sprache/Text
Dr. Àxel Sanjosé

Client Manager
Sandra Ehm

Projektmanager
Julia Sadlo

Produktion
Christina Baur, Anja Wilczek

Druckvorstufe
Angela Keesman
Bernd Müller

Seite 332–333

Titel der Arbeit
Borkebjs. Die Rückkehr der Monster

Einsender
Kolle Rebbe GmbH

Auftraggeber
Borkebjs.com

Verantwortlich
Ulrike Kirmse, Marketingleitung

Agentur/Studio
KOREFE

Creative Direction
Katrin Oeding

Art Direction
Reginald Wagner

Text
Delia D. Marti, Till Grabsch

Fotografie
Ulrike Kirmse, Guido Stanke

Illustration
Sarah Gossner

Beratung
Juliane Ahlfeld

Produktion
Franziska Ziegler, Frank Schneider

Bildbearbeitung
PX2@Medien GmbH & Co. KG

Druck
H. Heenemann GmbH & Co. KG

Seite 334–335

Titel der Arbeit
Audi Corporate Sound

Einsender
s12 GmbH & Klangerfinder GmbH & Co KG

Auftraggeber
AUDI AG

Verantwortlich
Margarita Bochmann, Projektleitung Audi Corporate Sound

Agentur/Studio
s12 GmbH/ Klangerfinder GmbH & Co KG

Konzept/Creative Direction
Andreas Graf, Florian Käppler

Musik/Sound Design
Florian Käppler

Sound Design
Andreas Hoppe

BRONZE

Seite 338–339

Titel der Arbeit
o.tel.o Cheap

Einsender
Scholz & Friends

Auftraggeber
Vodafone

Verantwortlich
Gregor F. Gründgens, Marketingleiter

Agentur/Studio
Scholz & Friends

Geschäftsführung Kreation
Wolf Schneider

Geschäftsführung/Beratung
Roland Boes

Creative Director
Wolf Schneider

Art Director
Olivier Nowak, Jinhi Kim, Kathrin Wetzel

Text
Dörte Schütz, Dennis Lück

Kundenberatung
Roland Boes, Bettina Zomorrodi, Tim Schmoll

Illustration
Olivier Nowak

Konzept
Olivier Nowak

Produktdesign
Jürgen Krugsperger, Ralf Schröder

Seite 340–341

Titel der Arbeit
ThyssenKrupp Geschäftsbericht 2008-2009 „Einblicke. Über die Zukunft. Über den Wandel. Über uns."

Einsender
häfelinger+wagner design gmbh

Auftraggeber
ThyssenKrupp AG

Verantwortlich
Barbara Scholten

Agentur/Studio
häfelinger+wagner design gmbh

Geschäftsführung/ Creative Direction
Annette Häfelinger

Art Direction
Nils Jaedicke

Design
Veronika Kinczli

Seite 342–343

Titel der Arbeit
„220 plus" – Ein Magazin für die besondere Perspektive

Einsender
Simon & Goetz Design GmbH & Co. KG

Auftraggeber
Sal. Oppenheim jr. & Cie.

Verantwortlich
Kerstin Switala, Unternehmenskommunikation & PR

Agentur/Studio
Simon & Goetz Design GmbH & Co. KG

Creative Direction
Bernd Vollmöller

Art Direction
Dörte Fischer, Gerrit Hinkelbein

Senior Designer
Bettina Otto

Designer
Daniel Perraudin

Text
Daniel Bittmann

Client Manager
Simon Betsch

Projektmanager
Manuela Liebertz

Produktion
Christina Baur

Druckvortufe
Angela Keesman

Seite 344–345

Titel der Arbeit
Canyon Brandbook

Einsender
KMS TEAM

Auftraggeber
Canyon Bicycles GmbH

Verantwortlich
Roman Arnold, Geschäftsführer

Agentur/Studio
KMS TEAM

Managing Partner/Design
Knut Maierhofer

Team Manager/Design
Patrick Märki

Seite 346–347

Titel der Arbeit
Herausforderungen meistern. Zukunft sichern.

Einsender
Montfort Werbung GmbH

Auftraggeber
GILDEMEISTER Aktiengesellschaft

Verantwortlich
Tanja Figge, Leiterin Public Relations

Agentur/Studio
Montfort Werbung GmbH

CEO
Bernd Schuler

Art Direction
Connie Kaufmann

Bildbearbeitung
Denis Vellacher

Producing
Alan Masetti

Fotografie
Kuhnle & Knödler
Perer Kuhnle

Druckerei
Eberl Print GmbH
Volker Hörmann

Seite 348–349

Titel der Arbeit
Trendstudie „Die Welt wird weiblich"

Einsender
KW43 BRANDDESIGN

Auftraggeber
Grey G2 Group

Verantwortlich
Frank Dopheide, Chairman

Agentur/Studio
KW43 BRANDDESIGN

Creative Director
Jürgen Adolph

Designer
Vanessa Betz

AWARD

Seite 352–353

Titel der Arbeit
Corporate Design für die Ausstellung „Zeigen. Eine Audiotour durch Berlin von Karin Sander."

Einsender
büro uebele visuelle kommunikation

Auftraggeber
Karin Sander und Temporäre Kunsthalle Berlin

Verantwortlich
Karin Sander, Künstlerin
Angela Rosenberg

Agentur/Studio
büro uebele visuelle kommunikation

Projektleiter
Jan Filek

Seite 354–355

Titel der Arbeit
BULLEREI – Restaurant & Deli

Einsender
weissraum.de(sign)°

Auftraggeber
Bullerei GmbH & Co. KG

Verantwortlich
Tim Mälzer, Geschäftsführung
Patrick Rüther, Geschäftsführung

Agentur/Studio
weissraum.de(sign)°

Creative Direction
Lucas Buchholz, Bernd Brink

Text
Susann Buchholz

Grafik
Aggi Berg, Johanna Szuba

Fotografie
Philipp Rathmer, Hannes Cunze

Seite 356–357

Titel der Arbeit
MUT

Einsender
Scheufele Hesse Eigler Kommunikationsagentur GmbH

Auftraggeber
GfK SE

Verantwortlich
Marion Eisenblätter, Public Relation

Corporate Communications
Bernhard Wolf

Agentur/Studio
Scheufele Hesse Eigler Kommunikationsagentur GmbH

Head of Creation
Oliver Hesse

Senior Designerin
Nicola Sunderdiek

Senior Kundenberatung
Silke Asbrand

Fotografie
Robert Lebeck, Jim Rakete, Lazi & Lazi

Seite 358–359

Titel der Arbeit
HEUTE SCHON DIE ENERGIE FÜR MORGEN

Einsender
Scheufele Hesse Eigler Kommunikationsagentur GmbH

Auftraggeber
MVV Energie AG

Investor Relation
Wilfried Schwannecke, Frank Nagel, Marcus Jentsch, Petra Wandernoth, Bettina von Rebenstock

Agentur/Studio
Scheufele Hesse Eigler Kommunikationsagentur GmbH

Head of Creation
Oliver Hesse

Senior Designerin
Nicola Sunderdiek

Senior Kundenberatung
Silke Asbrand

Fotografie
Stephan Minx, Ingo Boddenberg

Seite 360–361

Titel der Arbeit
Wacker Chemie Geschäftsbericht 2009 „Wege zur Produktivität"

Einsender
häfelinger+wagner design gmbh

Auftraggeber
Wacker Chemie AG

Verantwortlich
Jörg Hettmann

Agentur/Studio
häfelinger+wagner design gmbh

Geschäftsführung/ Creative Direction
Frank Wagner

Art Direction
Sandra Gieseler

Design
Christina Strenger

Projektmanagement
Sandra Loebich

Seite 362–363

Titel der Arbeit
Geschäftsbericht 2009 – Metro AG

Einsender
Strichpunkt Design

Auftraggeber
Metro AG

Agentur/Studio
Strichpunkt Design

Creative Direction
Jochen Rädeker, Jochen Theurer

Art Direction
Tobias Nusser

Designer
Annabel Huml, Silke Krieg

Seite 364–365

Titel der Arbeit
Waldcafé Pfullingen Corporate Design

Einsender
Projekttriangle Design Studio

Auftraggeber
Waldcafé Restaurant & Garten

Verantwortlich
Ilona Schmälzle

Agentur/Studio
Projekttriangle Design Studio

Kreativdirektion
Prof. Jürgen Späth, Martin Grothmaak

Design
Franziska Strantz

Illustration
Franz-Georg Stämmele

Fotografie
Martin Grothmaak, Tom Ziora

Seite 366–367

Titel der Arbeit
IMPOSSIBLE Corporate Design

Einsender
Heine/Lenz/Zizka

Auftraggeber
Impossible GmbH, Wien

Verantwortlich
Dr. Florian Kaps, Geschäftsführer

Agentur/Studio
Heine/Lenz/Zizka

Kreativdirektion
Achim Heine

Art Direktion
Katrin Schacke, Volker Weinmann

Seite 368–369

Titel der Arbeit
360 GRAD Nachhaltigkeitsbericht 2009

Einsender
design hoch drei GmbH & Co. KG

Auftraggeber
Daimler AG

Verantwortlich
Matthias Steybe, Objektkoordination

Agentur/Studio
design hoch drei GmbH & Co. KG

Creative Director
Wolfram Schäffer

Redaktion
Matthias Straub

Art Direction
Isabell Zirbeck

Grafik
Maike Märtzchink

Illustration
Ioannis Karanasios, Michael Scholz

Seite 370–371

Titel der Arbeit
Corporate Design für Warendorf

Einsender
KMS TEAM

Auftraggeber
Warendorf Küchen GmbH

Verantwortlich
Simone Hahn, Leitung Marketing

Agentur/Studio
KMS TEAM

Managing Partner/Design
Knut Maierhofer

Team Manager/Design
Julia Oesterle

Senior Designer
Carl Bartel, Atli Hilmarsson

Designer
Sandra Opiela

Client Manager
Alexandra Schneiderhan

Projektmanager
Nina Albrecht

Produktion
Anja Wilczek

Druckvorstufe
Isabelle Bieler

Seite 372–373

Titel der Arbeit
KEMBO

Einsender
Fuenfwerken Design AG

Auftraggeber
Beleef Kembo B.V.

Agentur/Studio
Fuenfwerken Design AG

Seite 374–375

Titel der Arbeit
Dek 21

Einsender
Ligalux GmbH

Auftraggeber
fischerAppelt, relations GmbH

Konzept
Johannes Buzási,
Harald Ehren,
Bernhard Fischer-Appelt,
Andreas Vill

Agentur/Studio
Ligalux GmbH

Designer
Tobias Heidmeier

Creative Direction
Jan Kruse

Produktion
Frederek Dreyer

Projektmanagement
Anne Larribau

Seite 376–377

Titel der Arbeit
J. S. Douglas Söhne
Vintage Notizbuch
(VIP-Pressegeschenk)

Einsender
Ruska, Martín, Associates

Auftraggeber
Parfümerie Douglas GmbH

Agentur/Studio
Select NY Berlin

Design
Roman Ruska,
Irvandy Syafruddin

Text
Till Schröder,
Roman Ruska,
Antje Bollwahn

Illustration
John Sharp Douglas
(Vintage Artworks),
Irvandy Syafruddin,
Axel Ganser (Additional
Artworks)

Fotografie
Armin Zogbaum

Seite 378–379

Titel der Arbeit
Dyckerhoff
Geschäftsbericht 2009

Einsender
Heisters & Partner
Corporate & Brand
Communication

Auftraggeber
Dyckerhoff AG

Verantwortlich
Gabriele Quadt-Bendiek,
Leiterin Unternehmens-
kommunikation

Agentur/Studio
Heisters & Partner
Corporate & Brand
Communication

Creative Direction
Valentin Heisters

Art Direction
Amöne Schmidt,
Paul Etzel,
Silke Muszynski

Seite 380–381

Titel der Arbeit
Mitarbeiterzeitung

Einsender
Lesmo

Auftraggeber
E.ON Ruhrgas

Verantwortlich
Thomas Kollner,
Interne Kommunikation

Agentur/Studio
Lesmo

Konzeption/Layout
Lesmo

Seite 382–383

Titel der Arbeit
Periodensystem der Zukunft

Einsender
KAISER+MORE
the brand experience

Auftraggeber
Chemische Fabrik
Budenheim KG

Verantwortlich
Alexander Eichborn,
Personalreferent

Agentur/Studio
KAISER+MORE
the brand experience

Konzept/Umsetzung
KAISER+MORE
the brand experience

Seite 384–385

Titel der Arbeit
Eine Idee spricht für sich. Das Corporate Design der Wirtschaftsagentur Wien.

Einsender
Brainds, Deisenberger GmbH

Auftraggeber
Wirtschaftsagentur Wien. Ein Fonds der Stadt Wien.

Verantwortlich
Georg Brockmeyer, Kommunikationsleiter

Agentur/Studio
Brainds, Deisenberger GmbH

Projektleitung/Beratung
Carmen Doerr, Irene Höth

Creative Direction
Peter Deisenberger

Art Direction
Jo Santos

Grafik Design
Bettina Kramps, Martina Veratschnig

Druckerei
Lindenau Productions

Print Producer
Alexander Lindenau

Text (Publikationen)
Andrea Dingelstedt

Kategorie/Category

GRAPHIC FINE ARTS

GOLD

Seite 396–397

Titel der Arbeit
Monkey 47 – Schwarzwald Dry Gin

Einsender
Discodoener

Auftraggeber
Black Forest Distillers

Verantwortlich
Alexander Stein

Agentur/Studio
Discodoener

Designer
Pit Lederle
Peter Palec
Dirk Bamberger

Seite 398–399

Titel der Arbeit
The Haiti Poster Project

Einsender
Pentagram Design Ltd

Auftraggeber
The Haiti Poster Project

Agentur/Studio
Pentagram Design Ltd

Partner/Designer
Justus Oehler

SILBER

Seite 402–403

Titel der Arbeit
Geschäftsaustattung Malte M. Pohl

Einsender
KW43 BRANDDESIGN

Auftraggeber
Malte M. Pohl

Verantwortlich
Malte M. Pohl, Rechtsanwalt/ Geschäftsführer

Agentur/Studio
KW43 BRANDDESIGN

Designer
Jürgen Adolph

Seite 404–405

Titel der Arbeit
Herbstkalender 2010

Einsender
Euro RSCG Düsseldorf

Auftraggeber
STIHL Vertriebszentrale AG & Co. KG

Verantwortlich
Michael Liehr, Head of Marketing

Agentur/Studio
Euro RSCG Düsseldorf und Euro RSCG München

Chief Creative Officer
Felix Glauner

Creative Director
Torsten Pollmann

Art Director
Martin Staubach, Kai Tusar

Copywriter
Christoph Müller, Peer Hepp

Management Supervisor
Daniel Grube

Chief Executive Officer
Axel Prey

Producer
Detlef Stuhldreier,
Uwe Strahl

BRONZE

Seite 408–409

Titel der Arbeit
Beisser Packaging

Einsender
Mutabor Design GmbH

Auftraggeber
Beisser GmbH & Co. KG

Verantwortlich
Eltje Habben, Geschäftsführer

Agentur/Studio
Mutabor Design GmbH

Executive Creative Direction
Heinrich Paravicini,
Johannes Plass

Client Service Direction
Frederike Putz

Art Direction
Nils Zimmermann

Design
Silvia Bubel, Martin Oberhäuser,
Stefan Mückner

Seite 410–411

Titel der Arbeit
DOKUMENT
designforum Wien 2006–2010

Einsender
designforum Wien

Auftraggeber
designforum Wien

Verantwortlich
Alexander Szadeczky,
Vorstandsvorsitzender

Agentur/Studio
Alexander Egger, Isolde Fitzel

Konzept/Gestaltung
Alexander Egger, Isolde Fitzel

Seite 412–413

Titel der Arbeit
Joachim Wissler
Kochbuch „JW 4“

Einsender
häfelinger+wagner design gmbh

Auftraggeber
Wissler Group

Verantwortlich
Joachim Wissler,
Miguel Angel Calero Novillo

Agentur/Studio
häfelinger+wagner design gmbh

Geschäftsführung/
Creative Direction
Frank Wagner

Art Direction
Veronika Kinczli, Nils Jaedicke

Seite 414–415

Titel der Arbeit
Eberl Wandkalender 2010 –
Cheese

Einsender
Strichpunkt Design

Auftraggeber
Eberl Medien GmbH

Agentur/Studio
Strichpunkt Design

Creative Direction
Kirsten Dietz, Jochen Rädeker

Art Direction
Julia Ochsenhirt

Designer
Agnetha Wohlert

Seite 416–417

Titel der Arbeit
Think Big! – Scheufelen
Wandkalender 2010

Einsender
Strichpunkt Design

Auftraggeber
Papierfabrik Scheufelen
GmbH & Co. KG

Agentur/Studio
Strichpunkt Design

Creative Direction
Jochen Rädeker

Art Direction
Julia Ochsenhirt

Seite 418–419

Titel der Arbeit
Wild Bag® Box

Einsender
identis GmbH

Auftraggeber
winwood48 KG

Verantwortlich
Petra Haug, head of product management

Agentur/Studio
identis GmbH

Creative Director/Geschäftsführer
Joseph Pölzelbauer

Grafik/Produktdesign
Simone Pölzelbauer

Seite 420–421

Titel der Arbeit
Das geheime Leben der Bücher vor dem Erscheinen

Einsender
Verlag Hermann Schmidt Mainz GmbH & Co. KG

Auftraggeber
Verlag Hermann Schmidt Mainz GmbH & Co. KG

Verantwortlich
Karin und Bertram Schmidt-Friderichs, Verleger

Gestaltung/Illustration/Text
Ron Heussen, Anne Mikus, Farid Rivas

Seite 422–423

Titel der Arbeit
Der Mausetod 2.0

Einsender
Ogilvy Frankfurt

Auftraggeber
Ogilvy Deutschland

Verantwortlich
Michael Fucks

Agentur/Studio
Ogilvy Frankfurt

Account Management
Michael Fucks

Creative Direction
Helmut Meyer

Art Direction
Till Schaffarczyk

Fotografie
Corbis, Düsseldorf

Grafik
Michael Helmle

Text
Lothar Müller

Art Buying
Christina Hufgard, Caroline Walczok

Produktion
Uschi Köbe, Knud Schlaudraff

Seite 424–425

Titel der Arbeit
To Cover

Einsender
JUNO

Auftraggeber
Peyer Graphic

Verantwortlich
Jörg Binder, Geschäftsführer

Agentur/Studio
JUNO

Geschäftsführung
Wolfgang Greter, Björn Lux

Art Direction
Nicole Klein

Design
Sebastian Schneider, Barbara Schwitzke

AWARD

Seite 428–429

Titel der Arbeit
Lichtpositionen zwischen Kultur und Technik

Einsender
ERCO GmbH

Auftraggeber
ERCO GmbH

Verantwortlich
Tim Henrik Maack, Kay Pawlik Herausgeber

Agentur/Studio
ERCO GmbH

Leitung
David Kuntzsch

Autor
Martin Krautter, Thomas Schielke

Gestaltung
Christoph Steinke

Illustration
mikan

Gestaltung/Illustration
Mariko Takagi

Architektur
electric GOBO

Architekturvisualisierung
Aksel Karcher, Markus Heilmann

Seite 430–431

Titel der Arbeit
x/u

Einsender
büro uebele
visuelle kommunikation

Auftraggeber
Fachhochschule Düsseldorf
Fachbereich Design

Verantwortlich
Andreas Uebele

Agentur/Studio
Prof. Andreas Uebele

Seite 432–433

Titel der Arbeit
art project #2 by hwdesign
„Mauer≠Blümchen, Inventur
minimalistischer Interventionen"

Einsender
häfelinger+wagner design gmbh

Auftraggeber
art project by hwdesign in
Kooperation mit der Künstlerin
Gabrielle Voisard

Verantwortlich
Annette Häfelinger,
Gabrielle Voisard

Agentur/Studio
häfelinger+wagner design gmbh

Geschäftsführung/
Creative Direction
Annette Häfelinger

Art Direction
Nils Jaedicke

Design
Nils Jaedicke, Veronika Kinczli

Seite 434–435

Titel der Arbeit
Programm-Magazin der
Biennale Bamberg 2010
„Der späte Mahler"

Einsender
Simon & Goetz Design
GmbH & Co. KG

Auftraggeber
Stiftung Bamberger
Symphoniker – Bayerische
Staatsphilharmonie

Verantwortlich
Dr. Wolfgang Fink,
Stiftungsvorstand und Intendant

Redaktion
Matthias Hain, Dr. Torsten Blaich

Agentur/Studio
Simon & Goetz Design
GmbH & Co. KG

Creative Direction
Bernd Vollmöller

Art Direction
Bernd Vollmöller

Kundenberatung
Kristin Janoschka,
Hanna-Katharina Steyer

Seite 436–437

Titel der Arbeit
Parcours

Einsender
Verlag Hermann Schmidt Mainz
GmbH & Co. KG

Auftraggeber
Verlag Hermann Schmidt Mainz
GmbH & Co. KG

Verantwortlich
Karin und Bertram
Schmidt-Friderichs, Verleger

Agentur/Studio
Dipl. Des. Katrin Schacke

Gestaltung
Katrin Schacke

Seite 438–439

Titel der Arbeit
Die Essenz der Dinge

Einsender
MAGMA Brand Design
GmbH & Co. KG

Auftraggeber
Vitra Design Museum

Verantwortlich
Isabelle Beilfuss, Kommunikation

Agentur/Studio
MAGMA Brand Design

Gestaltung
Flo Gaertner

Seite 440–441

Titel der Arbeit
Gewürzkalender

Einsender
Clormann Design GmbH

Auftraggeber
Clormann Design GmbH

Verantwortlich
Marc M. Clormann

Agentur/Studio
Clormann Design GmbH

Kreation
Marc M. Clormann

Seite 442–443

Titel der Arbeit
Kyrrd (Stille)

Einsender
Kolle Rebbe GmbH

Auftraggeber
Galerie Mono (PX2)

Verantwortlich
Peter Klein, Marketingleitung

Agentur/Studio
KOREFE

Creative Direction
Katrin Oeding

Art Direction
Reginald Wagner

Text
Lorenz Ritter

Fotografie
Cubeholic

Beratung
Juliane Ahlfeld

Bildbearbeitung
PX2@Medien GmbH & Co. KG

Seite 444–445

Titel der Arbeit
Bio-Box: 10 Euro und gut.

Einsender
Ruska, Martín, Associates, Berlin

Auftraggeber
Wein & Vinos oHG, Berlin

Agentur/Studio
Ruska, Martín, Associates, Berlin

Konzept
Roman Ruska

Design
Roman Ruska, Alexander Ahlert

Text
Roman Ruska, Francisca Martín, Jochen Blass

Seite 446–447

Titel der Arbeit
Mesa/8: Produkt-Konzeption

Einsender
Ruska, Martín, Associates, Berlin

Auftraggeber
Wein & Vinos oHG, Berlin

Agentur/Studio
Ruska, Martín, Associates, Berlin

Konzept
Roman Ruska, Jörg Horn

Design
Roman Ruska, Francisca Martín

Text
Roman Ruska

Seite 448–449

Titel der Arbeit
Höchstleistungen

Einsender
Strichpunkt Design

Auftraggeber
Papierfabrik Scheufelen GmbH + Co. KG

Agentur/Studio
Strichpunkt Design

Creative Direction
Jochen Rädeker

Art Direction
Jochen Rädeker

Designer
Julia Ochsenhirt, Agnetha Wohlert

Seite 450–451

Titel der Arbeit
Weihnachtsbuch

Einsender
Lesmo

Auftraggeber
Lesmo

Agentur/Studio
Lesmo

Konzeption/Layout
Lesmo

Kategorie/Category

ZUKUNFT

GOLD

Seite 462–463

Titel der Arbeit
PRA FORA/OUTWARD

Einsender
Thomas Lupo

Student
Thomas Lupo

Universität
DESIGN PF/Hochschule für Gestaltung, Pforzheim

Fachbereich
Visuelle Kommunikation

Betreuende Professoren
Prof. Michael Throm, Dipl. Des. Lars Harmsen

Art
Abschlussarbeit

SILBER

Seite 466–467

Titel der Arbeit
Die Holzernte – Prozesse und Hilfsmittel des Forstwirts

Einsender
Jonas Ceppa

Student
Jonas Ceppa

Universität
Kunsthochschule Kassel

Fachbereich
Produkt Design

Betreuende Professoren
Prof. Hardy Fischer, Dipl.-Des. Jörg Gimmler

Art
Abschlussarbeit

Seite 468–469

Titel der Arbeit
BRUCKLYN – Heimat im Abriss www.brucklyn.info

Einsender
Carina Linnemann, Karoline Borsch

Student
Carina Linnemann, Karoline Borsch

Universität
Fachhochschule Düsseldorf

Fachbereich
Kommunikationsdesign

Betreuende Professoren
Prof. Gerhard Vormwald, Prof. Harald Fuchs

Art
Abschlussarbeit

BRONZE

Seite 472–473

Titel der Arbeit
König Bansah

Einsender
Julian Zimmermann

Student
Julian Zimmermann

Universität
Hochschule Mannheim, Fakultät für Gestaltung

Fachbereich
Kommunikationsdesign

Betreuende Professoren
Prof. Kai Beiderwellen, Bernhard Pompeÿ

Art
Abschlussarbeit

Beteiligte
Mirka Laura Severa (Fotografie)

Seite 474–475

Titel der Arbeit
Leerzeichen für Applaus – Gestalter sein. Eine Momentaufnahme

Einsender
Jenna Gesse

Student
Jenna Gesse

Universität
Fachhochschule Bielefeld

Fachbereich
Fachbereich Gestaltung/Grafik und Kommunikationsdesign

Betreuende Professoren
Prof. Dirk Fütterer, Peter Zickermann (Lehrbeauftragter)

Art
Abschlussarbeit

WIR INSZENIEREN GASTLICHKEIT.

MAN NEHME:
EINE SCHIER UNENDLICHE KREATIVITÄT,
ÜBERSPRUDELNDE IDEEN,
EINE RIESENGROSSE PRISE ENERGIE,
GANZ VIEL LIEBE ZUM DETAIL,
DEN UNBEDINGTEN EINSATZ FÜR IHREN
ERFOLG UND EINE PROFESSIONALITÄT,
DIE BEGEISTERT.

DAS ERGEBNIS:
MICHAEL BALZER CATERING.

Michael Balzer

www.michael-balzer.com/catering

ADRESSVERZEICHNIS

A

A&W Architektur&Wohnen
Jahreszeiten Verlag GmbH
Possmoorweg 2
22301 Hamburg
Fon 040 - 27 17 37 00
www.awmagazin.de

argonauten G2 GmbH –
a member of Grey|G2 Group
Rosenthaler Straße 51
10178 Berlin
Fon 030 - 28 88 41 30 0
www.argonauteng2.de

ATELIER BRÜCKNER GmbH
Krefelder Straße 32
70376 Stuttgart
Fon 07 11 - 50 00 77 0
www.atelier-brueckner.com

Atelier Markgraph
Ludwig-Landmann-Straße 349
60487 Frankfurt am Main
Fon 069 - 97 99 31 42 2
www.markgraph.de

B

Barbecue Mediendesign GmbH
Arnsburger Straße 74
60385 Frankfurt am Main
Fon 069 - 43 05 21 95 0
www.barbecue-design.de

bilekjaeger
Kleiner Schlossplatz 15
70173 Stuttgart
Fon 07 11 - 78 48 60
www.bilekjaeger.de

Brainds, Deisenberger GmbH
Flachgasse 35–37
A-1070 Wien
Fon +43 - 1 - 52 64 78 0
www.brainds.com

Karoline Borsch
Olgastraße 127
70180 Stuttgart
Fon 0177 - 82 99 69 4

BREE Collection GmbH & Co. KG
Gerberstraße 3
30916 Isernhagen
Fon 0 51 36 - 89 76 0
www.bree.com

Burkhardt Leitner constructiv
GmbH & Co. KG
Breitwiesenstraße 17
70565 Stuttgart
Fon 07 11 - 25 58 80
www.burkhardtleitner.de

büro uebele
visuelle kommunikation
Heusteigstraße 94a
70180 Stuttgart
Fon 07 11 - 34 17 02 0
www.uebele.com

Büroecco
Kommunikationsdesign GmbH
Hochfeldstraße 2
86159 Augsburg
Fon 08 21 - 45 03 52 25
www.bueroecco.com

C

CAEPSELE_HotCold Film Ortwein/Swierczyna GbR
Geleitsstraße 63
63067 Offenbach
Fon 069 - 85 09 44 67
www.caepsele.de

Jonas Ceppa
Warme Mühle 2
34289 Zierenberg
Fon 0178 - 68 57 81 5

CLMNZ/Clemens Hartmann
Ostendorfstraße 3
76199 Karlsruhe
Fon 07 21 - 60 13 70 2
www.clmnz.de

Clormann Design GmbH
Quellenweg 4
86929 Penzing
Fon 0 81 91 - 97 04 50
www.clormanndesign.de

Crossmark GmbH
Berner Straße 17
60437 Frankfurt am Main
Fon 069 - 24 75 04 60
www.crossmark.de

D

DEGENER Architekten
Wißstraße 18
44137 Dortmund
Fon 02 31 - 42 78 24 0
www.degener-architekten.de

denkwerk gmbH
Vogelsanger Straße 66
50823 Köln
Fon 02 21 - 29 42 10 0
www.denkwerk.com

design hoch drei GmbH & Co. KG
Glockenstraße 36
70376 Stuttgart
Fon 07 11 - 55 03 77 30
www.design-hoch-drei.de

designforum Wien
Museumsplatz 1
A-1070 Wien
Fon +43 - 1 - 52 44 94 90
www.designforum.at

Discodoener
Stiftstraße 1
70173 Stuttgart
Fon 07 11 - 23 71 95 91 6
www.discodoener.de

E

EIGA Design
Holländische Reihe 31a
22765 Hamburg
Fon 040 - 18 88 12 36 0
www.eiga.de

Elastique. GmbH
Moltkestraße 127
50674 Köln
Fon 02 21 - 35 50 34 50
www.elastique.de

ERCO GmbH
Brockhauser Weg 80–82
58507 Lüdenscheid
Fon 0 23 51 - 55 10
www.erco.com

Euro RSCG Düsseldorf
Kaiserswerther Straße 135
40474 Düsseldorf
Fon 02 11 - 99 16 0
www.eurorscg.de

Euro RSCG Muenchen
Rosenheimer Straße 145 e–f
81671 München
Fon 089 - 49 06 70
www.eurorscg.de

F

FREIE RADIKALE
Pognerstraße 11
81379 München
Fon 0178 - 14 03 83 7
www.fr-freieradikale.de

Fuenfwerken Design AG
Taunusstraße 52
65183 Wiesbaden
Fon 06 11 - 58 02 70

Paul-Lincke-Ufer 42
10999 Berlin
Fon 030 - 62 90 89 0
www.fuenfwerken.com

FUN FACTORY GmbH
Am Hohentorshafen 17/19
28197 Bremen
Fon 04 21 - 52 07 60
www.funfactory.de

G

Gerhards & Glücker
Leuschnerdamm 13
10999 Berlin
Fon 030 - 24 72 38 17
www.gerhardsgluecker.com

Jenna Gesse
August-Bebel-Straße 94
33602 Bielefeld
Fon 0176 - 96 98 13 10
www.jennagesse.de

Gingco.Net Werbeagentur GmbH & Co. KG
Karrenführerstraße 1–3
38100 Braunschweig
Fon 05 31 - 58 10 01 1
www.gingco.net

GP designpartners gmbh
Schottenfeldgasse 63
A-1070 Wien
Fon +43 - 1 - 52 33 59 81 2
www.gp.co.at

H

häfelinger+wagner design gmbh
Türkenstraße 55–57
80799 München
Fon 089 - 20 25 75 0
www.hwdesign.de

Heine/Lenz/Zizka Projekte GmbH
Fritzlarer Straße 28–30
60487 Frankfurt am Main
Fon 069 - 24 24 24 0
www.hlz.de

Heisters & Partner, Corporate & Brand Communication
Fischtorplatz 23
55116 Mainz
Fon 0 61 31 - 58 87 80
www.heisters-partner.com

Heye Group GmbH
Ottobrunner Straße 28
82008 Unterhaching
Fon 089 - 66 53 21 34 0
www.heyegroup.de

Hirschmann Laborgeräte GmbH & Co.KG
Hauptstraße 7–15
74246 Eberstadt
Fon 0 71 34 - 51 11 9
www.hirschmannlab.de

Ralph Heinsohn
Karolinenstraße 24,
Haus 12
20357 Hamburg
Fon 040 - 60 94 02 96 1
www.ralphheinsohn.com

I

id3d-berlin gesellschaft für themengestaltung mbH
Segitzdamm 2
10969 Berlin
Fon 030 - 61 65 70 0
www.id3d-berlin.de

ID4 MARKENAGENTUR
Ober-Ramstädter-Straße 96e
Wacker Fabrik
64367 Mühltal
Fon 0 61 51 - 87 06 80
www.id4.de

identis GmbH
Bötzinger Straße 36
79111 Freiburg
Fon 07 61 - 40 13 79 0
www.identis.de

Ippolito Fleitz Group GmbH
Augustenstraße 87
70197 Stuttgart
Fon 07 11 - 99 33 92 33 0
www.ifgroup.org

J

jangled nerves gmbh
Hallstraße 25
70376 Stuttgart
Fon 07 11 - 55 03 75 0
www.janglednerves.com

JUNO
Budapester Straße 49
20359 Hamburg
Fon 040 - 43 28 05 16
www.juno-hamburg.com

K

KAHLA/Thüringen
Porzellan GmbH
Christian-Eckardt-Straße 38
07768 Kahla
Fon 0 36 424 - 79 20 0
www.kahlaporzellan.com

KAISER+MORE
the brand experience
Adolfsallee 47
65185 Wiesbaden
Fon 06 11 - 98 65 10
www.kaisermore.com

Kauffmann Theilig & Partner,
Freie Architekten BDA
Zeppelinstraße 10
73760 Ostfildern
Fon 07 11 - 45 12 20
www.ktp-architekten.de

Kemper Kommunikation GmbH
Marken- und Werbeagentur
Alexanderstraße 65
60489 Frankfurt am Main
Fon 069 - 97 88 03 0
www.keko.de

KMS TEAM GmbH
Tölzer Straße 2c
81379 München
Fon 089 - 49 04 11 0
www.kms-team.de

KLANGERFINDER
GmbH & Co KG
Reinsburgstraße 97
70197 Stuttgart
www.klangerfinder.de

Kolle Rebbe GmbH
Dienerreihe 2 (Speicherstadt)
20457 Hamburg
Fon 040 - 32 54 23 0
www.kolle-rebbe.de

KOREFE
Kolle Rebbe Form
und Entwicklung
Dienerreihe 2 (Speicherstadt)
20457 Hamburg
Fon 040 - 32 54 23 0
www.korefe.de

KW Neun Grafikagentur
Neidhartstraße 24
86159 Augsburg
Fon 08 21 - 42 07 89 0
www.kw-neun.de

KW43 BRANDDESIGN
Platz der Ideen 1
40476 Düsseldorf
Fon 02 11 - 55 77 83 10
www.kw43.de

L

Lesmo
Kronprinzenstraße 9
40217 Düsseldorf
Fon 02 11 - 52 80 07 12
www.lesmo.de

Ligalux GmbH
Waterloohain 5
22769 Hamburg
Fon 040 - 89 96 99 20 0
www.ligalux.de

Carina Linnemann
Scharnhorststraße 3
40477 Düsseldorf
Fon 0178 - 13 07 41 5
www.carinalinnemann.de

Thomas Lupo
Seestraße 13/2
71278 Weissach
Fon 0173 - 40 31 94 2
www.art-helps.org

M

MAGMA Brand Design GmbH & Co. KG
Südendstraße 52
76135 Karlsruhe
Fon 07 21 - 82 48 58 22
www.magmabranddesign.de

Martin et Karczinski GmbH
Nymphenburger Straße 125
80636 München
Fon 089 - 74 64 69 0
www.martinetkarczinski.de

Montfort Werbung GmbH
Oberes Ried 13
A-6833 Klaus
Fon +43 - 55 23 - 53 94 0
www.montfortwerbung.com

Museum für Angewandte Kunst Frankfurt
Schaumainkai 17
60594 Frankfurt am Main
Fon 069 - 21 23 28 28
www.angewandtekunst-frankfurt.de

Mutabor Design GmbH
Große Elbstraße 145b
22767 Hamburg
Fon 040 - 39 92 24 0
www.mutabor.de

N

Kerstin B. Nägler
Alte Steige 4
72124 Pliezhausen
Fon 0 71 27 - 88 78 68 3
www.kerstinbnaegler.de

nodesign Schellnack & Partner
Mintropstraße 61
45239 Essen
Fon 02 01 - 76 65 69
www.nodesign.com

O

Ogilvy Frankfurt
Darmstädter Landstraße 112
60598 Frankfurt am Main
Fon 069 - 96 22 51 71 1
www.ogilvy.com

P

Pentagram Design Ltd
Leibnizstraße 60
10629 Berlin
Fon 030 - 27 87 61 0
www.pentagram.com

Projekttriangle Design Studio
Humboldtstraße 4
70178 Stuttgart
Fon 07 11 - 62 00 93 0
www.projekttriangle.com

Q

quandel design
und kommunikation
Schleusenstraße 17
60327Frankfurt am Main
Fon 069 - 24 27 77 51
www.quandeldesign.de

R

Ruska, Martín, Associates
Crellestraße 29–30
10827 Berlin
Fon 030 - 61 65 87 60
www.ruskamartin.de

S

s12 GmbH
Seidlstraße 25
80335 München
Fon 089 - 32 70 98 88
www.s12.de

Scheufele Hesse Eigler Kommunikationsagentur GmbH
Cretzschmarstraße 10
60487 Frankfurt am Main
Fon 069 - 13 87 10
www.scheufele-online.de

Schmidhuber + Partner
Nederlinger Straße 21
80638 München
Fon 089 - 15 79 97 35
www.schmidhuber.de

Scholz & Friends
Friedrichstraße 78
10117 Berlin
Fon 030 - 70 01 86 91 5
www.s-f.com

Scholz & Volkmer GmbH
Schwalbacher Straße 72
65183 Wiesbaden
Fon 06 11 - 18 09 90
www.s-v.de

Seefelder Möbelwerkstätten GmbH
Bahnhofstraße 17
82229 Seefeld
Fon 0 81 52 - 99 00 0
www.seefelder.com

Simon & Goetz Design GmbH & Co. KG
Wiesenau 27–29
60323 Frankfurt am Main
Fon 069 - 96 88 55 0
www.simongoetz.de

Spirit Design/Innovation and Branding
Silbergasse 8
A - 1190 Wien
Fon +43 - 1 - 367 79 79 0
www.spiritdesign.com

Strichpunkt GmbH
Krefelder Straße 32
70376 Stuttgart
Fon 07 11 - 62 03 27 0
www.strichpunkt design.de

Syzygy Deutschland GmbH
Im Atzelnest 3
61352 Bad Homburg
Fon 0 61 72 - 94 88 100
www.syzygy.de

T

Tamschick Media+Space GmbH
Winterfeldtstraße 45
10781 Berlin
Fon 030 - 63 91 92 9
www.tamschick.com

think moto
Schönhauser Allee 149
10435 Berlin
Fon 030 - 81 01 19 76
www.thinkmoto.de

Thonet GmbH
Michael-Thonet-Straße 1
35066 Frankenberg
Fon 0 64 51 - 50 81 60
www.thonet.eu

Triad Berlin Projektgesellschaft mbH
Marburger Straße 3
10798 Berlin
Fon 030 - 23 60 78 31 4
www.triad.de

U

Ueberholz GmbH
Büro für Temporäre Architektur
Warndtstraße 7
42285 Wuppertal
Fon 02 02 - 28 09 60
www.ueberholz.de

V

Verlag Hermann Schmidt Mainz
GmbH & Co. KG
Robert-Koch-Straße 8
55129 Mainz
Fon 0 61 31 - 50 60 15
www.typografie.de

Vitra AG
Klünenfeldstraße 22
CH-4127 Birsfelden
Fon +41 - 61 - 37 70 00 0
www.vitra.com

W

weissraum.de(sign)°
Wohler Allee 24a
22767 Hamburg
Fon 040 - 41 11 17 74
www.weissraum.de

WHITEvoid
interactive art & design
Choriner Straße 33
10435 Berlin
Fon 030 - 56 73 09 19
www.whitevoid.com

X

xhoch4 | design plus kultur
Thalkirchner Straße 75
80337 München
Fon 089 - 66 06 48 96 6
www.xhoch4.de

Y

Young & Rubicam GmbH
Kleyerstraße 19
60326 Frankfurt am Main
Fon 069 - 75 06 14 11
www.young-rubicam.de

Z

ZDF
ZDF Straße 1
55100 Mainz
Fon 0 61 31 - 70 69 96
www.zdf.de

Zum Kuckuck/
Büro für digitale Medien
Burkarderstraße 36
97082 Würzburg
Fon 09 31 - 30 43 37 0
www.zumkuckuck.com

DIE JURY/THE JURY

Schirmherr/Patron **Prof. em. Dr. h.c. Dieter Rams**

Vorsitzender/Chairman **Niko Gültig, DDC Vorstand Wettbewerb**

PRODUKT

Vorsitz der Jury

Nils Holger Moormann
Geschäftsführer
Nils Holger Moormann GmbH
An der Festhalle 2
83229 Aschau im Chiemgau

Jurymitglieder

Tassilo von Grolman
Geschäftsführer
Tassilo von Grolman
Design GmbH
Füllerstraße 4
61440 Oberursel

Kerstin Amend
Leitung/Grafikdesign
Standard Rad.
Communication
Holbeinstraße 25
60596 Frankfurt am Main

Marc-Jens Biegel
Geschäftsführer
BIEGEL Contemporary Jewelry
Since 1964
Börsenplatz 13–15
60313 Frankfurt am Main

Lutz Dietzold
Geschäftsführer
Rat für Formgebung
Ludwig-Erhard-Anlage 1
60327 Frankfurt am Main

DIGITAL MEDIA

Vorsitz der Jury

Marcus Wenig
Geschäftsführer
Die Firma GmbH
Schwalbacher Straße 74
65183 Wiesbaden

Jurymitglieder

Gregor Ade
DDC Vorstand
Managing Partner
Peter Schmidt Group
Westhafenplatz 8
60327 Frankfurt am Main

Martin Grothmaak
Geschäftsführer
Projekttriangle Design Studio
Humboldtstraße 4
70178 Stuttgart

Holger Volland
Marketing, Autor, Moderator
Frankfurt am Main

Prof. Daniela Hensel
Hochschule für Technik
und Wirtschaft Berlin
Wilhelminenhofstraße 75A
12459 Berlin

FOTO/FILM

Vorsitz der Jury

Rainer Gehrisch
Inhaber
Gehrisch & Krack
Filmproduktions AG
Textorstraße 95
60596 Frankfurt am Main

Jurymitglieder

Frank Blümler
Frank Blümler Fotografie
Wilhelm Beer Weg 75
60599 Frankfurt am Main

Bettina Rudhof
raumdeutung
büro für gestaltung
Thudichumstraße 18–22
60489 Frankfurt am Main

Bodo Keller
Animation/Visual effects
Wielandstraße 12
65187 Wiesbaden

MARKETING-KOMMUNIKATION

Vorsitz der Jury

Prof. Dr. h.c. Erik Spiekermann
Geschäftsführer
Edenspiekermann
Friedrichstraße 126
10117 Berlin

Jurymitglieder

Christian Daul
DDC Vorstand
Geschäftsführer
Scholz & Volkmer
Schwalbacher Straße 72
65183 Wiesbaden

Dieter Ludwig
Geschäftsführer
Ludwig Architekten
Römerstraße 8
73257 Köngen

Ines Blume
Geschäftsführerin
Gardeners
Wallstraße 11
60594 Frankfurt am Main

Oliver Hesse
Geschäftsführer
Scheufele Hesse Eigler
Kommunikation GmbH
Cretzschmarstraße 10
60487 Frankfurt am Main

RAUM/ARCHITEKTUR

Vorsitz der Jury

Till Schneider
Geschäftsführer
schneider+schumacher
Poststraße 20A
60329 Frankfurt am Main

Jurymitglieder

Oliver Scherdel
DDC Vorstand
Geschäftsführer
LIVEANDWORK Interior
Design and Furniture
Alt-Niederursel 43
60439 Frankfurt am Main

Elisabeth Budde
Geschäftsführerin
TRANSPARENT Design
Management GmbH
Gartenstraße 8
60594 Frankfurt am Main

Pancho Ballweg
Partner
BHP design ballweg &
hupe partner
Am Harras 12
81373 München

Diether Mehlo
Stellvertretender Leiter
KSP Jürgen Engel
Architekten
Hanauer Landstraße 287–289
60314 Frankfurt am Main

UNTERNEHMENS-KOMMUNIKATION

Vorsitz der Jury

Silvia Olp
Geschäftsleitung
Burkhardt Leitner constructiv
GmbH & Co. KG
Breitwiesenstraße 17
70565 Stuttgart

Jurymitglieder

Michael Eibes
DDC Vorstand
Michael Eibes Design
Obere Webergasse 54
65183 Wiesbaden

Clemens Hilger
Geschäftsführer
Hilger & Boie Design
Taunusstraße 11
65183 Wiesbaden

Nina Neusitzer
Geschäftsführerin
Markwald & Neusitzer
Kommunikationsdesign GbR
Schleusenstraße 9
60327 Frankfurt am Main

Ulf Harald Wies
DZ Bank AG
Platz der Republik
60265 Frankfurt am Main

GRAPHIC FINE ARTS

Vorsitz der Jury

Bibs Hosak-Robb
Geschäftsführerin
bibs industrial design
consultancy
Mendelssohnstraße 31
81245 München

Jurymitglieder

Petra Vogt
Design Director
MetaDesign Düsseldorf
Grafenberger Allee 100
40237 Düsseldorf

Beate Weller
Geschäftsführerin
Büro Weller Innenarchitektur
Schulstraße 3
60594 Frankfurt

Lisa Schulze Oechtering
Inhaberin
Feine Werbung
Mierendorffstraße 3
62320 Frankfurt am Main

Sascha Lötscher
Gottschalk+Ash International
Böcklinstraße 26
CH-8032 Zurich

ZUKUNFT

Vorsitz der Jury

Nicolas Markwald
Geschäftsführer
Markwald & Neusitzer
Kommunikationsdesign GbR
Schleusenstraße 9
60327 Frankfurt am Main

Jurymitglieder

Prof. Kai Bergmann
Inhaber
Bergmann Studios
Hohenstaufenstraße 13–25
60327 Frankfurt am Main

Martin Breuer
Creative Director
Euro RSCG Düsseldorf
Kaiserswerther Straße 135
40474 Düsseldorf

Ursel Schiemann
Inhaberin
Ursel Schiemann Gestaltung
Karolingerstraße 120
40223 Düsseldorf

Manuela Schiffner
Leiterin Kompetenzzentrum
Kreativwirtschaft
Wirtschaftsförderung
Frankfurt GmbH
Hanauer Landstraße 126–128
60314 Frankfurt am Main

DRUCKEN KANN JEDER.
DIE KOMMUNIKATION MUSS
STIMMEN.

F.-Olaf Fischer, Druckerei Rainer Herrmann GmbH

www.rainer-herrmann.de

Herausgeber/Editor
Deutscher Designer Club e.V. (DDC)
Große Fischerstraße 7
60311 Frankfurt am Main
Fon +49 - 69 - 71 91 54 80
office@ddc.de
www.ddc.de

Verlag/Publisher
Birkhäuser GmbH
P.O. Box
4002 Basel
Switzerland
www.birkhauser.com
Part of ActarBirkhäuser

1. Auflage 2011
1st Edition 2011

Gute Gestaltung 11
Good Design 11
ISBN 978-3-0346-0771-1
Printed in Germany

Gestaltung/Design/DTP
Michael Eibes Design
Obere Webergasse 54
65183 Wiesbaden
Fon +49 - 611 - 308 77 70
www.eibes.com

Projektmanagement/ Organisation
Patricia Eibes M. A.
Anna Tanriverdi
Anne Deile

Fotografie/Photography
Alexander Beck, Frankfurt
www.alexander-beck.de
(S. 6, 8, 58–61, 104–107, 156–159, 200–203, 248–251, 316–319, 390–393, 456–459)
Michael Eibes (S. 16, 23, 27)
et al.

Die Deutsche Bibliothek verzeichnet diese Publikation in der Deutschen Nationalbibliografie; detaillierte bibliografische Daten sind im Internet über dnb.d-nb.de abrufbar.

The German National Library lists this publication in the Deutsche Nationalbibliografie; detailed bibliographic data are available on the Internet at dnb.d-nb.de.

Texte/Texts
Michael Eibes
Tassilo von Grolman
Niko Gültig
Dieter Rams
Nils Holger Moormann
Marcus Wenig
Rainer Gehrisch
Prof. Erik Spiekermann
Till Schneider
Silvia Olp
Bibs Hosak-Robb
Nicolas Markwald
et al.

Übersetzung/Translation
Dr. Alexandra Bechter
Patricia Eibes M. A.
et al.

Papier/Paper
Hello Matt 135 g/m²
Sappi Fine Paper Europe
www.sappi.com

Druck/Printing
Rainer Herrmann GmbH
Raiffeisenstraße 1
55595 Weinsheim
Fon +49 - 67 58 - 922 00
www.rainer-herrmann.de

Umschlag/Cover
WINTER&COMPANY GmbH
Brühlstraße 8–11
79540 Lörrach
www.winter-company.de

Umschlag in 3-D-Prägung. Was bisher nur der Handbuchbinder erreichen konnte, ist nun maschinell und damit kalkulierbar machbar. Bestens geeignet dafür: alle Winter-Materialien. Haptik hoch 2.

The jacket is 3-D embossed. What could only be reached by manual bookbinders can now be done by machine and is therefore calculable. Most suitable: all Winter materials. Haptics times two.